FRANZ HEIGL

Indikation und Prognose in Psychoanalyse und Psychotherapie

Dem Andenken
Werner Schwidders gewidmet

FRANZ HEIGL

Indikation und Prognose in Psychoanalyse und Psychotherapie

Für die Praxis des Arztes, Psychotherapeuten und klinischen Psychologen

Verlag für Medizinische Psychologie im Verlag
Vandenhoeck & Ruprecht in Göttingen

Das dritte Kapitel „Indikation zur analytischen Gruppenpsychotherapie“ wurde zusammen mit Annelise Heigl-Evers verfaßt.

ISBN 3-525-45615-8

Satz und Druck: H. Rathmann, Marburg/Lahn

Inhalt

Zweites Kapitel

Die strukturellen prognostischen Kriterien

Drittes Kapitel

(zusammen mit Annelise Heigl-Evers)

Indikation zur analytischen Gruppenpsychotherapie

Viertes Kapitel

Indikation zur klinischen Psychotherapie

Fünftes Kapitel

Indikation zur analytischen Kurztherapie

Sechstes Kapitel

Exkurs über implizite prognostische Kriterien

Einleitende Bemerkungen

Principiis obsta; sero medicina paratur,
cum mala per longas invaluere moras

Ovid

Das Buch verfolgt zwei Ziele. Es möchte einmal dem praktischen Arzt und Facharzt, insbesondere dem Psychiater, und dem klinischen Psychologen prognostische Kriterien vermitteln, die es ihnen erlauben, frühzeitig den Schweregrad seelisch bedingter Erkrankungen zu erkennen und damit die Indikation zu einer rechtzeitigen und adäquaten Behandlung zu stellen. Zweitens sollen für den Fachpsychotherapeuten und Psychoanalytiker in systematischer Form prognostische Merkmale zusammengestellt werden, die eine Indikation zu speziellen psychoanalytischen Verfahren und damit ein gezieltes therapeutisches Vorgehen ermöglichen.

Für den praktischen Arzt, den Facharzt und den klinischen Psychologen wird es vor allem darauf ankommen, daß er prognostische Zeichen zur Unterscheidung schwerer und leichter Neurosen — schwer und leicht mit Bezug auf die therapeutische Zugänglichkeit — kennenlernt und damit sein prognostisches Urteil schärft. Mit Hilfe dieses Wissens könnte der Untersucher Patienten mit mittelschweren und schweren Neurosen rechtzeitig dem Fachpsychotherapeuten überweisen und so iatrogene Chronifizierungen vermeiden. Die Klärung der Frage, welches analytische Verfahren im Einzelfall zu wählen ist, wird der praktische Arzt im allgemeinen dem Fachpsychotherapeuten überlassen müssen.

Die Beurteilung des Schweregrades einer psychogenen Erkrankung durch den praktischen Arzt ist auch deshalb so bedeutsam, weil bei leichteren Neuroseformen „möglicherweise die wichtigste und nötigste aller Psychotherapieformen, die Psychotherapie des praktischen Arztes" angewandt werden kann. So heißt es in der „Denkschrift zur Lage der ärztlichen Psychotherapie und der psychosomatischen Medizin", die 1964 im Auftrag der Deutschen Forschungsgemeinschaft von

Görres und anderen Autoren verfaßt wurde. Görres weist auf die Notwendigkeit rechtzeitiger Indikationsstellung durch den praktischen Arzt hin: Er bekommt die neurotischen Störungen bereits im Frühstadium zu sehen und kann, im Falle der leichten Neurose, den Kranken mit pragmatischer Psychotherapie (autogenes Training, Bewegungs- und Atemtherapie, Yoga- und Zen-Methoden, suggestive Verfahren wie Hypnose, Protreptik u. a.) oder durch ein analytisch orientiertes Gespräch behandeln.

Die soziale Bedeutung einer frühzeitigen und sachgerechten Indikationsstellung erhellt aus einigen Zahlen über die Häufigkeit seelisch bedingter Erkrankungen. Nach der oben erwähnten Denkschrift sind mindestens 20 % aller Kranken der Bundesrepublik vorwiegend seelisch gestört. Ein Fünftel der Patienten — von 12 Millionen Menschen, die im Jahr ärztliche Hilfe suchen — brauchte demnach eigentlich irgendeine Form von Psychotherapie. Die Folgen einer inadäquaten Behandlung, die vor allem auf falsche Indikationsstellung zurückzuführen ist, sind evident: Verlängerung der Krankheitsdauer, Gefahr der Wiedererkrankung, der Chronifizierung und des dauernden Siechtums, für die Volkswirtschaft eine erhebliche Minderung der Produktivität und eine Belastung mit beträchtlichen Summen für unzweckmäßige Heilmaßnahmen, Krankengelder und vermeidbare Renten.

Für den Fachpsychotherapeuten und Psychoanalytiker gilt die gleiche Notwendigkeit einer frühzeitigen und adäquaten Indikationsstellung, nur daß es sich bei deren geringer Anzahl (ca. 500 in der Bundesrepublik) um viel kleinere Dimensionen handelt. —

In den ersten beiden Kapiteln werden die prognostischen Kriterien dargestellt, und zwar einmal die weitgehend von äußeren Gegebenheiten ableitbaren phänomenalen Kennzeichen und dann die von der inneren Psychodynamik abhängigen strukturellen Merkmale. Das dritte bis fünfte Kapitel behandeln die Indikationen zu speziellen psychoanalytischen Therapieformen; dabei fand die analytische Gruppenpsychotherapie wegen ihrer zunehmenden Bedeutung besonders breite Berücksichtigung. Das sechste Kapitel schildert einige prognostische Faktoren, die primär nicht objektiver Natur sind wie implizite soziologische Merkmale und implizite Auswahlkriterien des Psychotherapeuten.

Wie wurden die im Nachfolgenden dargestellten prognostischen Kennzeichen gefunden? Wie sind sie zu verifizieren? Das Material stammt zum Teil von Patienten aus der freien psychoanalytischen Praxis, zum Teil von Patienten aus der stationären Behandlung in der psychotherapeutischen Klinik Tiefenbrunn. In jedem Falle ging der Therapie eine ausführliche, drei bis fünf Sitzungen dauernde tiefenpsychologische Anamnese zur diagnostischen und prognostischen Klärung voraus. Die Voraussage bezüglich Psychotherapierbarkeit wurde getroffen auf Grund der objektiven Daten des Patienten, des Vergleichs der (verbalen und extraverbalen) Äußerungen des Patienten mit dem zugrunde liegenden Neurosemodell, mit Hilfe der breiten Erfahrung — dieser Vorform der Statistik — des Analytikers und auf Grund der intuitiven Erfassung des Patienten durch den Therapeuten. Mit anderen Worten: Ausgehend von der Evidenz des Totalverhaltens eines Patienten bei der Anamnesenerhebung und seinen objektiven Lebensdaten, also basierend auf klinischer Beobachtung, wurden im Vergleich mit einer bestimmten Neurosekonzeption und mit bisher behandelten ähnlich strukturierten Patienten prognostische Schlüsse gezogen; diese wurden dann sowohl im Verlauf der psychoanalytischen Behandlung an der tatsächlichen therapeutischen Zugänglichkeit des Patienten wie auch am Erfolg der Therapie nach ihrer Valenz überprüft und je nachdem korrigiert. — Die Daten für die Prognosestellung, d. h. die objektiven, subjektiven und szenischen Informationen wurden, wie gesagt, aus einer in mehreren Sitzungen erhobenen tiefenpsychologischen Anamnese und im allgemeinen nicht aus einem sogenannten psychotherapeutischen Erstinterview gewonnen. Darunter versteht Argelander in seiner m. E. ausgezeichneten Studie (Argelander 1970) die erste und im allgemeinen einmalige, zeitlich begrenzte (meist 1 Stunde) Gesprächssituation mit einem Patienten, die diagnostischen und prognostischen Zwecken dient. Die Anwendung der Erstinterviewtechnik setzt neben einer persönlichen Analyse ihre Erlernung in einer psychoanalytischen Ausbildung voraus. Zur effektiven Leitung eines

Erstinterviews ist nach Argelander die Kenntnis folgender Prozesse notwendig: Übertragung, Gegenübertragung, therapeutische Ichspaltung, Empathie, Abwehrmechanismen, passagere Identifikation und Regression im Dienste des Ich. —

Objektivierte Testverfahren wurden nicht verwandt; doch ist die analytische Situation selbst nach Colby (1960) eine experimentelle Konstellation. In ihrer (zumindest bei der Einzelanalyse) hochstandardisierten Form ist sie für alle mit der Neurosenlehre vertrauten Beobachter wiederholbar und reproduzierbar und damit einer intersubjektiven Kontrolle aller Neurosenkenner zugänglich. Die psychoanalytische Situation erlaubt Zugang zu Daten incl. der Selbstbeobachtungen des Patienten, die außerhalb der Analyse kaum erhältlich sind — auch nicht in einem objektivierten Testverfahren; sie ist realen Lebenssituationen so weit verwandt, daß sie verläßliche Verallgemeinerungen erlaubt; man kann in ihr einige Variable zur gleichen Zeit studieren, und sie läßt naturalistische Beobachtungen ebenso zu wie experimentelle.

Diese Studie ist keine Verlaufsforschung (siehe dazu Ernst 1959, Ernst et alii 1968 und Cremerius 1968); es fehlen katamnestische Erhebungen. Andererseits ist das zugrunde liegende casuistische Material relativ groß, da in rund 20 Jahren nicht nur eigene Erfahrungen ausgewertet wurden, sondern auch die von Kollegen aus dem Göttinger Arbeitskreis incl. der psychotherapeutischen Klinik Tiefenbrunn.

Das Neurosemodell, die auf Empirie basierende Konzeption von der neurotischen Struktur, wird im zweiten Kapitel dargestellt. Es gründet auf den psychoanalytischen Positionen Freuds, lehnt sich an die Antriebspsychologie Schultz-Henckes an und hat Elemente der Neurosenlehren von K. Horney, Fromm und Rado assimiliert. Eine andere Neurosenlehre wird entsprechend ihrem andersartigen Denk- und Beobachtungsmodell zum Teil andere Termini benützen und zum Teil andere Beobachtungsdaten zur prognostischen Beurteilung gebrauchen, würde jedoch m. E. bei korrektem Vergleich zu den gleichen Ergebnissen kommen.

Noch ein Wort zu der Abhängigkeit der prognostischen Kriterien vom therapeutischen Ziel. Selbstverständlich verändert sich die prognostische Beurteilung je nachdem, ob eine symptomatische Besserung und Heilung ohne Strukturänderung oder ob vielmehr eine Symptombeseitigung durch Strukturänderung des Patienten angestrebt wird; letzteres ist das erklärte Ziel jeder psychoanalytischen Behandlung, wenn sie sich auch meist mit einer Symptombesserung bei *partieller* Strukturumwandlung des Patienten zufrieden geben muß.

Zuletzt sei davor gewarnt, *ein* prognostisches Kriterium im konkreten Fall isoliert, d. h. losgelöst von anderen Merkmalen anzuwenden. Nur ein Mosaik von Kennzeichen ergibt ein Bild und erlaubt ein prognostisches Urteil. —

Wer sich einen ersten Überblick über die prognostischen Merkmale verschaffen will, sei auf die Schemata oder Zusammenfassungen am Ende der Kapitel hingewiesen.

ERSTES KAPITEL

Die phänomenalen prognostischen Kriterien

1. Indikation und Kontraindikation in der Sicht S. Freuds

Freud stieß früh auf die Notwendigkeit, für die von ihm entwickelte neue Heilmethode Kriterien der Indikation und Gegenindikation zu finden. Bereits 1905, lange vor einer genaueren Darstellung der technisch-therapeutischen Prinzipien der Psychoanalyse, hat Freud in seiner Schrift „Über Psychotherapie" prognostische Merkmale zusammengestellt. Er nennt die folgenden: Der Patient müsse einen gewissen Bildungsgrad, worin wohl auch der Intelligenzgrad eingeschlossen ist, und einen einigermaßen verläßlichen Charakter haben. Freud meint wohl damit, man müsse an den gesunden Menschenverstand des Patienten appellieren können und an seine Bereitschaft, eine Umorientierung zu erwägen. — Kontraindiziert sei die analytische Psychotherapie bei Personen, die mehr auf Drängen ihrer Angehörigen als auf Grund eigenen Leidens zur Behandlung kommen. Hier wird zum erstenmal der wichtige Faktor des Leidensdruckes als Voraussetzung der Therapierbarkeit erwähnt. — Der Begründer der Psychoanalyse führt dann die Erziehbarkeit des Patienten als ein weiteres prognostisches Merkmal an. Die Erziehbarkeit bemißt sich nach der Bereitschaft des Patienten, seine inneren Widerstände gegen die Aufdeckung unbewußten Materials anzugehen, und die dabei auftretende Unlust und Spannung zu ertragen. — Der Patient müsse außerdem einen Normalzustand aufweisen, womit Psychosen, Zustände von Verworrenheit und tiefgreifende Depressionen als ungeeignet für diese Therapie angesehen wurden. Freud meint allerdings selbst, daß eine fortgeschrittenere Psychotherapie diese Gegenanzeige aufheben werde. — Auch das Alter der Patienten spiele bei der Auswahl zur psychoanalytischen Behandlung eine Rolle insofern, als Menschen von 50 Jahren aufwärts wegen ihrer mangelnden Erziehbarkeit schwer therapierbar seien. Die Altersgrenze nach unten sei nur individuell zu bestimmen. — Und als letzten Punkt: Man greife besser nicht zur Psychoanalyse, wenn eine rasche Beseitigung bedrohlicher Krankheitserscheinungen wie z. B. bei einer hysterischen Anorexie erforderlich sei.

Heute, über ein halbes Jahrhundert später, kennen wir die Struktur der Neurose genauer und haben deshalb auch präzisere, empirisch begründete Vorstellungen von den prognostisch valenten Faktoren. Daher stehen wir nicht mehr so sehr vor der Alternative: Ist der Patient geeignet oder ungeeignet für eine psychoanalytische Behandlung, sondern haben es mehr mit der Beantwortung der Frage zu tun, ob eine leichtere oder schwerere Neurose beim Patienten vorliegt und welche Form der Psychotherapie indiziert ist.

2. *Wovon hängt die Therapiebarkeit von Neurosen ab?*

Es geht um prognostische Kriterien für die Psychotherapie von Neurosen, um Merkmale also, die es ermöglichen, den Schweregrad einer seelisch bedingten Erkrankung zu bestimmen und damit die adäquate Therapie rechtzeitig einzuleiten. Vor der Aufzählung dieser Kriterien eine kurze Besinnung darauf, welche Gegebenheiten überhaupt die Prognose psychogener Erkrankungen beeinflussen. Vornehmlich vier Faktorengruppen sind zu nennen:

1. Phänomenale*) Faktoren, wie die Symptomatik des Patienten, seine soziale Situation und seine biologischen und konstitutionellen Voraussetzungen.
2. Die Psychodynamik des Patienten, seine neurotische Struktur, mit den darin gleichsam verewigten innerseelischen und zwischenmenschlichen Problemen und Konflikten; daraus lassen sich die strukturellen prognostischen Kriterien ableiten.
3. Die Erfahrung und Fertigkeit des Therapeuten und die Art seiner Persönlichkeit mit den ihr eigenen Antinomien, die sich bereits während der Anamnesenerhebung und in der Behandlung als Gegenübertragung äußern werden (Heigl 1960). Darauf hat u. a. Balint (1957)

* So genannt, weil sie vorwiegend von der phänomenalen Evidenz ausgehen

hingewiesen: Manche Ärzte neigten dazu, ihre eigene Werthierarchie als unbedingt verbindlich auch für den Patienten zu betrachten. Diese Einstellung, von ihm als apostolische Funktion bezeichnet, störe die Behandlung seelisch Kranker ebenso wie sie natürlich das prognostische Urteil färbt.

4. Die Art der Inszenierung der Analyse (Liegen oder Sitzen des Patienten, Stundenfrequenz, Gestaltung des Praxisraumes u. a. mehr), womit sich u. a. Kemper (1959) beschäftigt hat.

Die unter Punkt 4 genannten mehr technisch-therapeutischen Faktoren werden hier nicht dargestellt. Der in der Persönlichkeit des Therapeuten liegende subjektive Faktor findet, soweit er für die Indikationsstellung relevant ist, im sechsten Kapitel Berücksichtigung. Dieses Buch behandelt jedoch vornehmlich die objektiven prognostischen Determinanten, also die unter Punkt 1 und 2 erwähnten prognostischen Kennzeichen. Ich beginne mit der Darstellung der phänomenalen prognostischen Merkmale.

3. Prognostische Beurteilung auf Grund der Symptomatik

Alles was der Arzt oder klinische Psychologe bereits bei der Erstkonsultation des Patienten an prognostischen Daten aus den äußeren Faktoren entnehmen kann, soll in diesem Kapitel geschildert werden.

a) Die Art der Symptomatik

Als erstes berichtet der Patient meist von seiner Symptomatik. Sie diene daher als Ausgangspunkt für die prognostische Beurteilung von Patienten mit psychogenem Leiden. Läßt sich bereits aus der Art der Symptome auf die Schwere der Neurose schließen? Um diese Frage zu beantworten, empfiehlt sich die von A. Dührssen (1949) vorgenommene Einteilung der Symptomatik in vorwiegend seelische, körperliche und charakterliche (Verhaltensstörungen) Manifestationsformen; „vorwiegend“ deshalb, weil immer Störungen in allen drei Bereichen festzustellen sind und nur *eine* Manifestationsform jeweils vorherrscht.

Von dieser Dreiteilung der neurotischen Symptome ausgehend, läßt sich ein erstes prognostisches Kennzeichen nennen:

Kriterium 1: Alle länger anhaltenden Verhaltensstörungen wie Perversionen, Süchte und Verwahrlosungserscheinungen sind Ausdruck einer schweren Neurose.

Perversionen und Süchte sind, unter einem begrenzten Aspekt betrachtet, Ersatzbefriedigungen. Sie „ersetzen" die sonst (wegen erworbener neurotischer Gehemmtheiten) fehlenden Befriedigungen gesunder Bedürfnisse. Der Perversions- wie der Suchtkranke hängt meist zäh an seinen Ersatzbefriedigungen; das ist verständlich, wenn man weiß, wie genußunfähig er sonst ist. Wegen dieses zunächst lustvollen Charakters von Perversion und Sucht besteht für den Träger einer solchen Verhaltensstörung meist keine Notwendigkeit, auf eine Behandlung zu drängen. So war es z. B. bei einem 25jährigen Patienten, der den Psychoanalytiker aufgesucht und ihm etwa 20 Minuten lang von seinen Depressionen und ihren Folgen berichtet hatte. Ganz beiläufig ließ er dann einfließen, daß er Homosexueller sei — Homosexueller, nicht homosexuell (so als handle es sich um eine Berufsangabe). Etwas besorgt fügte er jedoch gleich hinzu: „Daß wir uns recht verstehen, Herr Doktor, ich komme nur wegen meiner Depressionen, nicht wegen der Homosexualität." Diesen Behandlungsauftrag konnte der Analytiker nicht übernehmen. Man kann ein psychogenes Symptom nicht isoliert psychoanalytisch behandeln. Depression und neurotische Homosexualität entstammen *einer* Charakterstruktur, sind nur verschiedene Auswirkungen und Verarbeitungen derselben Fehlerlebnis- und Fehlverhaltensweisen. Man müßte den Patienten darüber aufklären, daß mit der Aufarbeitung der Probleme, die der Depression zugrunde liegen, höchstwahrscheinlich auch die homosexuelle Problematik ins Spiel komme. Da er diese nicht in Frage stellen wollte, begann er die Behandlung gar nicht erst. — Unter besonderen Bedingungen ließe sich auch folgendes Vorgehen rechtfertigen: Der Therapeut nimmt den Behandlungsauftrag mit der Bemerkung an, man könne ja zunächst die Depression angehen; hinsichtlich der Homosexualität müsse man dann später sehen. Der Analytiker umginge damit die im Augenblick uneinnehmbare „Festung" Homosexualität mit der Intention, sie eventuell später zu „erobern".

Auch die Verwahrlosung, incl. krimineller Delikte (s. dazu Künzel 1968 u. Moser 1970) und sog. Impulshandlungen deutet auf eine schwere seelische Störung, genauer: die neurotische Verwahrlosung. Denn man kann (Heigl 1962 und 1963) sechs Formen der Verwahrlosung oder Dissozialität (und des kriminellen Verhaltens) unterscheiden:

1. Die eben genannte neurotische Verwahrlosung als die zweifellos größte Gruppe von 60—65 % nach Unesco-Schätzungen (Hopmann 1956). Infolge widriger Umweltverhältnisse in den ersten sechs Lebensjahren, vor allem wegen eines Wechsels von Härte und Verwöhnung in der Erziehung (A. Fuchs-Kamp 1952), der sich vornehmlich auf den zwischenmenschlichen Anteil des Antriebserlebens bezog, ist es bei diesen Menschen zu einer Verarmung und Verzerrung der Gefühlsbeziehung zu den Mitmenschen gekommen. Damit ist ein zentrales Bedürfnis (nach Nähe, Wärme und Intimität) im Menschen getroffen. Es resultiert die für den Verwahrlosten charakteristische antisoziale oder asoziale Einstellung, die erfahrungsgemäß nur äußerst schwer therapeutisch anzugehen ist.
2. Die psychopathische Verwahrlosung, die im Gegensatz zur erstgenannten Form auf *angeborenen* seelischen Abartigkeiten beruht.
3. Eine Form, die dem Ausbruch einer Psychose vorangehen kann (Bumke 1942).
4. Eine Form der Verwahrlosung, die als Folge hirnorganischer Erkrankungen und Defekte (Enzephalopathien) auftritt.
5. Eine Form, die häufiger bei Debilität zu beobachten ist.

Außerdem läßt sich noch eine sechste Art nennen, eine sozusagen physiologische Verwahrlosung.

Der Begriff Verwahrlosung oder Dissozialität ist gesellschaftlich determiniert, worauf auch A. Dührssen (1955) hingewiesen hat. Als verwahrlost ist zu bezeichnen, wer häufig oder dauernd die in einer Sozietät oder einem Kulturkreis üblichen Regeln, Konventionen oder Gesetze willkürlich übertritt — durch Stehlen, Weglaufen, Lügen, Hochstapeleien, Prostitution, Gewalttätigkeiten und anderes mehr. Da Gesetze und Konventionen je nach Art der Sozietät verschieden sind, wird ein bestimmtes Verhalten in dieser Gesellschaft als Verwahrlosung angesehen, während es in jener noch zum Bereich der sozialen Norm gehört. Mit anderen Worten: Der Begriff Verwahrlosung hängt von den gegebenen gesellschaftlichen Verhältnissen und Normen ab. Ist nun die gesellschaftliche Ordnung mehr oder minder zusammengebrochen (wie oft gegen Ende eines Krieges oder auch in Nachkriegszeiten), so werden Verhaltensweisen im Menschen mobilisiert, die in anderen, geordneteren Zeitläufen als verwahrlost zu bezeichnen wären. Man denke an den Schwarzhandel der ersten Nachkriegszeit, wo die legalen Versorgungsmöglichkeiten kaum eine Vita minima erlaubten. Man könnte deshalb auch von Notstandsverwahrlosung sprechen. — Gerson (1964) grenzt außerdem die vorwiegend durch Pubertätskrisen bedingte und eine natürliche Verwahrlosung ab. Zu dieser Gruppe zählt er Jugendliche, die in einem Milieu aufwuchsen, in dem sonst als asozial angesehene Handlungen zum normalen, natürlichen Verhalten gehören (z. B. Stehlen bei Zigeunern); Aichhorn sprach einmal vom Verwahrlosten ohne Verwahrlosungsstruktur.

Die erste prognostische Kennzeichnung lautete: Verhaltensstörungen wie Perversionen, Süchte und Verwahrlosungen weisen auf eine schwere neurotische Struktur hin. Als die Hauptursache für die schlechte Therapierbarkeit von Patienten mit Verhaltensstörungen läßt sich das Fehlen des Leidensdruckes nennen. Infolgedessen ist auch der so eminent wichtige Impetus zur Zusammenarbeit mit dem Psychotherapeuten bei solchen Patienten meist nur schwach. Darüber später mehr.

Aus dem Gesagten resultiert der Rat, Patienten mit den obenerwähnten Verhaltensstörungen an den Fachpsychotherapeuten zu überweisen. Allzu häufig wird es sowieso nicht vorkommen, daß solche Kranken die ärztliche Allgemeinpraxis aufsuchen. Am eigenen Verhalten leidet der Mensch nur selten. Am ehesten werden den Arzt Jugendliche mit Verwahrlosungszügen beschäftigen; sie werden meist von den Eltern in die Praxis gebracht, wobei „gebracht" oft buchstäblich zu nehmen ist; die Jugendlichen kommen nur selten freiwillig. — Es soll nicht verschwiegen werden, daß die psychotherapeutischen Heilerfolge bei Patienten mit Perversionen, Süchten oder Verwahrlosungserscheinungen schlechter sind als bei der Behandlung von Kranken mit körperlichen oder seelischen neurotischen Symptomen.

b) Der Krankheitswert körperlicher oder seelischer Symptome

Körperliche oder seelische Krankheitserscheinungen sind die beiden anderen Manifestationen primär psychogener Symptomatik. Aus dem Krankheitswert dieser körperlichen oder seelischen Symptome läßt sich zunächst nichts über die Schwere der Neurose aussagen. Ich möchte das an dem folgenden Beispiel klarmachen: Das scheinbar so leichte Symptom des Errötens und der Errötungsfurcht ist manchmal prognostisch ungünstiger zu beurteilen als ein seelisch bedingtes Magengeschwür. Diese paradoxe Tatsache hängt mit den Folgeerscheinungen zusammen, die zu jeder neurotischen Strukturentwicklung gehören; sie leitet sich auch vom Leidensdruck (als therapeutischem Movens) ab (S. 38), der bei dem Patienten mit einem Magenulcus und dessen größerem klinischen Krankheitswert stärker sein kann als beim Erythrophoben. Zu den Folgeerscheinungen gehört zum Beispiel, daß Patienten mit Errötungsfurcht oft weitgehend den Kontakt zu Mitmenschen meiden und sich auf privater und sozialer Ebene erheblich einschränken und somit ihren Leidensdruck vermindern (unberücksichtigt bleibt dabei die prognostische Beurteilung quoad vitam beim Ulcus ventriculi oder duodeni: Perforation, carcinomatöse Degeneration, Blutung).

Ein weiteres Kennzeichen sieht nach Schultz-Hencke (1951) so aus:

Kriterium 2: Im allgemeinen spricht eine lärmende psychogene Symptomatik eher für eine leichte Neurose; leise unauffällige Krankheitserscheinungen deuten mehr auf eine schwere Neurose hin.

Caruso (1964) spricht in diesem Zusammenhang von einer dramatischen Symptomatik, die im allgemeinen leichter zu therapieren sei als eine unauffällige. Wie oben (siehe S. 20) schon erwähnt wurde, gehören unauffällige Krankheitserscheinungen meist zu den sog. Charaktersymptomen, deren längeres Bestehen eine schwere Neurose anzeigt. So sind zwangsneurotisch strukturierte Patienten mit Überwiegen von Charaktersymptomen (Übergefügigkeit, Eigensinn, Übersparsamkeit, Überkorrektheit usw.) meist schwerer therapierbar als solche, bei denen die viel auffälligeren psychischen Symptome (Zwangsvorstellungen, Zwangsgrübeln) oder körperlichen Symptome (extrapyramidale Funktionsstörungen wie Tic, Torticollis u. a.) vorherrschen. Allerdings darf das Wörtchen „im allgemeinen" nicht übersehen werden. Es können auch einmal dramatische, äußerlich auffällige Symptome zu einer schweren Neurose gehören.

Ich hatte die Frage vorläufig verneint, ob man aus dem Krankheitswert eines körperlichen oder seelischen Symptoms allein schon sichere prognostische Schlüsse ziehen könne. Die Differenzierung dieser vorläufigen Antwort ergibt ein weiteres prognostisches Kennzeichen:

Kriterium 3: Körperliche oder seelische Symptome sind *dann* schwer therapierbar, wenn sie — unabhängig von ihrer Dauer — das Leben des Kranken beeinträchtigen und bedrohen oder ihn hindern, eine soziale Rolle zu übernehmen oder zu behalten.

Zur ersten Gruppe sind zum Beispiel Patienten mit Anorexia nervosa oder schwerem Asthma bronchiale zu rechnen; diese Krankheiten haben in fortgeschrittenen Stadien bereits Organschäden (Organ-Atrophien bzw. Lungenemphysem, Cor pulmonale), also pathologisch-anatomisch faßbare Veränderungen hinterlassen. Solche Schäden sind oft Zeichen eines ausgeprägten Selbsthasses, einer — natürlich unbewußten — selbstschädigenden Tendenz des Kranken. Bei der Entstehung jeder psychosomatischen Erkrankung spielen unbewußte selbstzerstörerische Neigungen des Patienten eine Rolle. Bis heute ist es jedoch noch kaum möglich, ihre Wirkung mit zureichender Genauigkeit von den vielen anderen Faktoren zu isolieren, die Organschäden bei primär psychogenen Krankheiten hervorrufen. Vor allem K. Horney (1951) hat auf die Bedeutung des Selbsthasses und seinen Anteil bei der Entstehung von Organschäden hingewiesen.

Zur zweiten Gruppe: behindertes soziales Funktionieren — darunter wird hier mangelnde passive *und* aktive (Mitscherlich 1963), autoplastische *und* alloplastische Anpassung verstanden — wären zum Beispiel Patienten mit Phobien wie Claustrophobie, Erythrophobie, Agoraphobie zu zählen. Die letztgenannte Krankheit führt fast immer dazu, daß der Patient berufliche oder private Tätigkeiten aufgibt oder von vornherein auf sie verzichtet. Die Berufsarbeit des Agoraphoben wird häufig dadurch behindert, daß er nur im Taxi den bergenden Umkreis des Hauses verläßt. Oft gibt der Kranke eine an sich günstige Stellung oder sogar den erlernten Beruf auf und zieht sich auf häusliche Arbeiten zurück. Infolge dieser Einschränkung entfallen dann auch die vielfältigen, an die Berufsarbeit geknüpften Befriedigungen, die Lust am konstruktiven Handeln und an der Zusammenarbeit mit anderen, die Befriedigung über geleistete Arbeit und über die Anerkennung durch Mitarbeiter und Vorgesetzte und die Freude an der Selbstverwirklichung im Sinne der Entfaltung angeborener Talente und erworbener Fähigkeiten. In ähnlicher Weise werden auch die privaten Tätigkeiten des Betreffenden, wie Liebhabereien und ähnliches, beschnitten. Außerdem verkümmern und verarmen auch die zwischenmenschlichen Beziehungen deswegen, weil der Agoraphobe im schweren Fall seine vier Wände nicht mehr verläßt. Der Patient verzichtet auf viele Möglichkeiten der Gemeinschaft und des Geselligseins; er ist ferner durch seine Krankheit in der Gestaltung von Urlauben und Wochenenden behindert. Schließlich ist es zu einem System von Vermeidungen beim Patienten gekommen, einem System, das zwar nicht unbedingt seine Vitalität beeinträchtigt, wohl aber das soziale Funktionieren erheblich stört. Folgeerscheinungen sind aufgetreten, Circuli vitiosi haben sich gebildet, die eine langwierige psychische Behandlung erfordern. *Ein* Circulus vitiosus besteht darin: Der Agoraphobe zieht sich mehr und mehr vom Kontakt mit der außerhäuslichen Wirklichkeit zurück, beraubt sich dadurch vieler Chancen, weitere Erfahrungen zu machen und Neues zu lernen, und wird wegen der ausfallenden Lernreize de facto immer unfähiger und hilfloser.

Außerdem zeigen solche irrealen Ängste wie die Agoraphobie immer an, daß bei dem Betreffenden größere Antriebsenergien in archaischer, ungesteuerter Form unter der Oberfläche seines Bewußtseins bereit liegen und daß die Gefahr des Durchbruchs von Willkürimpulsen besteht. Davor fürchtet sich der Agoraphobe mit Recht, und auch diese Gefahr (des Antriebsdurchbruches) bedingt die im allgemeinen lange Dauer der Behandlung. Ceteris paribus gilt all das Gesagte auch für andere schwere Phobien ebenso wie für Zustände von diffuser inhaltloser Angst, soweit sie den Patienten in seinem Sozialkontakt einschränken. Baumeyer (1960) beschreibt, in Abweichung von diesen Ausführungen, auch einige Formen von Agoraphobie, die schneller zu heilen seien.

Dem praktischen Arzt ist demnach zu raten, Patienten mit evidenten irrealen Ängsten, d. h. also diffusen, nicht realitätsadäquaten Ängsten (im Unterschied zu realen Befürchtungen) an den Fachpsychotherapeuten zu überweisen. Bei der ersten Gruppe, Patienten mit psychogener Organsymptomatik, wird es auf eine enge Zusammenarbeit zwischen dem Organmediziner und dem Psychotherapeuten ankommen. Schwerer Magersüchtige zum Beispiel sind meist nur in einer psychosomatischen Abteilung oder Klinik zu behandeln, wie auch Thomä (1961) feststellt.

c) Die Dauer der psychogenen Symptomatik

Es ging bisher um die *Art* der Symptome. Jetzt stellt sich die Frage, ob die *Dauer* einer psychogenen Symptomatik ebenfalls prognostische Schlüsse erlaubt. Dabei ergibt sich als weiteres prognostisches Kennzeichen:

Kriterium 4: Je länger eine neurotische Symptomatik besteht, desto schwerer ist sie zu behandeln. Als chronisch ist, wie auch sonst in der Medizin, ein Symptom anzusehen, das länger als ein oder eineinhalb Jahre besteht.

Das klingt recht simpel und selbstverständlich. Doch scheint es mir notwendig, etwas näher auf die Zusammenhänge zwischen Dauer des Symptoms und Schwere der Neurose einzugehen.

d) Relation von Dauer der Symptome und Schwere der Neurose

1. Die eine primär-seelische Symptomatik auslösende — nicht verursachende! — Schicksalskonstellation, Freuds *Versuchungs- und Versagungssituation,* wird mit der Länge der Zeit für den Patienten immer schwerer erinnerlich. Dafür ein Beispiel: Eine 30jährige Frau hat ihr drittes Kind geboren. Es ging ihr zwar schon während der Schwangerschaft nicht gut, aber erst unmittelbar nach der Geburt des Kindes seien Zwangsimpulse und Zwangsbefürchtungen aufgetreten. So befürchtet sie ständig, ihr Kind mit einem spitzen Gegenstand zu verletzen. Dies das Phänomen. Wie sieht, in Vereinfachung, der psychodynamische Hintergrund aus?

Diese Frau wird beherrscht von neurotischen Idealforderungen im Sinne eines Opferzwanges. Mutter sein heißt für sie, um des Kindes willen auf alle eigenen Wünsche und Bedürfnisse verzichten, heißt, sich völlig aufgeben. Ihrem inneren Sollen nach — entstanden unter dem Druck entsprechender elterlicher Prinzipien — gilt die Devise: Alles für das Kind, nichts für mich. Es handelt sich um einen Konflikt zwischen der „Möchte-Welt" und der „Muß-Welt" (M. Seiff), um einen Kampf zwischen Wünschen und Pflichten. Solche Menschen haben eine unterschiedliche Bewertung gegenüber ihren eigenen Wünschen und denen der anderen Menschen erlernt; die der anderen haben immer und überall den Vorrang. Im Protest gegen diese übertriebene, zwangshafte Opfereinstellung hat sich ihr Selbstbehauptungswille zu der ihr unbewußten Gegeneinstellung verdichtet: Bevor mir das Kind alles nimmt, bevor es mich mit Haut und Haaren auffrißt, muß ich es beseitigen; jetzt heißt es, entweder du oder ich. — Man könnte auch von mörderischen Aggressionen sprechen, die *dann* bei der Mutter entstehen, wenn sie gegenüber ihrer extremen Verausgabung zu hilflos ist. — Dies muß nicht unbedingt bedeuten, daß eine solche Mutter tatsächlich sehr viel für ihre Kinder tut. Bereits die permanente, nicht mehr steuerbare innere Verpflichtung, sich für ihre Kinder aufzuopfern, erzeugt Feindseligkeit und Protest in ihr; und diese bewirken unter Umständen, daß entgegen der inneren Zwangsverpflichtung äußerlich kein großer Einsatz vollzogen wird, ja daß die Mutter sogar nur mäßig für die Kinder sorgt. Verpflichtungen und feindseliger Protest halten sich die Waage, paralysieren sich gegenseitig.

Liegt der Beginn einer Symptomatik nur ein bis zwei Monate zurück, so kann der Psychotherapeut dem Patienten an Hand der auslösenden Situation leichter seine latenten Konflikte aufdecken, als wenn die Symptome schon seit ein bis zwei Jahren bestehen. Man wird der eben erwähnten Patientin kurz nach der Niederkunft leichter als Jahre später die Tatsache nahebringen können, daß sie innerlich protestiert, ein weiteres Kind ablehnt. In Wirklichkeit war ihr das dritte Kind nur „passiert", hatte sie sich vorher nicht einmal gefragt, ob sie noch ein weiteres Kind haben wolle. Vielmehr hatte sie die Entscheidung fügsam ihrem Mann überlassen und so ihren eigenen Willen in dieser lebenswichtigen Frage ausgeschaltet.

Es war eben die Rede vom übermäßig fügsamen Verhalten der Frau im Zusammenhang mit der Mutterschaft. Meist erstreckt sich eine solche falsche, rein passive Anpassung auch auf weitere Lebensbereiche und wirkt sich nicht nur auf *einem* Felde aus. So war es auch bei dieser Patientin: In allen gemeinsamen Belangen war ihr Mann bestimmend, sie war bloße filia comitans. Zu dieser Einstellung gehört aber andererseits immer eine unbewußte Trotzhaltung, die sich bei dieser Frau in den vielfältigsten Vergeßlichkeiten und Fehlleistungen ihrem Mann gegenüber manifestierte. *Unbewußter* Trotz deshalb, weil sie sich nicht zu ihrem trotzigen Willen bekennen kann, weil das Nein — in Vergeßlichkeiten und Fehlleistungen sich manifestierend — ihr bloß passiert.

Dieser zunächst unbewußte Trotz gegen den Ehemann äußert sich auch im Folgenden: Die Patientin kann sich — eben dank dem erst kurzen Bestehen der Zwangssymptomatik — erinnern, daß sie bei der ersten Ahnung einer Schwangerschaft gedacht hatte: „Ich will nicht, ich will nicht noch ein Kind; *er* will immer Kinder, und *ich* hab' die Last damit!" Im Zuge dieser Erinnerungen fiel ihr dann auch ein, daß ihr schon das zweite Kind stärkste Beschwerden in der Schwangerschaft und große Mühen in der Erziehung gemacht hatte. Mehr und mehr wurde ihr klar, daß es schon lange *vor* der Geburt des dritten Kindes Signale bei ihr gegeben hatte, die die Grenzen ihrer Belastbarkeit angezeigt hatten. — Nebenbei sei darauf hingewiesen, daß die Belastbarkeit einer solchen Mutter gerade wegen ihrer neurotischen Opferbereitschaft geringer ist als bei gesünderen Frauen, die ihre eigenen Interessen und Bedürfnisse gegen die von Ehemann und Kind besser abgrenzen und eben darum auch ein Opfer bringen können, wenn es sinnvoll ist.

Langsam konnte die symptomauslösende Situation geklärt und überblickt werden. So entsann sich die Patientin auch noch flüchtiger Zwangsmordgedanken bereits nach der Geburt des *zweiten* Kindes, Gedanken, die sich damals noch beiseite schieben ließen. Es wuchs ihre Einsicht dafür, daß ihre Zwangssymptome nicht plötzlich und unmotiviert entstanden waren, sondern eine psychologisch verstehbare Vorgeschichte hatten. Nebenbei sei vermerkt, daß Zwangsmordgedanken in ihrer Entstehung unter weiteren determinierenden Faktoren auch auf den Verzweiflungswunsch zurückzuführen sind: Wenn der andere beseitigt ist, brauche ich endlich keine Opfer mehr zu bringen. (Selbst wenn der andere verschwände, würde sich ein Mensch mit einer solchen zwanghaften Opfereinstellung jedoch bald wieder ein neues Objekt suchen, so daß die alte Situation wieder hergestellt wäre.) Alle diese Schritte der Rückbesinnung auf die Vorläufer der heutigen Symptomatik waren der Patientin nur möglich oder waren ihr leichter möglich, weil die Versuchungs- und Versagungssituation nicht Jahre, sondern nur Monate zurücklag.

2. Es gibt einen weiteren Grund, warum sich die Heilungschancen mit der Dauer der neurotischen Symptome verschlechtern: Je länger ein seelisches Leiden besteht, desto mehr bilden sich bei dem Patienten Teufelskreise im Sinne von sich selbst verstärkenden Circuli vitiosi (A. E. Meyer 1969) aus und entwickeln sich Abwehrhaltungen, die die Einsicht in das eigene konflikthafte Erleben versperren. Die prognostisch wichtigsten dieser *chronifizierenden Abwehrhaltungen* seien im folgenden erörtert.

Als erstes ist in diesem Zusammenhang der *sekundäre Krankheitsgewinn*)* zu nennen: Eine Patientin mit einer ähnlichen Symptomatik wie die vorige — sie ist zerknirscht darüber, daß sie sich oft den Tod ihres Kindes vorstellen müsse — klammert sich deshalb an ihren Mann und erreicht durch ihre Selbstvorwürfe, daß er ihr Gewissen beschwichtigt: Das sei alles gar nicht so schlimm, und natürlich glaube niemand, daß sie ihrem Kind etwas zuleide tun wolle. Durch diesen „Erfolg" ermutigt, provoziert sie mittels ihrer Selbstanklagen immer mehr sein Mitleid und seine Fürsorge, an deren Genuß sie schließlich süchtig hängt. Dieser sekundäre Krankheitsgewinn — sekundär weil mittels Krankheit und Leiden erzielt — wurde schon 1905 von Freud (Bd. V, S. 202) als ein die Heilungsaussichten verschlechternder Faktor erkannt. Das Ich benimmt sich bei länger bestehender Symptomatik so, als ob es dächte: „Das Symptom ist einmal da und kann nicht beseitigt werden; nun heißt es, sich mit dieser Situation befreunden und den größtmöglichen Vorteil aus ihr ziehen ... so wird das Symptom allmählich mit der Vertretung wichtiger Interessen betraut", und deshalb gibt der Kranke es oft nur ungern auf (Bd. XIV, S. 126). Auch Fenichel (1946) und Waldhorn (1960) betonen die prognostisch ungünstige Rolle des sekundären Krankheitsgewinnes. Fenichel bezeichnet die Analyse eines Neurotikers mit ausgeprägtem sekundären Krankheitsgewinn als ebenso schwierig wie die eines Perversions-Kranken.

Zum sekundären Krankheitsgewinn könnte man auch die neurotische Ideal- und Ideologiebildung rechnen, d. h. also die Glorifizierung von Gehemmtheit und Unvermögen. Gerade sie trägt entscheidend zur Chronifizierung einer Neurose bei. Doch ist die (neurotische) Ideal- und Ideologiebildung nicht ohne eine genaue Kenntnis des Gefüges der Neurose zu verstehen

---

* Der primäre Krankheitsgewinn beinhaltet nach Freud (Bd. V, S. 202; Bd. XI, S. 397) die „Flucht in die Krankheit", die (scheinbare) Erledigung eines bestehenden Konflikts durch die neurotische Symptombildung. Zu diesem inneren Anteil des primären Krankheitsgewinnes gesellе sich manchmal noch ein äußerer Vorteil, der z. B. in der Berechtigung besteht, über die Krankheit (statt über den Konflikt) zu klagen, und in der Schonung, die man im allgemeinen einem Kranken angedeihen läßt.

und soll deshalb bei den strukturellen prognostischen Kriterien behandelt werden.

Mit der Dauer der Symptomatik nimmt im allgemeinen auch die *Rationalisierung* zu; d. h., es setzt sich mehr und mehr die Tendenz des Patienten durch — sie eignet nicht nur Patienten, sondern nahezu allen Menschen —, das eigene Erleben und Verhalten und auch das eigene Leiden so zu interpretieren, daß es vernünftig wirkt, daß es verständlich erscheint. Besonders gern werden nach Schultz-Hencke (1951) neurotische Schwächen (Gehemmtheiten, Passivitäten, illusionäre Ansprüche) nicht als Mängel, sondern als Vorzüge hingestellt. — Bei der eben erwähnten Patientin sah die Rationalisierung so aus, daß sie wieder und wieder darauf hinwies: „Solche Befürchtungen hat schon meine Mutter gehabt." Diese Äußerung und ihre ständige Wiederholung zeigen die „Absicht" der Patientin an, ihr Leiden als vererbt zu betrachten und damit die Verantwortung für ihre Krankheit (und ihre mörderischen Phantasien) abzulehnen.

Freud (Bd. VII, S. 414) berichtet von der Rationalisierung im Sinne sekundärer Motivierung von zweizeitigen Zwangshandlungen bei der Zwangsneurose. — Eingeführt wurde der Begriff der Rationalisierung von Jones (1908).

Es gibt auch eine iatrogene Rationalisierung dann, wenn der Arzt selbst dem Patienten solche „Kausalerklärungen" anbietet.

Es ist noch auf ein weiteres Phänomen hinzuweisen, das bei länger bestehender Symptomatik fast regelmäßig auftritt: die *Gewöhnung*. Der Kranke gewöhnt sich an sein Leiden, er findet sich schließlich und endlich mit ihm ab, er resigniert, betrachtet seine Krankheit als gott- oder schicksalsgegeben und unternimmt deshalb nichts mehr gegen sie; er bringt keinen Willen mehr auf, gegen sie anzugehen.

Mit der Dauer der Symptomatik stellt sich häufig die von Schultz-Hencke (1951) sogenannte *Mechanisierung* ein. Sie stellt einen sekundären Prozeß dar, in dem der Betreffende auf die bereits länger bestehende Symptomatik im Sinne eines sekundären Wiederholungszwanges (Caruso 1964) reagiert. Er hat das Auftreten seiner Symptome — z. B. Erröten, Stottern, Händezittern, Impotenz, angstneurotische, phobische und manche Zwangssymptome — in bestimmten Situationen wieder und wieder erlebt und befürchtet nun ihre Wiederholung in ähnlichen Lagen. Er bahnt dadurch geradezu — intensive Vorstellungen und Befürchtungen kommen einer Innervation der betreffenden Körperpartie (siehe Hypnoseversuche) gleich — sein Symptom; er „bildet" es sich durch anticipierende Erwartung „ein". Der Patient übt gewissermaßen sein Symptom, und es entwickeln sich dadurch Vollzugszwänge, die eine weitere Chronifizierung der Neurose bewirken. Auf das Phänomen selbst hat J. H. Schultz (1958) bereits 1918 hingewiesen, wenn er von dem Gedächtnisfaktor der falschen Gewöhnung spricht. — Nebenbei sei erwähnt, daß es in solchen Fällen von sekundärer Mechanisierung einer Symptomatik gelegentlich notwendig ist, außer der analytischen Methode der Aufdeckung unterdrückter Antriebskräfte ein pragmatisches, übendes Verfahren (z. B. Sprechschulung bei Stotterern) zur „Abgewöhnung" der eingefahrenen Vollzugszwänge, der bedingten Reflexe anzuwenden. J. H. Schultz (1958) meint sogar, daß *jede* psychotherapeutische Behandlung die Übung einzelner Funktionen einbegreifen müsse.

Eng verwandt mit dem sekundären Krankheitsgewinn ist die *Finalisierung*, die vor allem in der Individualpsychologie Adlers eine große Rolle spielt. Mit diesem Begriff ist die Tatsache erfaßt, daß der Patient das Symptom nicht nur erleidet, sondern es auch für eigene Zwecke und Zielsetzungen benützt; wenn er es schon nicht ausschalten und beseitigen kann, so will er es wenigstens eigenen Vorteilen und Interessen dienstbar machen (siehe auch S. 27). Damit ist eigentlich das gleiche Phänomen beschrieben wie mit dem Begriff des sekundären Krankheitsgewinnes, nur unter einem etwas anderen Aspekt. Mit dem Begriff der Finalisierung ist mehr die unbewußte Absicht des Patienten erfaßt; mit der Bezeichnung: sekundärer Krankheitsgewinn wird mehr auf die Tatsache verwiesen, daß der Patient auch einen Nutzen von seiner Krankheit haben kann.

Die Symptomatik bedeutet nach Schultz-Hencke (1951) eine sekundäre Versuchung dafür, mit Hilfe des Krankseins Fürsorge und besondere Rücksichtnahme von seiten der Umwelt ebenso wie andere Privilegien zu erlangen, die dem Betreffenden sonst schwer erreichbar wären. Adler (1928) erläutert das Bild der Neurose ebenso wie ihre Symptome von diesem fingierten Endzweck (kausale Finalität) her. Was nach Adler das Wesen der Neurose ausmacht, Minderwertigkeitsgefühl und überkompensatorische Finalisierung, ist bei Freud und Schultz-Hencke — wie Schwidder (1959) ausführt — kein primärer Vorgang, sondern eine sekundäre oder tertiäre Folgeerscheinung der neurotischen Verdrängung oder Gehemmtheit.

Diese eben erwähnten stabilisierenden und chronifizierenden Bedingungen einer Neurose (Schultz-Hencke 1951) führen erfahrungsgemäß zu einem Teufelskreis, der nur schwer zu unterbrechen ist. Ein Faktor verstärkt und steigert den anderen, und schließlich entsteht ein Gefüge von sekundären und tertiären Folgeerscheinungen, das den ursprünglichen Konflikt völlig überdeckt. Ich erinnere an das obengenannte Beispiel: Eine Frau gibt dauernd zu viel, opfert sich ständig im Übermaß für andere (z. B. die Kinder) auf; sie unterwirft sich gewohnheitsmäßig dem Willen ihres Ehemannes und bleibt eine filia comitans. Die Bedürfnisse und Interessen der Mitmenschen achtet sie *mehr* als die eigenen, sie benachteiligt sich selbst ständig, kommt dadurch zu kurz, und die Enttäuschung darüber erzeugt reaktive Aggressionen, die sich unter anderem in ihrer Zwangssymptomatik entladen. — Dieser Erlebnisverarbeitung ist therapeutisch um so schwerer beizukommen, je länger die Symptomatik schon besteht. Die zeitliche Distanzierung von der auslösenden Konfliktsituation macht diese therapeutisch schwerer erfaßbar. Neurotische Rationalisierung, Gewöhnung, Mechanisierung, sekundärer Krankheitsgewinn und Finalisierung tragen ihrerseits dazu bei, dem Patienten den Blick auf den primär auslösenden Konflikt zu verstellen, und bilden andererseits energetisch-dynamische Seitenkanäle neurotischen Lustgewinns, der den Leidensdruck herabsetzt und damit *einen* Motor zur Heilung abdrosselt. Diese Folgeerscheinungen bilden schließlich gleichsam ein Schlingwerk, das den Weg zur Genesung schwer gangbar macht. — Es kommt allerdings auch einmal vor, daß trotz länger bestehender Symptomatik die Prognose hinsichtlich psychotherapeutischer Zugänglichkeit nicht ungünstig ist. Dies ist dann der Fall, wenn der betreffende Patient in einer Grenzsituation steht: es ist ihm klar geworden, daß nichts anderes als seine eigene Umorientierung helfen kann; das mobilisiert den Willen zur Heilung meist außerordentlich.

Nach diesem kurzen Exkurs ins Gebiet der Folgeerscheinungen einer länger dauernden Neurose kehre ich zu der Kardinalfrage dieses Abschnittes zurück: Welche prognostischen Schlüsse läßt die Symptomatik des seelisch Kranken zu?

e) Die Primordialsymptomatik

Ein weiteres phänomenzentriertes prognostisches Kriterium beruht auf der Persistenz der sogenannten Primordialsymptomatik. Unter Primordialsymptomatik versteht Schultz-Hencke (1951) die frühen, noch vor der Pubertät auftretenden ersten neurotischen Krankheitserscheinungen, die gelegentlich auch „nur" in sogenannten Marotten (Kontaktscheu, übermäßige Pedanterie, Kaspereien, Altklugheit, kleinkindhaftes Gebaren u. a.) bestehen können.

Kriterium 5: Wenn diese Primordialsymptomatik über die Pubertät (etwa 13. bis 17. Lebensjahr) hinaus bestehen bleibt, dann hat der Träger dieser Symptome mit größter Wahrscheinlichkeit eine schwere Neurose.

Dies ist vorwiegend auf zwei Gründe zurückzuführen: Einmal ist eine persistierende Primordialsymptomatik eo ipso als chronische Symptomatik anzusehen, und es gilt das eben über die Dauer psychogener Symptome und ihre prognostische Bedeutung Gesagte. Die Persistenz solcher Symptome über die Pubertät hinaus ist meist auf eine neurotische Struktur zurückzuführen, bei der sich zahlreiche sekundäre und tertiäre Folgeerscheinungen der primären Antriebsgehemmtheiten entwickelt haben. Es wurde schon dargestellt (S. 30), daß die Schwere einer Neurose nicht so sehr vom Grad der ursprünglichen Gehemmtheiten abhängt, sondern mehr noch vom Ausmaß der Folgeerscheinungen.

Die Fortdauer primordialer Symptome ist auch deshalb für die prognostische Beurteilung bemerkenswert, weil in der Pubertät viele abartige Verhaltensweisen und kindliche Symptome verschwinden („sie wachsen sich aus"). Die Gefühlsbedürfnisse (nach Nähe, Intimität, Wärme, Überwindung der Ich-Du-Schranke, nach körperlicher Vereinigung) drängen im Zuge der Reifezeit immer mehr an. In der Adoleszenz (etwa 15. bis 20. Lebensjahr) sucht der Jugendliche nach einer Wertskala, einer Werthierarchie. Diese Intensivierung des Lebensgefühls und das Heranreifen einer eigenen Weltanschauung können echte Aha-Erlebnisse hervorrufen und eine Spontanheilung durch Nachreifen der Persönlichkeit mit Aufhebung von Gehemmtheiten bewirken.

Die Pubertät belebt die alten Konflikte der Kindheit wieder, wie auch Schwidder (1961) ausführt. Bleiben primordiale Symptome auch nach der Reifezeit bestehen oder verstärken sie sich noch, so deutet dies auf eine schwerere Neurose; verlieren sie sich im Laufe der Pubertät, so bekundet dies eine größere Plastizität der betreffenden Persönlichkeit.

Läßt man den prognostischen Hinweis der persistierenden primordialen Symptomatik unberücksichtigt, so wird man eventuell fälschlicherweise annehmen, daß es sich zum Beispiel bei einem 22jährigen Patienten nicht um eine chronische Neurose handeln könne. Man könnte es unterlassen haben zu eruieren — gewisse Patienten teilen einem spontan oft nur das Leitsymptom mit —, daß er z. B. an einem chronisch recidivierenden Ekzem, an gelegentlichen depressiven Verstimmungen, Angstsymptomen, gewissen phobischen Erscheinungen, Verhaltensschwierigkeiten oder Eßstörungen bereits seit den frühen Lebensjahren leidet und damit insgesamt das Bild einer erheblich chronifizierten Neurose bietet.

f) Die Einstellung des Patienten zu seinen Symptomen

Bis jetzt wurden Art und Dauer der Symptome zur Feststellung der Prognose herangezogen. Ein weiteres prognostisches Kriterium ist aus der Einstellung des Patienten zu seiner Symptomatik zu gewinnen:

Kriterium 6: Wenn ein Patient mit einer psychogenen (meist körperlichen) Symptomatik auf der organischen Entstehung seiner Krankheit beharrt, dann ist das mit großer Wahrscheinlichkeit ein Hinweis auf eine schwerere Neurose; dies gilt nicht, wenn die Fixierung des Patienten auf organogenen Vorstellungen iatrogen bedingt ist.

Ein 30jähriger Patient mit Herzbeschwerden (Herzstichen und Herzstolpern, begleitet von Angstgefühlen) läßt sich wieder und wieder und von den verschiedensten Ärzten untersuchen. In zahlreichen körperlichen Untersuchungen in Fachpraxis und Klinik (einschließlich exakter Röntgen-, EKG- und Laboruntersuchung) war nie ein organischer Befund erhoben worden. Trotzdem ist er der festen Überzeugung, die Ärzte hätten einen körperlichen Schaden bei ihm übersehen oder aber ihm die Wahrheit verschwiegen, um ihn nicht noch mehr zu ängstigen.

Eigentlich wäre zu erwarten, daß es den Patienten erleichtert zu hören, nicht organisch, sondern seelisch krank zu sein; bedeutet dies doch, daß er keinen körperlichen, vielleicht sogar irreversiblen Schaden erlitten hat, daß seine Symptome vielmehr prinzipiell heilbar sind. Solche Patienten wollen aber geradezu (im Sinne einer unbewußten Absicht) körperlich krank sein, weil ihnen die Diagnose einer organischen Erkrankung ihre seelische Gesundheit attestiert und ihnen so die Auseinandersetzung mit sich selbst, d. h. mit den eigenen neurotischen Problemen und Konflikten erspart. Die Fixierung auf die organische Genese der Symptome bietet dem Patienten Schutz vor der Konfrontation mit sich selbst; diese Begegnung mit sich selbst sucht er deshalb zu meiden, weil sie ihm unweigerlich (auch) Angst, Schuldgefühle und Selbsthaß eintrüge. Seelisch krank sein hieße selbst schuld sein am Leiden, körperlich krank sein dagegen ist Schicksal, durch Vererbung festgelegt, durch widrige exogene Faktoren konstelliert oder auch einfach von Gott gesandt und auferlegt. Außerdem erspart einem der Glaube an eine körperliche Erkrankung die Selbstverachtung, die zumindest bei solchen Patienten oft dann einsetzt, wenn sie sich zur seelischen Natur ihres Leidens bekennen. „Seelenkrüppel" zu sein setzt das Selbstwertgefühl mehr herab als körperlich krank zu sein; von vielen wird Seele in der inneren Bewertung mit Gehirn gleichgesetzt, und von dieser Vorstellung aus ist der Schritt zum Glauben an eine Geisteskrankheit sehr klein.

An dieser Stelle muß das Problem von Schuld und Verantwortung wenigstens gestreift werden. Der neurotische Patient kann im allgemeinen nicht zwischen Schuld und Verantwortung unterscheiden, wie dem Menschen die begriffliche Trennung von Ursache und Schuld überhaupt schwer fällt*). Er gibt je nach Art der neurotischen Charakterstruktur sich oder den Eltern Schuld an seiner Neurose, was erfahrungsgemäß therapeutisch beides unfruchtbar ist.

Fühlt *er* sich schuldig an seiner Erkrankung, so negiert er damit die Tatsache, daß die Neurose in den ersten fünf bis sechs Lebensjahren entstanden ist und er in diesem Alter unter dem Zwang der Milieu-Verhältnisse so werden mußte, wie er geworden ist. Sein Sich-schuldig-Fühlen zeigt die unmenschliche Anforderung an sich selbst, stärker als die Umstände zu sein.

Gibt er den Eltern oder sonstigen frühen Beziehungspersonen die Schuld an seinen heutigen Behinderungen, so negiert er die „Natur" des Menschen als eines Mängelwesens (Gehlen 1955); er anerkennt nicht das Faktum, daß die Eltern aus Irrtümern und eigenen neurotischen Behinderungen heraus natürlich Erziehungsfehler gemacht haben, daß es die idealen Eltern, die einem Kind die volle Entfaltung seiner Persönlichkeit ermöglichen, einfach nicht gibt. Und er zeigt damit seine Tendenz, einen Sündenbock zu suchen, der ihn der Notwendigkeit enthebt, sich zu ändern.

Schuld ist der Patient nicht an seiner Neurose, aber er muß — im eigenen Interesse — die Verantwortung dafür übernehmen; es ist allgemein-menschliches Schicksal, daß man die in früher Kindheit unverschuldet erworbenen Fehleinstellungen und Verhaltensmuster selbst ändern muß, sofern man gesund werden will.

Eben dieser Verantwortung sucht der neurotische Patient zu entgehen — ganz besonders aber die oben geschilderte Gruppe. Sie schieben mit dem Beharren auf der organischen Entstehung ihrer Symptome die Verantwortung dafür ab und wälzen sie auf den behandelnden Arzt: der allein hat dafür zu sorgen, daß die Symptomatik (ohne Zutun des Patienten) wieder ver-

* Die Namen für „Ursache", „causa", „aitia" stammen nach Patzig (1967) sämtlich aus der Gerichtssprache.

schwindet. Dadurch, daß der Arzt eine Psychogenese feststellt, entzieht er sich der Verantwortung — aus der Sicht des Patienten gesehen — und löst deshalb bei diesem entsprechenden Unmut aus; der Kranke erlebt es als Zumutung, selbst die Verantwortung für sein Leiden übernehmen zu sollen.

Warum aber kann der Patient die Verantwortung für seine Krankheit nicht tragen, ohne deshalb von Schuldgefühlen geplagt und von Ängsten heimgesucht zu werden? Die Antwort ist: Die Symptome werden erzeugt und unterhalten durch ichfremde, verpönte Impulse, durch vitale Strebungen, die infolge von Angst- und Schuldgefühlen gleichsam in die Verbannung geschickt, d. h. verdrängt wurden. Wenn der Patient die Psychogenese seiner Symptome anerkennt und die Verantwortung für sein Leiden auf sich nimmt, beschwört er die Gefahr herauf, daß sowohl die verpönten Regungen wie die an sie gekoppelten Schuldgefühle und Ängste wieder ins Bewußtsein treten. Aus verständlichen Gründen wehrt sich demnach der auf die Organogenese fixierte Patient gegen die „Unterstellung", sein Leiden sei seelisch bedingt.

Dies zuzugeben hieße für ihn: wenigstens im Ansatz die Verantwortung für seine Krankheit übernehmen und die Schleuse für bisher gestaute Impulse *einen Spalt breit* öffnen. Das hieße gleichzeitig, von Ängsten und Schuldgefühlen heimgesucht zu werden. Davor scheut der Patient verständlicherweise zurück. — Im strengen Sinne dürfte man nicht von Annahme der Verantwortung oder Ausweichen vor ihr auf seiten des Patienten sprechen; erst in der Therapie werden gehemmte unausgereifte Strebungen und Erlebnislücken zugänglich und können dann erst eigener verantwortlicher Entscheidung unterworfen werden.

Der weiter oben erwähnte „Vorteil", den ein Patient aus seiner Fixierung auf organogene Vorstellungen zieht, ist eine Variante des sekundären Krankheitsgewinnes; nicht *ich* brauche mich um die Beseitigung meiner Symptome zu kümmern, der *Arzt* muß es tun, der allein ist für den Erfolg oder Mißerfolg der Behandlung verantwortlich.

Wegen der geschilderten Schwierigkeiten darf man dem praktischen Arzt raten, auf organogene Vorstellungen festgelegte Patienten dem Fachpsychotherapeuten zu überweisen.

Dies gilt vor allem, wenn der Patient mit *Entschiedenheit* auf der organischen Herkunft seines Leidens besteht und auch nicht im geringsten eine seelische Entstehung seiner Symptome zu erwägen bereit ist. — Ein Arzt, der ein primär psychogenes Leiden vermutet, mag z. B. — nach einiger Vorbereitung — zu seinem Patienten sagen: „Könnten Sie sich vorstellen, daß Ihre Beschwerden seelischer Natur sind, daß also seelische Probleme und Konflikte zu Ihren Kopfschmerzen geführt haben? Es heißt doch vielleicht nicht zufällig: Dieses oder jenes Problem macht mir Kopfschmerzen." Wenn der Patient darauf antwortet: „Nein, Herr Doktor, ausgeschlossen, meine Mutter hat die gleichen Kopfschmerzen gehabt, das muß körperlich sein, es ist wohl Vererbung!", dann ist diese wenn auch naheliegende Einstellung des Patienten — vorausgesetzt natürlich es handelt sich wirklich um ein neurotisches Leiden — Zeichen für das Interesse des Patienten an einer Organogenese seiner Krankheit.

Zu Anfang dieses Abschnittes wurde die Einschränkung gemacht, die Fixierung auf der organischen Entstehung einer neurotischen Erkrankung sei nur dann ein prognostischer Hinweis auf eine schwere Neurose, wenn diese Fixierung nicht iatrogen bedingt sei. Hat ein Patient schon mehrfach von Ärzten die Diagnose einer organischen Erkrankung mitgeteilt bekommen, dann gilt die Aussage des zuvor genannten Kriteriums (siehe S. 32) nicht unbedingt; er hat sich eventuell dem Urteil des Fachmannes nur angeschlossen und eigene Zweifel an der Organogenese seines Leidens unterdrückt. In einem solchen Falle ist die Prognose der Psychotherapierbarkeit günstiger.

g) Der Umgang mit der Symptomatik

Einen weiteren prognostischen Anhalt gibt die Art und Weise, wie der Patient mit seiner Symptomatik umgeht. Es wurde schon gesagt: Jeder Patient hat nicht nur Symptome, er erleidet sie nicht nur, sondern er geht auch mit ihnen um, er stellt sie bewußt oder unbewußt in den Dienst neurotisch-egoistischer Tendenzen. Unabhängig von der Art der individuellen Konflikte sieht diese Entwicklung meist folgendermaßen aus: Der Patient bekommt von ungefähr (so scheint es ihm zunächst) Symptome (*symptoma* = Zufall) — er wehrt sich dagegen, d. h. er versucht etwas dagegen zu unternehmen, mit oder ohne ärztliche Hilfe — trotzdem bleiben die Symptome bestehen — er nimmt sie allmählich als gegeben hin — er resigniert hinsichtlich der Beseitigung der Symptome — er richtet sich darauf ein, mit ihnen zu leben — die Symptome bringen ihm diesen und jenen materiellen oder immateriellen Vorteil — er benützt die Symptomatik hinfort zu seinen Gunsten. Das Leiden an der Symptomatik übernimmt allmählich bestimmte Funktionen (K. Horney 1951 spricht von funktionellem Leiden), es wird zur Basis für bestimmte Ansprüche.

Daraus resultiert ein weiteres prognostisches Kennzeichen, dem wir in anderem Zusammenhang (Relation von Dauer der Symptome und Schwere der Neurose, siehe S. 24) schon begegnet sind:

Kriterium 7: Strebt ein Patient mit psychogenen Symptomen z. B. eine Erwerbs- oder eine Berufsunfähigkeitsrente an oder hat er sich mit Hilfe seiner Symptomatik sonstige materielle oder auch immaterielle Vorteile und Privilegien verschafft, so hat er mit größter Wahrscheinlichkeit eine schwer therapierbare Neurose.

Freilich täte man dem mehr oder weniger verhüllt nach einer Berentung seiner Neurose strebenden Patienten Unrecht, wenn man seinen Rentenwunsch als die *Ursache* seiner neurotischen Erkrankungen ansähe. Das wäre, wie Freud (Bd. XIV, S. 126) es 1926 ausdrückt, „so richtig oder so falsch, wie wenn man die Ansicht vertritt, der Kriegsverletzte habe sich das Bein nur abschießen lassen, um dann arbeitsfrei von seiner Invalidenrente zu leben". Besonders auch Schultz-Hencke (1951) hat darauf hingewiesen, daß diese finale Betrachtungsweise dem sogenannten Rentenneurotiker nicht gerecht wird. Zugrunde liegen auch bei der Renten- oder Begehrungsneurose spezifische, unbewußte Konflikte, die zur Erkrankung führen. Erlebt der Patient nun im Laufe der Zeit, daß sich die Symptome nicht beseitigen lassen, dann, und erst dann tendiert er dahin, aus der Symptomatik „etwas zu machen", z. B. Kapital aus ihr zu schlagen; die Art dieser Tendenz hängt von der Art seiner Charakterstruktur ab.

Von materiellen oder immateriellen Vorteilen und Privilegien war oben die Rede. Ein Patient gewinnt durch seine Krankheit z. B. Beachtung, Mitleid, Fürsorge und Aufmerksamkeit (siehe sekundärer Krankheitsgewinn). Patienten mit hypochondrischen Klagen erzwingen oft geradezu diesen immateriellen (ideellen) Nutzen. — Vorteile solcher Art genoß z. B. ein 20jähriger Patient mit ausgeprägtem Stottern, der in psychoanalytischer Behandlung stand: Bei der Musterung war ihm mitgeteilt worden, daß er wegen seines Stotterns vom Militärdienst zurückgestellt werde; er müsse aber mit der Einberufung rechnen, sobald seine Symptomatik behoben sei. Nun ist der Leidensdruck beim Stotterer-Patienten ohnehin oft erstaunlich gering; außerdem kam noch in diesem Falle der (vom Patienten selbst so empfundene) oben erwähnte Krankheitsgewinn dazu: Ich brauche nicht zum Militär, ich erspare mir die Unannehmlichkeiten und Schleifereien; vor allem aber gewinne ich gegenüber allen meinen Klassenkameraden einen Vorsprung von eineinhalb Jahren. Während die auf dem Kasernenhof robben, sitze ich schon auf der Universität und kann etwas für mein Vorwärtskommen tun. Die „Aussicht", nach der Beseitigung des Symptoms zum Militär einrücken zu müssen, trug denn auch zum Entschluß des Patienten bei, die analytische Behandlung abzubrechen.

Dem Arzt ist zu raten, Patienten mit ausgeprägtem Krankheitsgewinn und solchen mit Renten- und Begehrungsneurosen — die Bezeichnung ist strenggenommen falsch, hat sich aber eingebürgert — an den Psychotherapeuten weiterzuleiten; dieser soll dann die Indikation oder Kontraindikation zur psychoanalytischen Behandlung stellen. Dabei sei an dieser Stelle erwähnt, daß sich bei der eben skizzierten Patientengruppe die *klinische* Psychotherapie und vor allem die klinische Gruppenpsychotherapie, auch nach Schwidder (1958), immer mehr als die Methode der Wahl erweist.

h) Das Leiden an der Symptomatik

Bislang wurden Art und Dauer der Symptome, die Einstellung des Patienten zu ihnen und sein Umgehen mit ihnen als prognostische Anhaltspunkte erörtert. Von einem weiteren Kriterium, dem Leiden des Patienten an seiner Symptomatik, war bisher nur andeutungsweise die Rede. Wie schon von Freud selbst, so wird seither dieser Faktor von allen psychoanalytischen Richtungen als höchst wichtig angesehen. Freud stellte, wie anfangs erwähnt, bereits 1905 in seiner Schrift „Über Psychotherapie“ (Bd. V, S. 13—26) das Fehlen des Leidensdruckes als eine Kontraindikation zur analytischen Behandlung dar. Ich möchte in diesem Zusammenhang an meine erste prognostische Aussage (siehe S. 17) erinnern, wonach Patienten mit Süchten, Perversionen und Verwahrlosungserscheinungen deswegen als schwer psychisch erkrankt anzusehen und deshalb schwierig zu therapieren sind, weil sie nicht genügend an ihren Symptomen leiden. Diese Aussage muß näher differenziert werden. Es genügt nicht, bloß die Stärke des Leidensgefühls festzustellen.

Daher bezieht sich das nächste prognostische Kennzeichen auf die *Art* des Leidensgefühls, und zwar auf die Unterscheidung zwischen einem echten oder real-bedingten und einem neurotischen oder irreal-bedingten Leidensgefühl. Mit anderen Worten:

Kriterium 8: Für prognostische Zwecke ist zu prüfen, ob der Patient in erster Linie an seinen realen Behinderungen bzw. seinen Symptomen und ihren objektiven Folgen leidet oder aber an der irrealen, rein subjektiven Bedeutung seines Symptoms. Im letzteren Fall handelt es sich um eine schwerere Neurose.

K. Horney (1951) unterscheidet, allerdings in einem etwas anderen Zusammenhang, ein reales von einem neurotischen Leidensgefühl.

Zur Illustration dieses Sachverhaltes diene das Beispiel eines 23jährigen Patienten mit verschiedenen neurotischen Symptomen, der wegen Händezitterns in die psychotherapeutische Praxis kommt. Das Symptom an sich ist nur schwach ausgebildet und tritt meist in geselligen Situationen beim Kaffee- oder Weintrinken auf; es kommt auch vor, wenn er ein Referat zu halten hat (er ist Physiker). Dieser für andere kaum bemerkbare Tremor stört ihn ungemein, ja treibt ihn oft an den

Rand der Verzweiflung. Dagegen wird er durch seine objektiv schweren Arbeitsstörungen überhaupt nicht beunruhigt, obwohl sie ihn nahezu unfähig zum konzentrierten und kontinuierlichen Arbeiten machen.

Wie ist es zu erklären, daß das Symptom der Arbeitsbehinderung den Patienten *nicht* stört — obwohl ihm deshalb bereits seine Kündigung angedroht worden war —, während das seine Weltbewältigung kaum behindernde Händezittern ihn geradezu bestürzt? Er leidet in erster Linie nicht an Symptomen, die als solche und in ihren Auswirkungen (Arbeitsstörungen) eine wirkliche Behinderung bei der Bewältigung der Realität darstellen, sondern er leidet an der irrealen Bedeutung eines real weniger bedeutungsvollen Symptoms (Händezittern). Das Zittern ist für ihn Ausdruck von Schwäche und Ohnmacht, es ist das beschämende Zeichen seiner mangelnden Souveränität. Das Leben dieses Patienten, seine vitale Energie ist auf ein Supermann-Ideal ausgerichtet, das ihn zwanghaft dazu treibt, immer und überall dominierend und überlegen zu sein, eine olympische Souveränität und Gelassenheit an den Tag zu legen. Das Händezittern gerade in alltäglichen Situationen blamierte ihn, seinem Erleben nach, stets aufs neue; es führte ihm die Kluft zwischen seinem verstiegenen Idealbild von sich selbst und seinem wirklichen Sein vor Augen. Es muß hier eingeschaltet werden: Das Zittern entsprach im Grunde der inneren Wirklichkeit des Patienten genau, es spiegelte die zitterige Unsicherheit wider, die diesen pseudosouveränen Mann immer dann befiel, wenn er in eine mehr gefühlsbetonte zwischenmenschliche Situation geriet; solche „der angenehmen, distanzierten Sachlichkeit entbehrende" Situationen könnten ihn weicher und hingebender werden lassen, als es seine Fassade von gelassener Souveränität zuläßt. An diesem durch das Händezittern bewirkten subjektiven Prestigeverlust leidet er; man könnte auch sagen: Das Vorkommen des Tremors kränkte sein Selbstwertgefühl, während ihn die Arbeitsstörung samt ihrer Folgen kaum tangiert. — Immer ist also bei der Frage nach dem Leidensdruck zu klären, was das Symptom für den Patienten selbst bedeutet, ob er mehr an der objektiven Behinderung durch das Symptom, also an einer realen Folge, oder vielmehr an einer irrealen Folge z. B. an einem rein subjektiven Prestigeverlust leidet. Zugegeben: Die Antwort auf diese Frage ist nicht leicht und oft nicht in der Erstkonsultation zu finden; die vorher angeführten prognostischen Merkmale sind einfacher zu entdecken.

So war es auch bezeichnend für den eben geschilderten Patienten und prognostisch relevant, wie und wann er zur psychoanalytischen Behandlung kam. Er hatte zunächst des Tremors wegen einen Nervenfacharzt aufgesucht, der es über Monate mit dem Autogenen Training versucht hatte. Als diese Methode nicht half, der Patient vielmehr von einer Verschlimmerung seines Händezitterns berichtete, schickte ihn der Kollege mit der Frage nach der Genese des Symptoms zum Psychoanalytiker. Dieser teilte dem Patienten nach der Anamnesenerhebung mit, daß das Händezittern seelisch bedingt und eine analytische Behandlung notwendig sei. Der Therapeut skizzierte ihm den Gang der Behandlung und seine Mitarbeit dabei. Der Patient wollte es jedoch zunächst mit der Hypnose versuchen und forderte den Analytiker auf, diese Behandlung zu übernehmen. Der Arzt lehnte mit dem Hinweis ab, daß er diese Art Therapie bei seinem Leiden für nicht zweckmäßig halte, und nannte ihm die Gründe für seine Weigerung. Der Patient entgegnete, er wolle es trotzdem mal versuchen; er glaube, daß es sich mehr um eine Erwartungsangst bei ihm handle und weniger um eigene seelische Probleme und Konflikte; wenn ihm der Arzt durch Hypnose die Furcht nähme, in der und der Situation zittern zu müssen, dann wäre er geheilt. Der Therapeut verhehlte ihm seine Skepsis gegenüber den Erfolgschancen der Hypnose bei diesem Leiden nicht. Nach etwa dreiviertel Jahren erschien der Patient wieder in der psychotherapeutischen Praxis; er hatte einen Psychiater gefunden, der Hypnose bei ihm angewandt hatte. Es hatte sich jedoch keinerlei Besserung ergeben. Er fragte jetzt, was von Autosuggestion zu halten sei. Er hatte zwei Bücher über Autosuggestion gelesen und versprach sich große Stücke von ihr. Es wäre doch eigentlich gelacht, wenn man so etwas nicht durch eigene Willenskraft beseitigen könnte. Der Analytiker prophezeite ihm, daß er nach aller Erfahrung auch mit dieser Methode scheitern werde, da ein Willenseinsatz — „Ich hab' keine Angst, ich hab' keine Angst!" hieße doch nur seine Furcht verleugnen — nie und nimmer die unbewußten, seine Symptomatik verursachenden Konflikte lösen könnte. Er wollte dies immer noch nicht wahrhaben und verließ die Praxis mit dem „eisernen Vorsatz", durch Autosuggestion und Willensschulung des Händezitterns Herr zu werden. Es kam wie es kommen mußte; nur daß er diesmal eher aufgab und bereits nach vier Monaten wieder beim Psychotherapeuten erschien. Jetzt erst war er (zähneknirschend) bereit, eine analytische Behandlung auf sich zu nehmen. — Das Beispiel sollte die Eigenart des neurotischen oder irreal-bedingten Leidensgefühls anschaulich machen und eine Vorstellung davon vermitteln, wie wenig dieses Leidensgefühl den Patienten zu innerer Umstellung und Wandlung geneigt macht.

Eine weitere Fallskizze möge den neurotischen Charakter dieses Leidens nochmals beleuchten: Eine 40jährige Patientin kommt zum Psychotherapeuten, weil sie gelegentlich erröte und vor allem, weil sie häufig Angst habe, erröten zu müssen. Vor dem Aufsuchen des Fachpsychotherapeuten hatte sie jahrelang die verschiedensten Ärzte konsultiert und es mit allen möglichen Medikamenten versucht — ohne jeden Erfolg. Dem Analytiker gegenüber äußert sie unter anderem: „Ich bin regelrecht verzweifelt über mein Rotwerden!" Der Therapeut: „Was stört Sie denn so daran?" Sie (deutlich empört ob dieser „Verständnislosigkeit"): „Das ist doch *furchtbar* für den anderen! Der wird doch unwillkürlich denken: „Du hast ihr doch nichts Unangenehmes gesagt, eine Beleidigung oder so . . ."

Vielleicht ist folgendes deutlich geworden: Sie leidet nicht so sehr an ihrer eigenen inneren Unsicherheit und Verlegenheit, die sich im äußeren Zeichen des Errötens kundtut, sondern mehr daran, was die anderen Menschen davon halten, wie *die* darüber denken, wie das Symptom auf diese wirkt. Nicht Erröten und Errötungsangst als Zeichen einer unsicheren Beziehung zu den Mitmenschen sind ihr so lästig und unangenehm, die vermeintliche Prestigeminderung, die Befürchtung, nicht mehr als feinsinnig, rücksichtsvoll und wohlerzogen zu gelten — weil sie durch ihr Rotwerden den anderen auf einen faux pas aufmerksam gemacht haben könnte —, ist das Beunruhigende.

Übrigens verrät die Patientin mit dem Inhalt ihrer Befürchtung, der andere könnte meinen, sie beleidigt zu haben, *ein* Motiv ihres Errötens: Sie ist tatsächlich leicht kränkbar, erlebt andere Menschen als grob und rücksichtslos, verglichen mit ihrer eigenen feinsinnigen Art, und macht ihnen deshalb im stillen dauernd Vorwürfe; sie erlebt diese Vorwürfe — sie passen nicht zu ihrem Idealbild eines feinen Menschen — nicht direkt, sondern nur indirekt über die Besorgnis, die anderen könnten meinen, sie signalisiere durch ihr Rotwerden einen Hinweis auf deren nur von ihr empfundenen faux pas. Die Patientin ist extrem schüchtern und zurückhaltend, scheuängstlich und (im Sinne des allgemeinen Sprachgebrauches) gehemmt. Schon in Kleidung und Auftreten macht sie einen gepreßten Eindruck. Einerseits ständig darauf bedacht, es den Menschen recht zu machen, steckt sie auf der anderen Seite voller Ressentiments, weil diese „Grobiane" ihr nicht mit der gleichen Rücksicht und Behutsamkeit begegnen. Diese aus Enttäuschung geborenen Aggressionen drängen unter anderem in ihrem Symptom an.

Eine andere, 25jährige Patientin sucht wegen übergroßer Empfindlichkeit, einem Zwölffingerdarmgeschwür („es kam durch Aufregung und Kummer") und häufiger gesteigerter Erregbarkeit, verknüpft mit Rotwerden des Gesichts, Hilfe beim Psychotherapeuten. Auf die Frage, worunter sie am meisten leide, gibt sie die für ein irreal-bedingtes Leidensgefühl sprechende Antwort: „Daß ich auf solche äußeren Einflüsse überhaupt reagiere, indem ich rot werde. — Das ist doch Blödsinn, in solchen Situationen" (inmitten angeregter Unterhaltung oder wenn sie sich über etwas sehr freut, oder wenn sie einer Kritik ausgesetzt ist oder auch wenn sie allein ins Restaurant geht) „zu erröten" und (stolz): „Ich bin sonst immer sehr streng mit mir. Ich lege großen Wert auf Korrektheit. Wenn ich mich mal gehenlasse, find' ich das unverzeihlich". — Wieder wird deutlich, daß sie weniger die Beschwerden an sich als störend empfindet — das Ulcus duodeni z. B. ist ihr überhaupt nicht so wichtig —, sondern mehr die Kränkung ihres Selbstwertgefühls, die aus den Beschwerden resultiert. Wie peinlich ist diese Art der Reaktion (Erröten) für einen Menschen wie mich, der sonst immer so korrekt ist und sich nicht gehenläßt.

Die Beispiele sollten zeigen, daß durchaus nicht jeder ausgeprägte Leidensdruck prognostisch günstig ist. Die Stärke des Leidensgefühles beim Patienten kann auch Ausdruck seiner Kränkbarkeit sein, ist dann Zeichen seines gestörten Selbstwertgefühls (siehe strukturelle Kriterien). In diesem Falle will der Patient nicht sich ändern, d. h. seine Fehlorientierungen überwinden, sondern bloß die Symptome beseitigt haben, ohne sich zu wandeln.

Grundsätzlich ist zu raten, Patienten mit vorwiegend irrealbedingtem Leidensgefühl dem Fachpsychotherapeuten zu überweisen. Dabei ist in Rechnung zu stellen, daß sich die beiden genannten Arten des Leidensgefühles in der Wirklichkeit oft überlappen; wichtig ist die Feststellung, welche Form überwiegt.

i) Die Auslösung der Symptomatik

Ein weiteres prognostisches Merkmal ist von der Art der symptomauslösenden Situation abzuleiten. Insbesondere Schultz-Hencke (1951), A. Dührssen (1955), Schwidder (1959) u. a. heben dieses Element der Voraussage hervor. Beim Versuch, die Relation von Dauer der Symptomatik und Schwere der Neurose zu zeigen, habe ich bereits den Begriff der auslösenden Schicksalskonstellation (siehe S. 24) oder der Versuchungs- und Versagungssituation erwähnt:

Kriterium 9: Ist die neurotische Symptomatik durch eine leichte Versuchungs- und Versagungssituation ausgelöst worden, entstand sie bereits unter der Einwirkung leichter, vielleicht sogar ubiquitärer Belastungsmomente, dann handelt es sich um eine schwere Neurose. Hat dagegen erst eine schwere Schicksalskonstellation die Symptomatik hervorrufen können, so liegt meist eine leichtere Neuroseform vor.

Ein paar Vorbemerkungen sind zum Verständnis nötig: Die Kenntnis der auslösenden Situation ist für die Diagnose wie für die Prognose und für die Therapie psychogener Erkrankungen sehr wichtig. Die Diagnose einer neurotischen Erkrankung stellt der Psychoanalytiker nur, wenn ein neurosenpsychologisch verstehbarer Zusammenhang zwischen der Symptomatik des Patienten und einer ihrer Manifestation vorangegangenen Versuchungs- und Versagungssituation aufzufinden ist; die Feststellung, daß eine Konfliktsituation vorliegt, genügt allein noch nicht. Außerdem muß noch eine vorbereitende neurotische Entwicklung nachzuweisen sein; sie erst gibt der äußeren Konstellation die besondere innere Bedeutung (A. Dührssen 1955). Ein und dieselbe Krisensituation kann für zehn Menschen zehnmal etwas Verschiedenes bedeuten. Für die Diagnose einer seelisch bedingten Erkrankung ist also die spezifische Zuordnung von prämorbider Charakterstruktur und spezifischer auslösender Situation zu fordern.

Mit dieser Feststellung kann auch einem häufigen Vorurteil begegnet werden, der Meinung nämlich, daß vor allem *dramatische* äußere Konflikte (Todesfälle, Unfälle, Besitzverluste, soziales Elend und ähnliches) zu neurotischen Erkrankungen führen; in Wirklichkeit geschieht dies nach Schwidder (1959) nur bei etwa einem Fünftel aller seelisch kranken Patienten. Weniger die großen Schicksalskatastrophen bewirken eine neurotische Erkrankung, sie wird im typischen Fall vielmehr hervorgerufen durch das Zusammentreffen von innerer neurotischer Struktur des Patienten (Ursache) und spezifischer äußerer Versuchungs- und Versagungssituation (Auslösung).

Der Terminus Versuchungs- und Versagungssituation ist darauf zurückzuführen, daß die auslösende Situation durch Versuchung und Versagung charakterisiert ist. Sie stellt — in etwas vereinfachter Darstellung — entweder eine Versuchung, eine Provokation für unterdrückte, durch Angst- und Schuldgefühlsreflexe abgeriegelte Impulse und Bedürfnisse des neurotischen Menschen dar, oder sie bedeutet eine Versagung in bezug auf seine bisherigen Befriedigungen und Lebensmöglichkeiten; diese Frustration kann sekundär wieder bis jetzt latent gebliebene Antriebe und Bedürfnisse in ihm wecken und so (sekundär) wie eine Versuchung wirken. Dafür ein Beispiel: Eine 35jährige unverheiratete Frau „führt" im Hause ihrer Eltern — der Vater ist vor Jahren gestorben — ein total behütetes, aber auch völlig eingeengtes, nur von der Mutter bestimmtes Leben. Überraschend stirbt die Mutter. Die Tochter reagiert auf den Tod der Mutter mit schwersten Depressionen. Primär handelt es sich dabei um eine Versagung, um eine Frustration ihrer kindlichen Sehnsüchte nach Geborgenheit und Aufgehobensein bei der Mutter. Sekundär aber — und entscheidend für die Entstehung ihrer Niedergeschlagenheit — bedeutet der Verlust der Mutter eine Versuchung für ihren bisher ungestillten Lebenshunger; das Leben stellt ihr plötzlich die Aufgabe bzw. bietet ihr die Chance: Fang' an, selbst zu leben! Nimm dein Schicksal in deine eigene Hand, lerne das Dasein aktiv gestalten und genießen! Die bisher unterdrückten Impulse und Bedürfnisse drängen in archaischer, ungesteuerter Form an — bislang hatte die Mutter die Steuerung ihres Lebens übernommen —, lösen Angst und Schuldgefühlsreflexe aus und werden deshalb erneut in die Verbannung geschickt. Aus dem Untergrund entfalten sie ihre Wirksamkeit und manifestieren sich in einer seelisch bedingten Symptomatik, eben den Depressionen.

En passant möchte ich erwähnen, daß die Kenntnis der auslösenden Situation für die Behandlung, besonders auch für die Kurztherapie, eine bedeutsame Rolle spielt, wie auch Hagspihl (1954) hervorgehoben hat. Dieses Wissen erlaubt dem Therapeuten (siehe auch S. 240), viel gerichteter auf die aktuelle Problematik des Patienten mit dem Ziel der Aufhebung von Gehemmtheiten zuzusteuern, als es ohne solche Kenntnis möglich wäre. — Freilich gibt es auch Schicksalsschläge, gleichsam Extremsituationen, auf die auch der gesunde, der weitgehend unneurotische Mensch, mit einer psychogenen Symptomatik reagiert. Auch der Gesunde kann nach dem unerwarteten Tod naher Angehöriger, nach großen Geldverlusten, bei real gefährdenden Angriffen auf seinen guten Ruf und sein Prestige in Depressionen verfallen und nicht nur in Trauer. Auch der Gesunde wird wahrscheinlich die Extremsituation eines Konzentrationslagers nicht ohne psychogene Symptome überstehen; aber er wird diese Situation, weil er elastischer ist, im ganzen doch besser bewältigen können. Außerdem klingen seine Beschwerden ab, sobald die unerträglichen Verhältnisse aufgehört haben. — Am besten scheinen stark ideologisierende Menschen den Aufenthalt in einem KZ überstanden zu haben*); auf diese Problematik kann ich hier nicht näher eingehen. — Dagegen gilt für den neurotischen Menschen: Bereits leichte oder mittelschwere Krisen lösen eine Symptomatik aus; und die Beschwerden halten meist auch über die Zeit der Belastung hinaus an. Vor allem sind es die sogenannten Schwellensituationen des Lebens, die ihn krank machen, Situationen, vor denen praktisch jeder Mensch gestellt wird: Schulbeginn — Examina — die nähere Bekanntschaft mit dem anderen Geschlecht — der erste Geschlechtsverkehr — Freundschaften mit Gleichgeschlechtlichen — Berufswahl — der Eintritt in den Beruf (Kritik von Vorgesetzten, Auseinandersetzungen mit Konkurrenten, Repräsentationspflichten) — Verlobung und Verheiratung — Alltag der Ehe — Geburt von Kindern und ihre Erziehung — Heranwachsen und Selbständigwerden der Kinder — Heirat der Kinder — Tod der eigenen Eltern — Pensionierung — eigenes Altern — Auseinandersetzung mit dem Sterben. Schwellensituationen heißen sie, weil in ihnen der Mensch vom Leben gleichsam aufgefordert wird, die Schwelle eines neuen Bereiches zu überschreiten, und das heißt psychodynamisch: bisher unbenützt oder unterentwikkelt gebliebene eigene Kräfte zu verwenden oder zu entfalten. Dem Gesunden glückt diese Wandlung, er besteht den „Lebenstest". Der Neurotiker bleibt in der alten Situation stekken, er klebt am süß-vertrauten Zustand des Gewohnten; auf Grund seiner Gehemmtheit und ihrer schädlichen Folgen kann er sich nicht in die neue Lage finden, er kann sich an sie nicht selektiv anpassen (Lorenz 1965). Der Arzt wird daher im allgemeinen gut daran tun, solche Patienten, die bereits in den üblichen Schwellensituationen des Lebens Symptome bekommen, dem Fachpsychotherapeuten zu überweisen; es handelt sich mit größter Wahrscheinlichkeit um einen Fall von schwerer Neurose. —

Hinzugefügt werden muß noch, daß viele psychogene Symptome unter zweifachem Aspekt zu betrachten sind. Sie sind einmal im medizinischen Sinne als neurotisch anzusehen, als individuelle Entgleisung und Anpassungsstörung auf Grund

---

* Matussek, P. et al.: Die Konzentrationslagerhaft und ihre Folgen. Springer-Verlag, Berlin 1971.

bestehender Gehemmtheiten, d. h. der Unterentwicklung eigener Fähigkeiten und Potenzen. Sie sind ferner im sozialpsychologischen Sinne als Zeichen eines Protestes gegen widrige soziale Umstände zu verstehen, als Alarmsignale (Richter 1970) dafür, daß die äußere Zumutung die Grenzen der inneren Zumutbarkeit überschritten hat. — Ich bin mit M. Seiff (mündliche Mitteilung) der Meinung, daß der Patient mit einem psychogenen Symptom auch gegen innere und äußere Zwänge protestiert und damit oft „gesünder" ist als der im klinischen Sinn symptomlose Sozialautomat (Mitscherlich 1963) oder der Mensch mit sozial geprägtem Defekt (siehe S. 54 f.). —

Allerdings ist das obenerwähnte prognostische Kriterium nicht *einfach* zu ermitteln; die übliche biographische Anamnese reicht dazu meist nicht aus, es muß vielmehr eine gezielte *tiefenpsychologische Anamnese* erhoben werden (Schwidder 1958). Ihre Erhebung setzt die Kenntnis der Neurosenpsychologie voraus; nur bei Einsatz dieses Wissens wird es gelingen, die irrationalen Motive des Patienten und seine unbewußten Konflikte zu entdecken und zu verstehen. Ein Fallbeispiel soll diese Anamnesenform veranschaulichen und gleichzeitig eine der Schwellensituationen des Lebens darstellen: Ein 25jähriger Musiker geht zu seinem Hausarzt und berichtet unter anderen Klagen, daß er Angst habe, wegen einer „Todeslinie" seiner rechten Hand in nächster Zukunft sterben zu müssen. Als Todeslinie bezeichnet er seine in der Chirologie sogenannte Lebenslinie deshalb, weil sie bei ihm an einer Stelle auf einen halben Zentimeter Länge unterbrochen ist. Diese Unterbrechung kündige mit Sicherheit seinen baldigen Tod an. Eine gewisse Chance, sein Leben zu verlängern, sieht der Patient in der Wiedervereinigung der beiden getrennten Linienteile; deshalb kratzt er mehrmals täglich mit einer Steck- oder Stricknadel an der Trennungsstelle, um durch Narbenbildung die gespaltene Linie wieder zusammenzufügen. Auf Befragen gibt der Patient an, das Handliniensymptom — er selber sieht es weniger als Krankheitszeichen denn als Prophezeiung an (er war auch vorwiegend wegen anderer Symptome in die Praxis gekommen) — sei unmittelbar nach seinem ersten geschlechtlichen Verkehr (mit 22 Jahren) aufgetreten; damals sei ihm eine Zeitschrift in die Hände gefallen, in der zu lesen stand, daß eine unterbrochene Lebenslinie frühen Tod anzeige.

Soviel ist durch die biographische Anamnese zu ermitteln: Man wird einen Zusammenhang vermuten dürfen zwischen dem ersten Koitus des Patienten und seiner Beziehungsidee. Aber erst durch die Erhebung einer tiefenpsychologischen Anamnese würde der Arzt die Frage klären können, warum gerade der sexuelle Verkehr auslösend für das Symptom des Patienten ist, welche irrationalen, unbewußten Motive diese Beziehungsidee hervorgerufen haben; es handelt sich nicht um eine Zwangsbefürchtung, da er das Unsinnige seiner Angst nicht einsieht, vielmehr von der Realität der Todeslinie wirklich überzeugt ist. Erst auf Grund einer genauen Kenntnis der Neurosenpsychologie wird also der Therapeut gezielte Fragen — gezielt ist nicht mit direkt gleichzusetzen — stellen können, deren Beantwortung die symptomauslösende Konfliktlage des Patienten erhellt. Geschlechtlicher Verkehr (als Muster intimer Beziehungen) bedeutet nämlich *deshalb* für den Patienten eine gefährliche, mit Todesangst verbundene Situation, weil er auf Grund seiner Erfahrungen in der Kindheit Hingabe an die Frau und Zugewandtheit zu ihr nur in der Form einer völligen Aufgabe und Preisgabe seiner selbst, d. h. seiner Eigengesetzlichkeit kennt. Er ist übertrieben weich und nachgiebig Frauen gegenüber; sie können nahezu alles von ihm haben, ihn also faktisch ausnutzen. So droht ihm bei jeder näheren Beziehung zur Frau die Gefahr, sich an sie zu verlieren; dabei braucht die betreffende Frau gar nicht besonders anspruchsvoll zu sein, es genügt, wenn sie, im Gegensatz zum Patienten, Wünsche und Erwartungen erlebt und ausdrückt, da der Patient sich zu deren Erfüllung auf jeden Fall — auch gegen sein Gefühl — verpflichtet fühlt.

Außerdem ersehnt er sich in kindhafter Weise eine Mutter statt einer Partnerin; er möchte sich an die Frau anlehnen können und von ihr geführt werden, so wie die Mutter ihn immer gelenkt und geleitet hat, bis heute. Angst muß beim Patienten daher in jeder Gefühlsbeziehung zu einer Frau auftauchen, Angst einmal deswegen, weil er mit der Aufnahme einer solchen Beziehung den bergenden Umkreis der Mutter verlassen und eigenständiger werden müßte; Angst aber auch, weil ihm die Gefahr droht, in der Verbindung mit einer Frau zu deren bloßem Anhängsel und Vollzugsorgan zu werden, wie er es bei seiner Mutter ist; sie ist es, die alle einigermaßen wichtigen Entscheidungen für den 25jährigen trifft. Der Mutter gegenüber kann er das unverantwortliche Kind bleiben, das die Geborgenheit genießt. Die andersartige Beziehung zur Frau (Freundschaft oder Ehe) fordert unweigerlich mehr Verantwortung von ihm, die er nicht übernehmen will und kann.

Die beiden eben geschilderten Einstellungen zur Frau zeigten sich bereits in flüchtigen Gedanken, die seine erste Verliebtheit mit fünfzehn Jahren begleiteten: „Du möchtest einen Geschlechtsverkehr haben und dann möchtest du totgehen!" Intime Beziehungen zur Frau bedeuten seinen Tod, bedeuten den Verlust des restlichen, ihm noch verbliebenen eigenen Willens.

Der Geschlechtsverkehr mit einer Frau und das heißt die intimere Beziehung zu ihr steht aber im allgemeinen nicht gerade am Anfang einer Bekanntschaft. Der Mann muß erst um die Frau werben und sie für sich „erobern"; das aber bringt ihn in Rivalität zu Mitbewerbern, tatsächlichen wie potentiellen. Potentiell steht (für den Mann) neben jeder begehrten Frau ein anderer Mann als Rivale, und (für die Frau) neben jedem ersehnten Mann eine andere Frau als Konkurrentin. Der (oder die) Werbende wird immer von der (dem) Umworbenen mit anderen Männern (Frauen) und deren Eigenschaften und Fähigkeiten verglichen. In dieser Situation hat jeder Mensch es stets mit Konkurrenten zu tun, an denen er von der umworbenen Person gemessen und demgemäß beurteilt wird. An dieser Stelle setzte ein neuer (unbewußter) Konflikt beim Patienten ein. Er war auch Männern gegenüber weich und übergefügig und fürchtete die Konkurrenz mit ihnen wie Tod und Teufel. Diese Furcht war ein Grund, warum er, wenn überhaupt, dann nur mit weit älteren Frauen oder mit ganz jungen, minderjährigen Kontakt aufnahm. Die jungen Mädchen hatten noch keine anderen Männer kennengelernt, so daß er damit rechnen konnte, ein „unvergleichlicher" Mann für sie zu sein. Außerhalb der gefürchteten Konkurrenz mit den Männern stand er auch bei den wesentlich älteren Frauen. Sie konnten nach seinem Empfinden nur dankbar sein, wenn ein so jugendlicher Mann wie er noch Interesse für sie zeigte.

Als weiteres auslösendes Moment ist die bevorstehende Abschlußprüfung des Patienten auf der Musikschule zu nennen. Nicht nur hatte er die ihm unvertraute und aus den geschilderten Gründen für ihn gefährliche Situation einer gefühlshaften und sexuellen Beziehung zur Frau zu bewältigen, er stand auch vor dem Tor zu einer neuen beruflichen Lebensphase, d. h. vor dem Aufbau einer selbständigen beruflichen Existenz. Diese Schwelle zu überschreiten war ihm nicht möglich, da er noch allzu sehr am Gängelband der Mutter hing. Erschwerend kam für den (späteren) Patienten hinzu, daß die Mutter um die Zeit seines ersten Verkehrs und seines Examens an Magenkrebs erkrankte und so als „Steuermann" seines Lebens auszufallen drohte.

Übrigens ist damit noch nicht erklärt, warum es gerade zu *dieser* Beziehungsidee gekommen ist. Frühkindliche Kopplungserlebnisse haben zu ihrer Entstehung beigetragen. Die Mutter hatte schon immer die Handlinien als „etwas" bezeichnet, „woran man glauben müsse" und wies dabei häufig auf einen Onkel hin, dem ein Handliniendeuter „alles genau prophezeit" habe. Auch spielte der Patient als Kind oft „Wahrsagen aus den Handlinien" mit anderen Jungen. Die Mutter war selber auf Grund einer bestimmten Handlinienprägung fest überzeugt, mit 43 Jahren sterben zu müssen — sie wurde 59 Jahre alt. Aberglaube, und das heißt magisches Denken waren in der Familie des Patienten ziemlich beherrschend.

Nur skizzieren konnte ich die Hintergründe der Entstehung dieser Symptomatik. Weniger um die psychodynamische Spezifität der Beziehungsidee ging es, sondern mehr darum, eine der üblichen Schwellensituationen des Lebens darzustellen und an ihr die Relation von symptomauslösendem Anlaß und Persönlichkeitsstruktur des Patienten zu zeigen. Diese Beziehung genauer zu erfassen, ist meist nur mit psychoanalytischen Kenntnissen möglich. Aber auch ohne dieses Wissen und seine gezielte Anwendung wird es dem Arzt in vielen Fällen gelingen, die Schwere der symptomauslösenden Versuchungs- und Versagungssituation abzuschätzen und daraus auf den Grad der Therapierbarkeit des Patienten zu schließen: Ruft bereits eine der üblichen Schwellensituationen Symptome hervor, so weist das auf eine schwere Neurose hin. —

Bisher wurden relativ einfache, nahezu lineare Beziehungen zwischen der Symptomatik und der prognostischen Beurteilung gezeigt. Nur die Art des Leidensgefühls und die Schwere der Versuchungs- und Versagungssituation sind schwieriger festzustellen; die vorher genannten sieben prognostischen Merkmale sind verhältnismäßig leicht aus den Klagen des Patienten abzulesen.

4. *Prognostische Beurteilung auf Grund der sozialen Situation*

a) Die „soziale Bewährung" und der sogenannte Leistungstest

Die Antworten auf die Frage nach der sozialen Situation des Patienten, nach seiner „sozialen Bewährung" (Wiegmann 1954/55), werden meist nicht in *einer* Konsultation zu erhalten sein. Erst mehrere der Anamnesenerhebung dienende Sitzungen werden den Arzt darüber orientieren, wie es dem Patienten in der Schule, in Lehre und Berufsleben erging, wieweit er zu regelmäßiger Arbeit fähig war, ob er seine Freizeit genießen konnte, ob er seinem Alter, seinen Talenten und seiner sozialen Schicht entsprechend vorangekommen ist (Beruf, Einkommen, Prestige, Ausbildung) und wie es um seine aktuelle Familiensituation (Ehe, Nachkommenschaft) steht.

Alexander (1946) faßt den Gesamtkomplex der sozialen Bewährung in dem Begriff „Leistungstest" des Lebens zusammen. Aus der Art, wie der Patient diesen Test bestanden hat, ergibt sich folgendes prognostisches Kennzeichen: Wer typischen, allgemein in einer Gesellschaft vorkommenden Anforderungen nicht gewachsen war, wer an ihnen gescheitert ist — oder sich ihnen weitgehend entzogen hat —, zeigt damit seine mangelnde Anpassungsfähigkeit (autoplastische *und* alloplastische, passive *und* aktive Anpassung ist gemeint) und hat demnach eine schwerere Neurose. Die integrative Funktion des Ichs, seine Fähigkeit, mit inneren und äußeren Reizen und Anforderungen fertig zu werden, ist an dem Grad der Lebensbewältigung des Menschen in der Vergangenheit abzuschätzen.

Es dürfte evident sein, daß der Leistungstest und die Art und Weise, wie ein Mensch ihn bestanden hat, aufs engste mit der früher erörterten Schwere der symptomauslösenden Schicksalskonstellation und der Reaktion des Patienten darauf verwandt sind. Es ging auch dabei (im Falle der schweren Neurose) um typische, kollektiv übliche Situationen; aber diese Schwellensituationen standen im Zusammenhang mit der neurotischen Symptomatik, während der Leistungstest des Lebens im umfassenderen Sinne zu verstehen ist: Auch ohne das Auftreten eigentlicher Symptome hätte jemand ihn nicht bestanden, wenn er den üblichen Anforderungen seiner Sozietät (z. B. Berufs- und Partnerwahl) aus dem Weg gegangen wäre, sich also auf eine schmale Lebensbasis zurückgezogen hätte. Alexander hält übrigens die Bewertung der Anpassungsleistung des Patienten auf Grund seiner Lebensgeschichte für den im Bereich der Psychiatrie am besten geeigneten Test zur Beurteilung der integrativen Funktion des Ichs, der „Ich-Stärke". Das Leben in der Gesellschaft fordert den Menschen ständig auf, ja fordert ihn geradezu heraus, mit neuen Situationen fertig zu werden, dabei seine Kräfte zu mobilisieren und an dieser „Zumutung" zu wachsen. Nach dem eben Gesagten wird es nicht verwundern, wenn manche Autoren wie z. B. van Meurs (1962) und Zuithoff (1959) die soziale Situation des Patienten als besonders wichtig für die Indikation zur Psychotherapie ansehen; auch Vaessen (1964) weist ausdrücklich auf ihre prognostische Bedeutung hin.

Das folgende kurze Beispiel soll illustrieren, wie ein junger Mann bereits an der ersten größeren „Zumutung" von seiten der Sozietät scheitert. Der 20jährige hatte schon in der Ingenieurschule „keine rechte Lust" zum Arbeiten — ein Gefüge von neurotischen Fehlhaltungen liegt meist diesem Keine-Lust-Haben zugrunde — und fiel wegen seiner äußerst lückenhaften Kenntnisse infolge ungenügender Vorbereitung im Examen durch. Anstatt sich jetzt um eine Korrektur seiner Einstellung zur Arbeit und seiner Arbeitstechnik zu bemühen, fängt er zu diesem Zeitpunkt mit dem Trinken an; er läßt sich von jetzt an mehrmals in der Woche richtig „vollaufen". Auf diese Weise betäubt er etwaige hinsichtlich seiner beruflichen Zukunft aufsteigenden Bedenken.

Erscheinung wie Auftreten des Patienten könnten zu einer günstigeren prognostischen Beurteilung verleiten. Es handelt sich nämlich um den Typus des gutaussehenden Mannes, der lächelnd, gelassen mit dem anderen spricht und keinerlei Zeichen von Niedergeschlagenheit oder auch nur Beunruhigung zu erkennen gibt. Der Eindruck einer „gelassenen Souveränität" wird noch verstärkt durch seine in herablassendem Ton gemachte Bemerkung: „Meine Mutter möchte gerne Klarheit haben, die sorgt sich so um mich, und da tu' ich ihr halt den Gefallen." Man ließe sich durch den Schein blenden, wenn man in diesem Falle an eine leichte Störung dächte, da er doch sein Versagen im Examen so gut verarbeitet habe. Es handelt sich jedoch mit Sicherheit bei diesem jungen Mann um eine schwere neurotische Störung; er hat eine ausgeprägte Arbeitsstörung, er fällt in einem nicht besonders schwierigen Examen durch, er zeigt eine neurotische Verhaltensstörung im Sinne der Süchtigkeit. Auch das Fehlen des Leidensdruckes (er kommt der Mutter zu Gefallen) weist auf eine erschwerte Therapierbarkeit dieser Neurose hin.

An dem Beispiel wird deutlich, daß meist *mehrere* prognostische Kriterien zu der gleichen Beurteilung des Falles führen. Man sollte hinsichtlich der Treffsicherheit der Voraussage immer skeptisch sein, solange nur *ein* prognostisches Merkmal für eine bestimmte Beurteilung aufzufinden ist.

Im eben geschilderten Fall würden mindestens vier Kriterien die erschwerte Therapierbarkeit des jungen Mannes erkennen lassen: Fehlen des Leidensdruckes, Auftreten von Verhaltensstörungen (siehe Kriterium 1), leichte symptomauslösende Situation und Scheitern am „Leistungstest" der Abschlußprüfung einer beruflichen Ausbildung.

b) Der sozial geprägte Defekt

Die Beurteilung des Schweregrades einer Neurose nach der sozialen Bewährung und nach dem Leistungstest kann jedoch auch zu Fehlschlüssen führen: Man könnte versucht sein, sozialen Erfolg mit seelischer Gesundheit gleichzusetzen. Jeder kennt Menschen, die es, was den äußeren Erfolg angeht, sehr weit gebracht haben. Sie haben viel Geld „gemacht", sie haben

Prestige oder Macht in der Sozietät erworben, sie führen mit ihrer vielköpfigen Familie ein großes Haus. Sie haben also Erfolg gehabt, oder, wie es treffend heißt, sie sind ein Erfolg (Gleichsetzung des Menschen mit seinem Erfolg).

Wenn man diese Personen näher kennt, wird man bald gewahr, daß sie bei all ihrem Vorwärtskommen um nichts zufriedener oder lebensfreudiger geworden sind. Trotz des äußeren Gelingens fehlt die innere Befriedigung, an deren Stelle die Genugtuung über ihr Hervorragen tritt. Trotz der zielgerichteten Anstrengungen, die der also Erfolgreiche macht, ist ein so geartetes Streben nach Erfolg fragwürdig. Und wirklich handelt es sich dabei oft, wie vor allem K. Horney (1951) dargestellt hat, um einen überwertigen, neurotischen Ehrgeiz, um eine Sucht nach äußerem Erfolg. Dem Träger eines solchen Ehrgeizes, der gegen gesunde Formen dieser Strebung abzugrenzen ist, geht es nur oder vornehmlich darum, aus den anderen hervorzuragen, die anderen auszustechen, erfolgreicher als jene zu sein. Dieser Drang hat zwanghaften und überkompensatorischen Charakter. Der Betreffende ist von diesem „Bedürfnis“ getrieben und besessen; es kommt ihm dabei nicht so sehr darauf an, *was* er tut und ob die Tätigkeit seinen Talenten und Fähigkeiten entspricht, als daß er auf jeden Fall Erfolg hat. Überkompensatorischen Charakter hat dieser Ehrgeiz insofern, als er — dem Träger unbewußt — dazu dient, eine Verarmung in anderen Lebensbereichen, vor allem denen des zwischenmenschlich-gefühlshaften Kontaktes und der Lebensfreude, also die Unterentwicklung von Liebes- und Genußfähigkeit, wettzumachen und auszugleichen. Die gefühlshaften Beziehungen zu den Mitmenschen sind meist dünn, oft werden reine Zweckverbindungen eingegangen; so sind auch Frau und Kind für solche Menschen häufig Mittel zur Erlangung eigenen Prestiges und eigenen Ruhmes, Aushängeschilder (das Äußere der Frau, die Schulleistung des Kindes) des eigenen Ehrgeizes.

Im klinischen Sinne sind diese Ehrgeizigen zunächst meist nicht krank; sie funktionieren — sie funktionieren wirklich wie Maschinen — oft lange Zeit ohne ausgeprägte körperliche oder seelische Symptome. Sie brauchen sich auch nicht irgendwie absonderlich oder isoliert zu fühlen, weil sie in einer Wettbewerbsgesellschaft genügend Zeitgenossen antreffen, mit denen sie das Streben nach äußerem Erfolg als dem höchsten Lebensziel teilen.

Der Soziologe und Psychoanalytiker Erich Fromm (1956) führt in seinem Buch „The Sane Society" den Begriff des Defektes ein, um eine Unterscheidung zwischen manifester Neurose (mit Symptomen) und einer neurotischen Struktur (ohne zunächst sichtbare Symptome) zu treffen. Er spricht von einem sozial geprägten Defekt bei jenen, die zwar sozial funktionieren und oft lange Zeit keine klinischen Symptome aufweisen, aber in wesentlichen Teilen ihres Erlebens verkümmert sind. Die Sozietät bietet ihnen Verhaltensmuster und Ideale an, die es ihnen erlauben, ohne krank zu werden, mit dem Defekt, d. h. der Verkümmerung der Liebes- und Genußfähigkeit zu leben. Solche Ideale oder besser Idole in einer Wettbewerbssozietät sind, wie schon gesagt, Reichtum, Einfluß, Prestige oder Macht als Zeichen des Erfolges und als Basis für das eigene Identitätsgefühl.

Aber wenn diese Ehrgeizigen auch geraume Zeit im klinischen Sinne gesund sind, werden sie doch ab und an von ihnen unerklärlichen Verstimmungen und dysphorischen Gefühlen, von Abgeschlagenheit, Lebensekel oder dem Gefühl der Sinnlosigkeit all ihres Tuns heimgesucht. Dies passiert ihnen meist in den seltenen Mußestunden, an Feiertagen und besonders im Urlaub, in Situationen also, die eine gewisse Beschaulichkeit und Selbstbesinnung nahelegen. Um diesen äußerst unbehaglichen Empfindungen zu entgehen (ohne daß dieses bewußt absichtlich geschähe), suchen solche Menschen auch im Urlaub Betrieb und Zerstreuung; die Zunahme der Vergnügungsindustrie an vielen Urlaubsstätten mag vielleicht die Ausbreitung dieser sozialgeprägten Störung zeigen. Suchen die in der geschilderten Weise Erfolgreichen den Arzt auf, weil „die Pumpe nicht mehr so recht mitmacht", weil sie so oft abgeschlagen und gelegentlich niedergeschlagen sind oder wegen sonstiger, meist unbestimmter Beschwerden, so äußern sie oft den Wunsch, in ein Bad oder Sanatorium verschickt zu werden: „Ich muß mich mal gründlich überholen lassen!"

In ihrer mechanistischen Vorstellung vom Leben und von

sich selbst glauben sie, es genüge, sich quasi in eine Reparaturwerkstatt zu begeben und sich dort überprüfen und erneuern zu lassen. Wieder zu Hause setzen sie die Hetzjagd nach dem Erfolg fort und brauchen bald in immer kürzeren Abständen eine solche Überholung. Es wird einleuchten, wenn Fromm meint: Diese Patienten sind im Grunde kränker, haben eine schwerere Neurose als viele Patienten mit ausgeprägteren klinischen Symptomen. — Nochmals: Soziale Bewährung oder Bestehen des Leistungstests darf nicht in dem Sinne verstanden werden, als sei sozialer Erfolg unbedingt mit seelischer Gesundheit identisch.

c) Chronifizierende soziale Faktoren

Zu den meiner Ansicht nach treffsichersten prognostischen Kriterien der sozialen Situation gehören: die chronifizierenden sozialen Faktoren und die Modifizierbarkeit der Lebenssituation (Alexander 1946). Wer erst einmal, aus vorwiegend neurotischen Motiven heraus, objektive Bindungen schwer lösbarer Art (z. B. Partner- und Berufswahl) und einklagbare Verpflichtungen eingegangen ist, wird schwierig zu psychotherapieren sein.

Eine 34jährige Frau hatte in der Pubertät, aus falsch verstandener (zwanghafter) Opfer- und Helfereinstellung, den Schwesternberuf „gewählt" und litt seitdem an (reaktiven) Depressionen: Ohne es sich noch recht eingestehen zu können, ist sie todunglücklich in ihrer Tätigkeit. — Ein jetzt 40jähriger kontaktarmer Mathematiker hatte bereits mit 23 Jahren seine „Kindheitsliebe" geheiratet, und zwar hauptsächlich deshalb, weil er bei seiner emotionalen Vermeiderhaltung — er mied instinktiv den Kontakt besonders zu Frauen — keine anderen Frauen kennenlernte und weil er möglichst früh ein geordnetes und geregeltes Zuhause haben wollte; gegenseitiges Verständnis, sexuell-erotische Anziehung, Gemeinsamkeit der geistigen Interessen spielten bei der „Wahl" der Ehepartnerin nahezu keine Rolle. Er sucht jetzt den Arzt auf, weil es in der Ehe zu einem bloßen Nebeneinanderher-Leben gekommen ist und er andererseits dadurch schwer beunruhigt ist, daß ihn andere Frauen — er führt jetzt ein etwas geselligeres Leben — in heftige erotische Versuchung stürzen. — In beiden Fällen kämen die Patienten in einer psychoanalytischen Behandlung, also im Zuge einer emotionalen Neuorientierung, an einen Punkt, wo sie die Richtigkeit ihrer Berufs- bzw. Partnerwahl in Frage stellen würden; sie müßten erkennen, daß sie seinerzeit gar keine Wahl getroffen hatten, weil sie in Wirklichkeit noch keinen eigenen Willen hatten — wählen und wollen sind etymologisch urverwandt. Diese In-Frage-Stellen einer früheren „Entscheidung" und die Auseinandersetzung mit den daraus erwachsenen Verpflichtungen ist schmerzlich; Patienten — und nicht nur sie — meiden sie so lange wie irgend möglich.

So ist es im Hinblick auf die Prognose ratsam sich zu fragen, wieweit der Patient seine Lebenssituation wird ändern können. Ändern ist dabei nicht gleichzusetzen mit einem Wechsel des Partners oder des Berufes, obwohl auch dies gelegentlich notwendig sein kann. Man darf nicht vergessen, daß der Patient, will er gesund werden, eine zweifache Anpassung vornehmen muß: eine innere autoplastische, bei der er *sich* wandelt, d. h. seine Fehlverhaltensweisen modifiziert, und eine äußere alloplastische, bei der er seine *Lebenssituation* (Beziehung zum Ehepartner, Familiensituation, Berufskonstellation) anders gestaltet. Sind die Umstände kaum zu verbessern (chronisch verfahrene Ehe, zerrüttete finanzielle Verhältnisse, verfehlte Berufswahl, Belastung durch unerwünschte Kinder), so ist das ein erschwerendes Faktum für eine analytische Behandlung. Freilich erfordert es Erfahrung zu beurteilen, inwieweit die Lebensumstände des Patienten modifizierbar sind oder nicht.

d) Die Persönlichkeit des Ehepartners

Mehr und mehr schält sich auch heraus, wie sehr die Artung des Ehepartners eines Patienten die Prognose der analytischen Behandlung beeinflußt. Darüber ist in der Literatur bislang wenig zu finden. Es ist zwar bekannt — wie zum Beispiel A. Dührssen (1964) ausgeführt hat —, daß die Prognose bei der analytischen Psychotherapie von Kindern und (in geringerem Maße) von Jugendlichen entscheidend von der Einstellung der Beziehungspersonen — vor allem der Eltern — abhängt. A. Dührssen macht es sich zur Regel, im Gespräch mit den Eltern, besonders den Müttern, deren innere Verfassung zu ergründen, um einigermaßen vorhersagen zu können, welche Schwierigkeiten sie der Therapie ihrer Kinder in den Weg legen werden; sie versucht herauszubekommen, ob diese Schwierigkeiten möglicherweise so groß sind, daß sie den therapeutischen Erfolg überhaupt in Frage stellen. Etwas Ähnliches, d. h. also ein anamnestisches Gespräch mit dem Ehepartner des Patienten *vor* seiner Behandlung, um die wahrscheinlichen Widerstände von seiten des Ehepartners zu erkunden, wird in der Psychotherapie von Erwachsenen bis jetzt nur selten versucht.

Nur Grotjahn (1960) hat sich m. W. eingehend mit diesem Problem befaßt. Nach den Prinzipien der Analyse in ihrer klassischen Form soll der Analytiker die Übertragungsatmosphäre von vornherein möglichst „frei von Verunreinigungen" halten und sollte daher z. B. ein Gespräch mit dem Ehepartner tunlichst unterlassen. Grotjahn empfiehlt demgegenüber, bei der Erhebung einer diagnostischen und prognostischen Anamnese auch gerade die spezifische Familiensituation (z. B. die Wiederholung der Kind-Eltern-Situation in der Ehe) des Patienten ausfindig zu machen. Zu diesem Zweck bittet Grotjahn zumeist auch den Ehepartner zu sich und versucht im Gespräch mit diesem insbesondere zu eruieren, ob die zwischen Eheleuten so häufigen komplementären neurotischen Reaktionen vorliegen und wie diese aussehen. Mittelmann (1948) vertritt die Auffassung, daß eine solche komplementäre Beziehung zwischen Ehepartnern — die beiderseitigen Neurosen passen zusammen wie Schloß und Schlüssel — oft jeder analytischen Bemühung trotzt. Ähnliches gilt, worauf Köhler (1965) hingewiesen hat, für die Reaktion der Umgebung des Patienten auf dessen besondere Art, seine Symptome darzustellen; auch hieran ist oft das Netzwerk der Familienbeziehungen gut zu erkennen (siehe dazu auch Richter 1970).

Ich möchte aus meiner persönlichen Erfahrung nur hinzufügen, daß ich mir manches allzu optimistische Urteil bei der Behandlung von Patienten erspart hätte, wenn ich vor Beginn der Therapie auch den Ehepartner gesprochen hätte und mir über dessen wahrscheinliche Widerstände gegen die Therapie klargeworden wäre. So kann z. B. der dominierende Partner eines Patienten bereits auf dessen erste Verselbständigungsschritte mit größter Beunruhigung reagieren und alles versuchen, bis hin zu unbewußter Erpressung durch eigenes Krankwerden, um den in Analyse befindlichen Partner nicht erstarken zu lassen; dominierend kann auch der objektiv Schwächere sein dadurch, daß er mit Hilfe seiner Schwäche den faktisch Stärkeren erpresserisch unter ständigen Verpflichtungsdruck setzt. Die dominierende Einstellung des einen und die unterwürfige Haltung des anderen verhalten sich komplementär zueinander und „garantieren" den Bestand dieser Beziehung. Will der bisher Schwächere stärker und eigenwilliger werden, so erlebt der andere dies wie einen Treuebruch, wie einen Verrat an der ehelichen Gemeinschaft: „So hab' ich dich nicht geheiratet!" Es scheint dem bisher Dominierenden die Existenz der Ehe auf dem Spiel zu stehen, und er wehrt sich mit allen Mitteln gegen eine Verhaltensänderung des anderen. Zum eigenen Widerstand des Patienten gegen seine Gesundung — gegen die Aufdeckung unbewußter irrationaler Motive und verpönter Triebregungen — tritt in einem solchen Falle noch der Abwehrkampf des Ehepartners gegen die Therapie. Diese Gegeneinstellung des Ehepartners eines Patienten kann den Gang der analytischen Behandlung empfindlich stören. Die Bedeutung, die von der allgemeinen sozialen Erfahrung her dem Einfluß des Ehepartners beigemessen wird, erhellt auch daraus: Es gibt manche Clubs, die sich *vor* der eventuellen Aufnahme eines neuen Mitgliedes dessen Ehefrau ansehen, um auch seine andere Hälfte — außen wie innen gemeint — kennenzulernen; nur wenn auch *sie* zum Geist des Clubs paßt, wird *er* aufgenommen.

5. Prognostische Beurteilung auf Grund der biologischen Gegebenheiten

Es geht darum, prognostische Kriterien zur Unterscheidung von leichten und schweren Neurosen zu finden, um die Indikation zu einer psychotherapeutischen Behandlung stellen zu können. Zu diesem Zweck bin ich zunächst von den Symptomen des Patienten ausgegangen. Dann wurden die soziale Situation des Patienten und der sogenannte Leistungstest auf ihre prognostische Ergiebigkeit untersucht. Im folgenden sollen die biologischen Gegebenheiten des seelisch Kranken erfaßt werden, soweit sie für die Frage nach Prognose und Indikation in der Psychotherapie relevant sind.

a) Das Alter des Patienten

Das günstigste Alter für eine analytisch-psychotherapeutische Behandlung liegt im allgemeinen zwischen 20 und 40 Jahren. Auch Wiegmann (1954/55), Vaessen (1964) und Köhler (1965) vertreten, mit kleinen Abweichungen, die gleiche Ansicht. Mit zunehmendem Alter verschlechtern sich die Erfolgschancen einer analytischen Psychotherapie vor allem aus drei Gründen: Einmal werden die meisten Menschen im Alter starrer, unelastischer und unplastischer. Sie haben oft nicht mehr die für eine Analyse notwendige Bereitschaft und Fähigkeit zur Wandlung. Jede Neurose bedeutet aber Fixierung (im weitesten Wortsinn) alter, eingefahrener Erlebnis- und Verhaltensweisen. Je älter ein Mensch ist, desto unwilliger gibt er die ihm urvertrauten, zur zweiten Natur gewordenen Formen seiner Lebensbewältigung auf.

Damit eng verwandt ist, als ein weiterer Grund für die Verschlechterung der Prognose im Alter, folgendes: Man kann einem älteren neurotischen Menschen im allgemeinen viel weniger an Wahrheit im Sinne der Desillusionierung zumuten als einem jüngeren, was mit anderen Worten heißt: der Ältere wird zäher an seiner Form der Lebensbewältigung, auch an einer „Lebenslüge" festhalten als der Jüngere. Kaum ein Patient im Alter von 60 Jahren ertrüge die Erkenntnis, daß er ein Leben lang, seinem Idealbild von sich selbst als einem Gönner der Menschheit entgegengesetzt, die Mitmenschen nur verachtet hat! Kaum jemand in dem Alter vertrüge „die Stunde der Wahrheit", die ihm die Einsicht brächte: Ich bin so einsam, weil ich so wenig liebenswürdig und nicht willens und fähig bin, eine Gefühlsbrücke zu den anderen zu schlagen und nicht — wie ich bisher glaubte —, weil die anderen so egoistisch, unfreundlich und verschlossen sind!

In diesem Zusammenhang sei an Ibsens „Wildente" erinnert, an Rellings Bemerkung: „Nehmen Sie einem Durchschnittsmenschen die Lebenslüge, und Sie nehmen ihm zu gleicher Zeit das Glück." Daß dieses „Glück" auf Selbsttäuschung beruhen kann, darf nicht die therapeutische Vorüberlegung verhindern: Wieviel Selbsterkenntnis ist diesem Menschen in diesem Alter noch zuzumuten? Man muß, worauf auch Alexander (1946) hinweist, daran denken, daß eine Neurose manchmal die einzige „Lösung" der Lebensschwierigkeiten eines Menschen sein kann.

Das führt zu einer weiteren Überlegung, die es verständlich macht, warum mit steigendem Alter des Patienten im allgemeinen die Therapierbarkeit abnimmt: Die prospektiven Möglichkeiten werden mit zunehmendem Alter immer begrenzter; liegt vor dem 20jährigen noch das Leben als ein weites Feld von Chancen, so steht dagegen der 50jährige mit seiner geringeren Lebenserwartung vor einem viel kleineren Angebot an Möglichkeiten.

Wenn es im allgemeinen so ist, daß proportional dem zunehmenden Alter die Therapierbarkeit abnimmt, kann es im Einzelfall auch ganz anders aussehen. So kann sich die größere Lebenserfahrung des Älteren in der analytischen Behandlung sehr günstig auswirken. Auch Caruso (1964) weist auf diesen Punkt hin und erklärt die Schwierigkeiten der Psychotherapie bei Jugendlichen unter anderem mit deren relativ armer Lebensgeschichte. Skeptischer geworden durch seine Lebenserfahrung, glaubt der ältere Mensch nicht mehr daran, daß alle seine Blütenträume Früchte tragen werden; er ist eher bereit, manche Hoffnungen und Sehnsüchte als illusionär zu erkennen, da wo der Jüngere zunächst felsenfest davon überzeugt ist, seine Erwartungen und Ansprüche an das Leben, an die Menschen seien real begründet und voll berechtigt. Wenn auch der Mensch, jeder Mensch im gewissen Umfang, ein illusionsverhaftetes Lebewesen ist, ein Wesen, das sich wieder und wieder überspannten Erwartungen an sich und die Mitmenschen hingibt, so ist gelegentlich der ältere Mann, die ältere Frau weiser, illusionsloser (nicht hoffnungsloser) geworden und weiß Vorsatz und Können besser einander anzupassen. Außerdem kann die Konfrontation mit der Kürze der Lebenserwartung dazu beitragen, daß sich der Patient ernstlich um Einsicht bemüht. Höheres Alter ist also keine absolute Kontraindikation zur analytischen Psychotherapie. Alexander und French (1946) haben an mehreren Fallbeispielen gezeigt, daß eine seelische Behandlung auch bei älteren Patienten, zum Teil sogar 60jährigen, zum Erfolg führen kann. Es kommt eben entscheidend auf die Schwere der neurotischen Struktur an und auf das Ziel, das man mit seiner Therapie verfolgt: Bloße Symptomheilung (mit der Gefahr des Rezidives) ist leichter zu erreichen als eine strukturelle Wandlung des Patienten, d. h. als seine charakterliche Veränderung; so sind nach Köhler (1954) bei solchen Patienten mit Gehemmtheitsstruktur, die sich keine irreversiblen einklagbaren Beziehungen geschaffen haben, oft noch erstaunliche Symptomheilungen zu erzielen.

Im großen und ganzen bleibt die Gültigkeit des zuvor über die prognostische Bedeutung des Alters Gesagten bestehen; jedoch sind die Psychoanalytiker heute nicht mehr ganz so skeptisch hinsichtlich der Erfolge einer analytischen Behandlung von älteren Patienten — vor allem auch bei Anwendung der analytischen Gruppenpsychotherapie.

Bei alledem bleibt aber die prognostische Beurteilung des Alters problematisch. Schon die Frage „Was ist Alter?" wird von Nichtfachleuten und Fachleuten verschieden beantwortet, worauf besonders Ch. Bühler (1959) in Anlehnung an Havinghurst (1953) hingewiesen hat. Die Antworten reichen von „Ein Mann ist so alt wie sein Handeln" über „Ein Mann ist so alt, für wie alt man ihn hält" und „Ein Mann ist so alt, wie er sich fühlt" bis zu „Ein Mann ist so alt wie seine Arterien". Das Gemeinsame dieser Antworten mit Ausnahme der letzten könnte in der Wandlungs- und Lernfähigkeit des Betreffenden — die beiden gehören zusammen — zu sehen sein. Ch. Bühler berichtet auf Grund eigener Beobachtungen und denen anderer von Frauen, die *nach* dem Klimakterium in ihre reifsten, produktivsten und ungestörtesten Schaffensjahre kamen. Zweifelsohne spielen dabei auch charakterspezifische Faktoren eine Rolle: Wieweit hat ein Mensch die sogenannte produktive Orientierung erreicht, oder wie tief ist er in einer unproduktiven Orientierung steckengeblieben? Produktive und unproduktive Orientierung sind zentrale Begriffe in der humanistischen Psychoanalyse E. Fromms (1950).

Nur gestreift sei die Frage, wie es bei Kindern und Jugendlichen mit der Prognose steht. Der Interessierte sei vor allem auf die Arbeiten von A. Dührssen (1960), A. Freud (z. B. 1949), M. Klein (1932) und Zulliger (z. B. 1957) zu diesem Thema verwiesen. Schwierig für die therapeutische Beeinflussung ist nach allgemeiner Ansicht das Alter von 14 bis 20 Jahren. Es umfaßt einen Lebensabschnitt, der vom körperlich-seelischen Reifungsprozeß der Pubertät beherrscht wird, wo beim Jugendlichen alles offen und im Fluß ist. Therapeutisch günstiger ist das Alter unter 14 Jahren — die Grenze ist nicht scharf zu bestimmen —, wobei allerdings meist eine zusätzliche Behandlung oder mindestens Beratung der Eltern oder eines Elternteiles notwendig sein wird.

b) Die Intelligenz des Patienten

Die Intelligenz des Patienten stellt ein weiteres prognostisches Kriterium dar. Im allgemeinen erleichtert eine hohe Intelligenz die analytisch-psychotherapeutische Behandlung, weil sie die Fähigkeit zum Verbalisieren der eigenen Innenbefindlichkeit (Caruso 1964) — dieses Verbalisieren ist bekanntlich ein Grundprinzip der Psychoanalyse — und zur Introspektion verbessert. „Ein Analysand mit einem geringen Ausdrucksvermögen bedeutet eine große Schwierigkeit für die Analyse" (Caruso); es ist offengelassen, wieweit es sich dabei nicht nur um eine geringe Fähigkeit zur Verbalisation, sondern auch um eine stärkere (anal-retentive) Abwehr, also eine geringe Bereitschaft zum Verbalisieren handelt. In diesem Zusammenhang ist nicht unbedingt an die Ermittlung des Intelligenzquotienten gedacht, sondern mehr an eine aus dem anamnestischen Gespräch erwachsende Schätzung des Intelligenzniveaus eines Patienten; dies genügt nach allen Erfahrungen für die prognostischen Zwecke des praktischen Arztes und Facharztes. Außerdem sei nochmals darauf hingewiesen, daß man sich nie bloß nach *einem* prognostischen Merkmal orientieren sollte.

In manchen Fällen wird eine hohe Intelligenz vom Patienten in den Dienst der Neurose gestellt. Sie dient dann z. B. der Rationalisierung und der rechthaberischen oder spitzfindigen Argumentation und stellt in diesem Falle eine zusätzliche Schwierigkeit für die Therapie dar, wie auch Vaessen (1964) hervorhebt. Diese Erschwerung ist aber eigentlich nicht der Intelligenz, sondern der Stärke der neurotischen Fehlhaltungen, die die Intelligenz ins Schlepptau nehmen und sich ihrer zusätzlich bedienen, anzulasten. In jedem Falle ist eine gute Intelligenz ein prognostisch günstiges Zeichen. Bei manchen schizoid-strukturierten Patienten ist der Intelligenzgrad geradezu das Zünglein an der Waage des therapeutischen Erfolges oder Mißerfolges: Der Intellekt dient zunächst als einzige Brücke zu den Menschen und ist prognostisch entsprechend einzuschätzen.

Klinisch ist eine konstitutionell niedrige Intelligenz von einer emotional bedingten intellektuellen Blockade (Alexander 1946) zu unterscheiden. Extrem schwere aggressive Gehemmtheiten z. B. bei zwangsneurotischen Patienten können geradezu das Bild einer Debilität bieten: Wer auf Grund seiner motorisch-aggressiven Gehemmtheit, seiner Handlungsunfähigkeit fürchten muß, bereits beim Denken dauernd anzuecken, also an Tabus zu stoßen und damit Schuld- und Peinlichkeitsgefühle heraufzubeschwören, der wird schließlich auch die Denktätigkeit einschränken. Denken ist — unter *einem* Gesichtswinkel — Probehandeln (Freud), ist die Mikroform von Aggression in ihrer Grundbedeutung von ad-gredi an Dinge und Menschen. Schwere Gehemmtheiten der ad-gressiven Strebungen behindern immer auch die intellektuelle Tätigkeit und führen im Extremfalle zu dieser Pseudodebilität. Auch schwer schizoide Patienten wirken oft extrem unintelligent, weil sie Menschen und Dinge zu unscharf sehen, weil sie zu ungenau beobachten, um sich präzise ausdrücken zu können. Zwar ist eine erworbene intellektuelle Blockade prinzipiell durch eine analytische Behandlung aufzuheben — im Gegensatz zur konstitutionellen Intelligenzschwäche —, aber sie deutet eben gleichzeitig auf eine schwere neurotische Störung hin. —

Abzuheben von einer niedrigen Intelligenz wäre die Primitivität, d. h. die geistig-seelische Unterentwickeltheit. Einfache Menschen sind manchmal in einer psychotherapeutischen Behandlung in ihrer (emotionalen) Erlebnisfähigkeit leichter ansprechbar, weil sie weniger vom Intellekt blockiert sind. Dabei scheint oft eine heilsame Rolle zu spielen, daß der Betreffende dankbar erlebt: Ein Gebildeter nimmt mich ernst.

c) Talente und Begabungen

Streng genommen wäre auch die Intelligenz hier einzuordnen; wegen ihrer Sonderbedeutung wurde sie extra behandelt. Selten sind Begabungen und Talente von *größerer* prognostischer Bedeutung, soweit es die Indikation zur analytischen Behandlung angeht. Sie scheinen mir dann von einiger Wichtigkeit zu sein, wenn der psychotherapeutisch orientierte praktische Arzt Patienten mit leichteren Neuroseformen selbst behandeln will. Er sollte dann die Begabungen des Kranken bestätigen und ihn zu ihrer Pflege und Förderung anregen. Damit ist in manchen Fällen ein Ausgleich in einem sonst infolge neurotischer Fehlhaltungen unerfülltem Leben zu bewerkstelligen. Dem Patienten kann es eventuell auf dem Wege über die Ausübung seines Talentes (Malen, Dichten, Musizieren usw.) gelingen, ein Mehr an Funktionslust, an Kontakt mit anderen Menschen und an Geltung unter ihnen zu gewinnen. Wichtig ist die Erfassung der Talente und Begabungen des Patienten auch bei der prognostischen Frage eines eventuell notwendigen Berufswechsels. Man sollte nur wissen, daß auf diese Weise zwar eventuell eine Kompensation herbeizuführen, aber kein neurotischer Konflikt zu beheben ist.

Um die Bedeutung der Kompensation einer Neurose durch Talente und Begabungen zu veranschaulichen, sei nochmals an den in anderem Zusammenhang erwähnten Fall des Musikers mit dem Handliniensymptom (siehe S. 48) erinnert. Er stand in analytischer Behandlung und verlor seine Symptomatik in einem Zeitraum, der, verglichen mit der Schwere seiner Neurose (leichte symptomauslösende Situation, Chronizität der Beschwerden, Fixierung auf die Vorstellung einer Organogenese), überraschend kurz war (ca. 150 Sitzungen). Einige der die Symptomatik unterhaltenden Probleme und Konflikte waren aber von ihm noch nicht wirklich gelöst worden. So konnte er noch nicht recht um Frauen werben. Er fürchtete sich noch, mit den anderen Männern um eine Frau zu rivalisieren, fühlte sich auch deshalb ihnen unterlegen und versuchte, dieses Unvermögen dadurch auszugleichen, daß er mit den Konkurrenten an Gebebereitschaft und Willfährigkeit der Frau gegenüber wetteiferte; damit geriet er aber in Gefahr, sich zu sehr von der Frau ausnutzen zu lassen, ihr gleichsam mehr zu geben, als er hatte.

Diese eben geschilderten Unfähigkeiten ließen sich nun in ihren Auswirkungen durch sein Talent einigermaßen kompensieren. Er war musikalisch anscheinend hochbegabt und hatte außerdem das „Glück", weit und breit (in einem Landkreis) der einzige Klavierlehrer zu sein. Die Frauen, vor allem ein Teil seiner Schülerinnen, umschwärmten ihn geradezu, was wohl auch auf seine „vielversprechende" Weichheit zurückzuführen war; er brauchte gar nicht um sie zu werben, sie bemühten sich im Gegenteil um ihn, und so stach er andere Männer von vornherein aus. Diese „Siege" verdankte er aber nicht seinen Qualitäten als homo eroticus, sondern der Anziehung, die auf seinem musikalischen Talent und seinem Seltenheitswert als Musiklehrer beruhten.

Wäre der Patient in eine Großstadt gezogen, wo er nicht mehr der unumstrittene König unter den Musikern gewesen wäre, so hätte dieser Schritt mit großer Wahrscheinlichkeit zu einem erneuten Auftreten seiner Symptome geführt; „wohlweislich" hatte er mehrere günstige Angebote aus Großstädten abgeschlagen. Die Brüchigkeit seines (unbewußten) Kompensationsversuches wurde auch — nach Beendigung der Analyse — in den Augenblicken sichtbar, da ihn seine jeweilige Freundin zur Heirat drängte. Dies geschah zweimal, und prompt reagierte er darauf mit dem Neuauftreten des Handliniensymptoms. Er „rettete" sich, indem er mit dem Hinweis, er sei noch nicht ganz gesund, der Freundin den Laufpaß gab.

Schultz-Hencke (1951) spricht in diesem Zusammenhang davon, daß ein solcher Mensch „wie vom Korken dieser Talente in der Schwebe gehalten und am Untergehen gehindert", einen Symptomausbruch oft lange vermeiden könne. Der genannte Patient hatte zwar einen wichtigen

Fortschritt erzielt, d. h. sich zum Teil in seiner Persönlichkeit gewandelt (Symptomheilung nach partieller Strukturänderung), zum Teil aber seine neurotischen Unfähigkeiten mit Hilfe seines musikalischen Talents bloß kompensiert und somit verdeckt (Symptomheilung durch Kompensation mittels Begabung).

d) Genotypische und angeborene Faktoren

Vielleicht wird es verwundern, diese Faktoren an den Schluß dieses Kapitels gerückt zu sehen. Eine solche Placierung hat ihren guten Grund: Von Ausnahmefällen abgesehen, spielen bei Neurosen Erbanlagen und angeborene Anomalien für die prognostische Beurteilung der Indikation zur Psychotherapie nur eine zweitrangige Rolle.

α) Organische Defekte

Es ist dabei an angeborene körperliche Defekte, Mißbildungen oder Organminderwertigkeiten zu denken. Selbstverständlich sind solche meist unmodifizierbaren Faktoren (Blindheit, Hasenscharte, Wolfsrachen, Schielen, Häßlichkeit) von Bedeutung für die Frage der Indikation zur Psychotherapie, wie auch Alexander (1946) und Caruso (1964) meinen. Aber im allgemeinen wird ihre prognostische Wichtigkeit bei Neurosen eher über- als unterschätzt (Schultz-Hencke 1951). Zur Illustration dieser These diene das Beispiel einer 25jährigen Patientin mit einem ausgeprägten Turmschädel. Sie ist wirklich keine Schönheit, ja man muß sie geradezu als häßlich bezeichnen. Sie kam vorwiegend wegen schwerer Minderwertigkeitsgefühle, dysphorischer Verstimmungen und körperlicher wie geistiger Erschöpfbarkeit zur Behandlung. Für diese Beschwerden machte sie zunächst ihren Turmschädel verantwortlich. Von früh an habe sie sich deshalb ausgeschlossen und isoliert gefühlt; soweit sie zurückdenken könne, habe sie sich den anderen Mädchen gegenüber als unterlegen und minderwertig erlebt. Ihre wiederholten, resigniert-vorwurfsvollen Klagen hatten zum Inhalt: Wozu leben, wenn doch niemand sie gerne ansähe! Wofür studieren, wenn doch später sie niemand einstellte! So wie sie aussähe, könnte sie keine Sympathie erwecken und würde kein Mann sie je lieben.

Sie mußte jedoch in der Analyse allmählich einsehen, daß ihre Kontakt- und Liebesfähigkeit schwer gestört war, und dies nicht infolge ihres Turmschädels: Sie hatte bei einer depressiven, lebensängstlichen Mutter und einem mürrischen, frauenfeindlichen Vater ihre Hingabe-, Zärtlichkeits- und sexuellen Regungen nicht entfalten können. Als Kind bezog sie die mangelnde Zuwendung ihrer Eltern auf ihre Häßlichkeit; sie konnte die gestörte Zuwendungsfähigkeit ihrer Eltern nicht als solche erkennen. Sie mußte in der Analyse erst ihre eigenen, bisher versteckten Ressentiments und ihren Enttäuschungshaß erleben, d. h. den Haß infolge der Enttäuschung ihrer (illusionären) emotionalen Erwartung, daß man ihr nämlich von außen und ohne ihr Zutun, ohne daß sie sich liebenswürdig zeigte, mehr Liebe entgegenbringen müsse. Die einfache Wahrheit: Man wird in eben dem Maße geliebt und hat genauso viel Kontakt als man liebes- und kontaktfähig ist, also selbst lieben und bei anderen Liebe erwecken kann (Fromm 1956), mußte ihr erst nach und nach aufgehen.

Sicherlich wurden ihre in der frühen Kindheit erworbenen, d. h. neurotischen Gehemmtheiten im Liebesbereich durch die Mißbildung *stabilisiert*. Aber der Defekt war trotz seiner starken Ausprägung kein neuroseverursachendes Element und war auch prognostisch nicht nur ungünstig zu bewerten. Die Mißbildung verstärkte den Leidensdruck der Patientin und mobilisierte damit ihren Gesundungswillen. Hatte sie *vor* der Analyse ihre extrem hohe Stirn in einer Art trotzig-masochistischem Exhibitionismus durch eine zurückliegende Frisur eher noch betont, so litt sie *jetzt* an ihrem unvorteilhaften Aussehen und fand langsam — mit dem Abbau ihres Enttäuschungshasses — Freude daran, mit der Frisur zu experimentieren; sie verstand es letztlich sogar, ihrem Gesicht durch tief in die Stirn hereinhängende Ponyfransen eine aparte, manche Männer reizende Note zu geben.

Wichtiger noch war, daß sie im Verlauf der Therapie kontaktfreudiger und hingabebereiter wurde. So fand sie auch bald einen Partner.

Auf das Problem von Schönheit und Häßlichkeit geht

A. Dührssen (1955), im Zusammenhang der „Präformierung zur hysterischen Struktur", noch näher ein: „Es ist kein Zweifel darüber, daß hübsche Kinder von ihrer Umwelt spontan mehr anerkannt, bewundert oder auch geliebt werden als weniger hübsche oder gar dürftige, entstellte, häßliche Kinder. Die Menschheit ist ästhetischen Bedürfnissen aufs tiefste verhaftet, und von formaler Schönheit der Person geht eine unwiderstehliche Anziehungskraft aus. Nicht nur Erwachsene reagieren lebhaft auf das ansprechende Äußere eines Kindes, sondern auch Kinder untereinander machen den Schönheitsmaßstab in hohem Grade zum Ausgangspunkt ihrer Zuwendung. Eine Umfrage in Schulklassen hat ergeben, daß der überwiegende Teil der hübschen Kinder von ihren Schulkameraden auch als die beliebtesten bezeichnet werden, und wir haben daher allen Grund, einmal darüber nachzudenken, welche Rolle bei einem kleinen Kind die Feststellung spielen muß, daß Eigentümlichkeiten seiner Person, die völlig außerhalb der möglichen Einflußnahme durch eigene Anstrengungen und Bemühungen liegen, so bedeutungsvolle Konsequenzen haben. Nach zwei Richtungen hin lassen sich die Entwicklungslinien verfolgen, die ernsthafte Gefahrenquellen für die Persönlichkeitsentwicklung mit sich bringen. Auf der Hand liegt die Tatsache, daß ein sehr verunstaltetes Kind, sei es durch Hasenscharte, auffällige Schielstellung der Augen, deformierte Kopfform oder ähnliches in einem Ausmaß Ablehnung erfährt, das nicht immer ertragen und verarbeitet werden kann und das besonders deshalb so tragisch empfunden wird, weil es nicht aktiv zu verändern ist. Doch möchten wir fast glauben, daß die sich hier ergebenden Schwierigkeiten unter Umständen noch geringer sind als die Komplikationen, die die entgegengesetzte Situation hervorruft. Ungewöhnlich anziehendes Äußeres kann für die Entwicklung eines Menschen schwerere Krisen mit sich bringen als das Gegenteil. Die Gründe sind hierfür an sich nicht schwer zu sehen. „Das häßliche Entlein" hat als Bewältigungsmöglichkeit für seine Zurücksetzungserlebnisse immerhin die Chance, entweder durch sachliche Leistung oder durch die Entwicklung und Betonung von gemüthaften Eigenschaften seine Umwelt zu gewinnen. Die Lebensplanung bekommt damit, auf lange Frist gesehen, ein immer noch verhältnismäßig solides Fundament. Das sehr reizvolle Kind hat von der Natur ein Geschenk mitbekommen, dessen tiefe Gefahr darin liegt, daß aktive Leistung, Anstrengung und Bemühung für den Lebenserfolg lange Zeit überflüssig sind."

Die Neigung, Lebensschwierigkeiten auf angeborene Defekte zurückzuführen, ist bei vielen Patienten groß, und zwar vor allem bei solchen mit ausgeprägten Beeinträchtigungen des Selbstwertgefühls und bei hypochondrischen Patienten. In jedem einzelnen Falle ist zu prüfen, ob nicht neurotische Fehlhaltungen mehr dafür verantwortlich zu machen sind.

β) Die Psychopathie

Ein heikles und noch zu wenig erforschtes Problem — wie auch A. Dührssen (1955) meint — ist die sogenannte psychopathische Anlage und ihr Gewichtsverhältnis zur Neurose. Unter Psychopathen versteht man bekanntlich nach Kurt Schneider (1943) Menschen mit angeborenen seelischen Abartigkeiten, die an sich selbst leiden oder andere leiden lassen. Das Thema der Psychopathie tauchte bereits bei der Aufzählung der verschiedenen Formen der Verwahrlosung (siehe S. 18) auf. Man war früher mit der Diagnose Psychopathie schneller bei der Hand als heute (Gerson 1954). Jetzt sind gerade Jugendpsychiater, wie z. B. Gerson (1964), vorsichtiger mit dieser Feststellung geworden; Gerson spricht von *vorwiegend* psychopathischer oder *vorwiegend* neurotischer Verwahrlosung. Er hält (nach mündlicher Mitteilung) nur mehr einen Teil der „Gemütlosen" und der „Dysphorischen" (also der Stimmungslabilen) und einen kleinen Prozentsatz der „Haltlosen" (d. h. der Willenlosen) für Psychopathen. Nach einer im Landesjugendheim Göttingen durchgeführten Untersuchung (Piecha 1959) zeigen vor allem die Mißmutig-Depressiven, die Gemütsarmen und die Haltlosen im Adoleszenten- und Erwachsenenalter einen negativen sozialen Verlauf in Form von Kriminalität und lassen nach Gerson auf das Vorliegen einer Psychopathie schließen. — Übrigens spricht auch Schneider (1961) in bezug auf die Psychopathen später weniger von Anlage als von Vorgegebenem überhaupt und sagt: „Nicht alles Vorgegebene ist beeinflußbar, und nicht alles Erlebnisreaktive ist behebbar."

Schultz-Hencke (1951) hat sich ausgiebig mit der Frage des Gewichtsverhältnisses von Psychopathie und Neurose auseinandergesetzt. Er ordnet die zehn von Schneider angegebenen Psychopathengruppen nach der (von ihm geschätzten) Beteiligung genotypischer bzw. peristatischer Faktoren und entwirft folgendes Diagramm:

genotypisch — peristatisch
100 — 100
0 — 0
asthenisch
hyperthym
depressiv
dysphorisch (stimmungslabil)
ängstlich
stumpf
explosibel
propulsiv (geltungssüchtig)
„paranoid" (fanatisch)
willenlos

A. Dührssen (1949) knüpft an dieses Diagramm an und faßt folgende Gruppen zusammen:

Hyperthymische Depressive Stimmungslabile	Schwankungen im endothymen Grund (also der Affektivität); sehr wesentliche konstitutionelle Anteile.
Selbstunsichere Gemütlose Explosible	Erhebliche disponierende Anlagemomente mit regelhafter sekundärer neurotischer Verarbeitung.
Geltungsbedürftige Fanatische Willenlose	Wesentlich reaktive Momente; besser unter funktionellen neurotischen Gesichtspunkten zu betrachten.

Ohne eine genaue tiefenpsychologische Anamnese dürfte die Diagnose Psychopathie eigentlich beim heutigen Stand der Neurosenpsychologie nicht mehr gestellt werden; eine neurotische Entwicklung muß mit Sicherheit ausgeschlossen werden.

Für die hier interessierende praktische Frage der Indikation zur Psychotherapie ist die Feststellung: Psychopathie oder Neurose — von untergeordneter Bedeutung. Eine psychopathische Veranlagung wird wohl immer eine umweltbedingte (neurotische) Fehlentwicklung begünstigen. Wer z. B. auf Grund einer angeborenen Hypersensibilität zu Stimmungsschwankungen (oder nach K. Schneider zu Stimmungslabilität) disponiert ist, wird eher eine schizoide (oder schizoid-depressive) Charakterstruktur entwickeln als sein weniger empfindsames Geschwister. Für den neurotischen Anteil dieser schizoiden Struktur würden aber die bisher erwähnten Kriterien der Indikation zur psychoanalytischen Behandlung gelten. So ist Gerson (1964) zuzustimmen, wenn er meint: In der Praxis spielt die Erörterung über das Mischungsverhältnis von psychopathischer Anlage und erworbener Neurose eine relativ untergeordnete Rolle, da es letztlich um die Frage geht, ob der Betreffende formbar oder nicht mehr formbar ist, ob er — sei es neurotisch oder anlagemäßig — so festgelegt ist, daß ihm kein Pädagoge, Psychologe oder Psychoanalytiker mehr helfen kann.

Eben war von Hypersensibilität die Rede. Schultz-Hencke (1951) bezeichnet sie als eine der genotypischen Anlagen, die einen neurosebegünstigenden Effekt haben. A. Dührssen (1955) rechnet sie zu den gefährdenden Anlagen, die ihren Träger wegen seiner übergroßen Ansprechbarkeit auf Umweltreize dazu disponieren, bereits auf eine Umwelt von mittlerer Härte mit der Entstehung einer Neurose zu reagieren. Schultz-Hencke nennt ferner Hypermotorik und Hypersexualität als neurosebegünstigende Anlagefaktoren. Es ist jedoch sehr strittig geworden, ob es sich dabei wirklich um eine anlagemäßige Triebvariante und nicht vielmehr um eine überkompensatorische, erworbene Verhaltensstörung handelt. M. Seiff (mündliche Mitteilung) hat darauf im Arbeitskreis Schultz-Henckes als erste hingewiesen. Außerdem ist diese Unterscheidung für die Klärung der Indikation praktisch nicht so wichtig. Die Anlage ist nur neurose*begünstigend*, und die einmal entstandene Neurose ist nach den angegebenen prognostischen Kriterien zu beurteilen.

A. Dührssen (1955) führt noch einige andere anlagemäßige Eigentümlichkeiten des Menschen vor allem hinsichtlich der Verarbeitung von Umwelteinflüssen an. Sie betont dabei gleichzeitig den hypothetischen Charakter ihrer Ausführungen. Es gibt wahrscheinlich „Valenzenbewahrer", d. h. Menschen, die ein gutes Vorstellungs- und Affektgedächtnis haben, negative Einflüsse sehr nachhaltig bewahren und deshalb stark unter deren Folgen leiden. — Die Kretschmerschen Unterscheidungsmerkmale der Konstitution (heute nicht mehr gleichzusetzen mit Erbkonstitution) gehören ebenfalls in diesen Zusammenhang. In den Diskussionen mit erfahrenen Psychoanalytikern ist wiederholt die Beobachtung mitgeteilt worden, daß der pyknische Zwangsneurotiker prognostisch günstiger zu beurteilen sei als der asthenische. Doch läßt sich daraus kein sicheres prognostisches Kriterium der Art ableiten, daß eine pyknische Konstitution ein prognostisch günstiges, eine asthenische ein ungünstiges Zeichen sei. Man weiß zwar, daß Pykniker und Astheniker sich hinsichtlich der affektiven Erregung, des psychischen Tempos, der Psychomotilität und anderer Eigenschaften unterscheiden; aber sichere prognostische Kriterien zur Indikation für die psychotherapeutische Behandlung ergeben sich daraus nicht. Zur Beurteilung der Therapierbarkeit von psychisch Kranken ist die Charakterstruktur heranzuziehen und weniger das Temperament. Der Titel „Körperbau und Charakter" ist übrigens — worauf bereits Fromm (1950) hingewiesen hat — nicht ganz präzis; es müßte heißen: Körperbau und Temperament.

Ferner spricht A. Dührssen von den unterschiedlichen angeborenen Gefühlsvalenzen, Varianten also der gefühlshaften Ansprechbarkeit auf die Welt und ihre Reize. So beobachtete sie einen Säugling, der von Geburt an gesüßte Nahrung intensiv ablehnte, was mit Wahrscheinlichkeit zu Schwierigkeiten in der Pflege eines solchen Kindes führt. Lersch (1964) stellt außerdem Eigentümlichkeiten der menschlichen Gedächtnisleistung heraus. Es gäbe „Gedächtnisoptimisten", die negative Gefühlseindrücke der Vergangenheit leichter verlieren und vergessen, und „Gedächtnispessimisten", die unangenehme Eindrücke länger und besser bewahren als die positiven. Wieder muß darauf hingewiesen werden, daß es bis heute unmöglich erscheint, die Mischungsanteile von Anlage- und Umweltfaktoren gerade auch bei den zuletzt genannten Eigentümlichkeiten des Gedächtnisses korrekt zu bestimmen.

γ) Die Vitalität

Die gleiche Unsicherheit gilt für einen weiteren vielfach verwandten Begriff: die Vitalität. Auch von der „Substanz" hört man in diesem Zusammenhang oft reden. Es sind dies Termini, die einen intuitiven Eindruck vom anderen Menschen wiedergeben. Sie beziehen sich auf einen Gesamteindruck, sind das Ergebnis einer sogenannten Wesensschau. Blasius (1963/64) stellt der naturwissenschaftlichen Ursachenforschung die naturphilosophische Gestalt- oder Wesensforschung gegenüber. Ersterer geht es bei ihrem Gegenstand um Einheiten und Elemente; zu ihrer Erfassung dienen Begriff und Kausalschluß. Letztere zielt auf die Ganzheiten der Erscheinungen und Gestalten; sie werden erkannt mittels Wesenswahrnehmung (also Intuition) und Analogieschluß. Um ein solches naturphilosophisches Bild handelt es sich bei dem Ausdruck „Vitalität" oder „Substanz". Mit Hilfe der Intuition erfaßt man oft blitzartig den Elan vital, die Vitalität eines Menschen, sein hinter der sichtbaren Gestalt verborgenes Wesen. Es besteht aber immer die Gefahr eines Irrtums in der Beurteilung, wenn der Therapeut dem intuitiven Ersteindruck vom Patienten nicht die detaillierte Erfassung seiner Persönlichkeitselemente folgen läßt.

Auch Ch. Bühler (1959) setzt sich mit dem Faktor Vitalität auseinander und bezeichnet ihn mit Brody (1945) als „so etwas wie" Lebenskraft, betrachtet ihn als zusammenfassenden Namen für eine Resultante aus vielen Komponenten. Allport (1938) hält diese Determinante der aktuellen Entwicklung einer Person für ebenso obskur wie wichtig.

e) Körperliche Krankheiten

Zu den biologischen Faktoren, die die Therapierbarkeit psychogener Erkrankungen mitbestimmen, gehören auch gleichzeitig vorliegende somatische Krankheiten und deren Schweregrad, worauf auch Alexander (1946) hinweist. Chronische körperliche Erkrankungen wie Tuberkulose, multiple Sklerose, Herz-Kreislauf-Schäden und andere — die Frage der Beteiligung psychogener Faktoren bei diesen Leiden soll in diesem Zusammenhang nicht interessieren — verschlechtern im allgemeinen die psychotherapeutischen Erfolgsaussichten. Aber im Einzelfall kann es auch einmal ganz anders aussehen: Ein 35jähriger Kaufmann mit einem Herzvitium nach chronischer Endokarditis suchte wegen Eheschwierigkeiten und Arbeitsstörungen den Analytiker auf. Grund zu diesem Entschluß war der Herzklappenfehler und seine Folgen; er setzte die körperliche Leistungsfähigkeit des Patienten herab, verlangte Schonung seiner Kräfte von ihm und engte sein bisher expansives Leben ein. Die somatische Erkrankung mutete ihm eine Umstellung seines Lebensstils zu, und er reagierte darauf unter anderem mit dem Wunsch, eine bessere Ehe zu führen; *vor* dem Auftreten des Herzvitiums waren ihm die ehelichen Schwierigkeiten als quantité négligeable erschienen. — Ein 43jähriger Volksschullehrer mit einer multiplen Sklerose unterzieht sich einer psychoanalytischen Behandlung, einmal um seine Depressionen und seine Arbeitsstörungen zu beseitigen, zum zweiten aber, um mit seinem Schicksal besser fertig zu werden. Die schwere somatische Erkrankung gab ihm den Anstoß, eine emotionale Neuorientierung seines Lebens — Alexanders Charakterisierung des Zieles der Psychoanalyse — zu versuchen und die Befreiung von Depression und Arbeitsstörung anzustreben. *Vor* dem Auftreten der multiplen Sklerose hatte er sich mit seinen seelischen Beschwerden abgefunden. Die Einengung seines Lebensspielraumes durch die körperliche Erkrankung verstärkte den Leidensdruck des Patienten bzw. rief erst echtes Leidensgefühl (siehe S. 39) bei ihm hervor.

Im *allgemeinen* verschlechtern chronische somatische Krankheiten die Therapierbarkeit seelisch kranker Patienten, weil sie deren prospektive expansive Möglichkeiten einschränken. Im *besonderen* können sie auch einmal den Leidensdruck verstärken, echtes Leidensgefühl erzeugen, die Einsicht in seelische Zusammenhänge fördern und damit die psychotherapeutische Prognose verbessern.

6. Die Vorbereitung des Patienten auf die analytisch-psychotherapeutische Behandlung

Zum Schluß dieses Kapitels noch ein paar Worte zur Überweisung des Patienten an den Fachpsychotherapeuten. Nachdem die Indikation zur Psychotherapie gestellt ist, kann der praktische Arzt oder Facharzt den Patienten vor allem in dreierlei Hinsicht auf diese Therapie vorbereiten; hinsichtlich der Psychogenese der Symptomatik, der Mitarbeit des Patienten bei einer psychotherapeutischen Behandlung und bezüglich der Dauer einer solchen Therapie.

Der überweisende Arzt teilt dem Patienten mit, seine Symptome seien vorwiegend durch seelische Probleme und Konflikte bedingt; es sei die Eigenart dieser inneren Schwierigkeiten, daß sie einem nicht oder kaum bewußt sind. Er möge sich zunächst mit dem Gedanken vertraut machen, daß sein Leiden seelische Ursachen habe. Auch körperliche Symptome könnten durch innere Konflikte hervorgerufen werden. Dabei kann der Arzt auf die vielen Zusammenhänge zwischen Seelischem und Körperlichem hinweisen, die sich in der Sprache kundtun: jemandem *läuft die Galle über* oder *eine Laus über die Leber*, dieses Problem *bereitet einem Kopfschmerzen*, man *könnte aus der Haut fahren*, das *ging ihm an die Nieren* und viele andere mehr. Etwaige Zweifel möge er mit dem Psychotherapeuten besprechen.

Der Arzt kann ferner den Patienten auf dessen „Rolle" bei einer psychotherapeutischen Behandlung vorbereiten: Er dürfe nicht eine Behandlung wie beim Zahnarzt erwarten, wobei er selbst mehr oder weniger passiv bleibe; es gehe vielmehr um eine Partnerschaft zwischen Patient und Arzt. Der gesunde Persönlichkeitsanteil des Kranken und der Therapeut arbeiten zusammen, um die Gesundung des Patienten und d. h. die Aufdeckung seiner unbewußten Probleme und ihre Lösung zu bewerkstelligen. Dadurch wird der Patient von vornherein dazu angeregt, die Ursachen seiner Erkrankung auch bei sich zu suchen, in seinen erworbenen Fehleinstellungen und Fehlverhaltensweisen.

Ferner kann der Arzt den Kranken vor der Enttäuschung utopischer Erwartungen bewahren, wenn er ihn über die meist längere Dauer einer solchen Therapie informiert. Der Prozeß dieser emotionalen Neuorientierung nehme je nach Schwere des Krankheitsbildes und der Chronizität der Symptome Monate oder Jahre in Anspruch. Der Mensch wolle und könne sich nicht schnell ändern; schon die Änderung eines falschen Fingersatzes beim Klavierspiel dauere mindestens ein halbes Jahr.

Hinweisen darf ich noch darauf, daß von der Art der Überweisung viel für den Patienten abhängt. Wenn der Überweisende die (unabsichtliche oder auch absichtliche) eventuell lächelnde Bemerkung macht: es ist „nur" seelisch, oder wenn er gar von einer „eingebildeten" Krankheit spricht, so wird der Patient den Psychotherapeuten — wenn überhaupt — mit dem Empfinden aufsuchen, daß sein seelisches Leiden eigentlich nicht ganz ernst zu nehmen sei. Er geht zum Psychoanalytiker mit dem nun von einer Autorität bekräftigten Gefühl, mit seiner Krankheit ein Mensch zweiter oder dritter Klasse zu sein. Umgekehrt kann der überweisende Arzt dem Patienten das Gefühl vermitteln, daß er sich seiner (seelischen) Erkrankung nicht zu schämen brauche, und so bereits ein erstes korrigierendes emotionales Erleben bei ihm einleiten. —

Daß der Überweisung des Patienten an den Psychotherapeuten durch Arzt oder Facharzt meist schon eine Vorselektion vorangeht, soll im Kapitel über die impliziten prognostischen Kriterien dargestellt werden.

Es wurde nur angedeutet, wie man den Patienten auf eine eventuelle psychotherapeutische Behandlung vorbereiten kann. Die Art dieser Vorinformierung des Patienten durch den überweisenden Arzt wird sich nach dem Auffassungsvermögen des Kranken und nach der speziellen Erfahrung des Arztes richten.

7. Zusammenfassung der phänomenalen Kriterien

Die zur Beurteilung des Schweregrades von Neurosen dienenden Merkmale wurden nach folgenden Aspekten geordnet:

1. Vom Symptom her gesehen, wobei Art und Dauer der Symptomatik, die Einstellung des Patienten zu seinen Symptomen und sein Umgang mit ihnen, das Leiden an den Symptomen und deren Auslösung zu beachten sind.
2. Von der sozialen Situation her betrachtet, wobei die soziale Bewährung des Patienten, die Modifizierbarkeit seiner Lebenssituation und die Artung des Ehepartners besonders relevant sind.
3. Von den biologischen Gegebenheiten her beurteilt, wobei vor allem das Alter, die Intelligenz und die Begabungen des Patienten ebenso wie seine sonstigen genotypischen Anlagen und körperliche Krankheiten von Bedeutung sind.

ZWEITES KAPITEL

Die strukturellen prognostischen Kriterien

Bisher ging es um die äußeren prognostischen Kennzeichen, und zwar um die prognostische Beurteilung der Neurosen vom Symptom, von der sozialen Situation und von den biologischen Gegebenheiten des Patienten her. Die Auswertung dieser Merkmale ermöglicht eine erste, für die Zwecke des praktischen Arztes und Facharztes ausreichende Unterscheidung in schwerere und leichtere Neurosen. Für den Fachpsychotherapeuten und Psychoanalytiker genügen diese Merkmale allein nicht, er braucht die Kenntnis der *strukturellen* Kriterien (Heigl 1964), um die Voraussage genauer treffen und damit die Indikation zu einer *bestimmten* Psychotherapieform stellen zu können. Dem praktischen Arzt können diese Merkmale zu einer vertieften Einsicht in psychodynamische Zusammenhänge und damit zu einer sichereren Prognosestellung verhelfen.

1. *Was heißt strukturell?*

Es stellt sich die Frage, was unter dem Ausdruck „strukturell" zu verstehen ist. Der Terminus bezeichnet solche Kriterien, die aus der Charakterstruktur eines Patienten abzulesen sind, die also spezifisch für die Struktur einer bestimmten Persönlichkeit sind.

Diese Kriterien sind deshalb besonders relevant, weil sie sich auf relativ permanente Einstellung- und Verhaltensweisen des Patienten beziehen. Der Strukturbegriff ist nach Rapaport (1959) vor allem durch zwei Beobachtungen notwendig geworden: Einmal erwiesen sich Verhalten und auch Symptombildung nicht eindeutig durch Triebe bestimmt oder mit anderen Worten: Die Triebe determinieren das Verhalten nicht in einem Eins-zu-eins-Verhältnis.

Außerdem beobachtete man Determinanten von Verhalten und Symptom, die im Gegensatz zum paroxysmalen Ablauf von Triebvorgängen relativ unveränderlich oder zumindest von langsamerer Verlaufsgeschwindigkeit sind. Strukturelle Determinanten sind im Gegensatz zu motivierenden Determinanten relativ dauerhaft, ihr Veränderungstempo ist relativ langsam (s. Heigl 1969). Die Benennung Struktur impliziert eine gewisse Zeitstabilität (Struktur contra Prozeß), worauf auch A. E. Meyer (1969) hingewiesen hat. Die strukturellen prognostischen Kriterien beziehen sich demnach auf die relativ stabilen Verhaltensweisen des Patienten und sind hinsichtlich der Vorhersage der Psychotherapierbarkeit besonders ergiebig.

Über diesen Begriff von Struktur als etwas Festgelegtem, Dauerhaftem dürfen wir nur nicht vergessen — darauf hat A. Dührssen (1969) hingewiesen —, daß wir es im seelischen Geschehen immer mit Funktionen zu tun haben, mit dynamischen Prozessen.

Die jeweilige Struktur des Patienten, sein Charakter im Sinne des Eingeprägten bedeutet also mit A. Dührssen habituell auftauchende oder habituell wiederkehrende Funktionen; sie beeinflussen den Gang der Analyse wegen ihrer Starrheit, ihrer relativen Stabilität entscheidend, worauf auch Waldhorn (1960) hingewiesen hat.

2. *Unterscheidung von manifester Neurose und neurotischer Struktur*

Es ist jetzt an der Zeit, eine weitere Differenzierung vorzunehmen. Ich sprach bisher nur von Neurose und gebrauchte den Begriff unterschiedslos sowohl für die manifeste Neurose (mit Symptomen) wie auch für die latente neurotische Struktur (eines z. Z. symptomfreien Menschen). In diesem Abschnitt, bei der Darstellung der *strukturellen* prognostischen Kriterien in Abhebung von den phänomenalen, müssen beide Begriffe gebraucht werden. Es war kein grober Fehler, in erster Annäherung an das Thema der prognostischen Faktoren nur von Neurose gesprochen zu haben; wir gingen immer vom symptombehafteten Patienten, also von seiner manifesten Neurose aus. Aber schon wenn von Schwere einer Neurose die Rede war, so war immer die Schwere der neurotischen Struktur, also des inneren Gefüges der Neurose, implizit mit gemeint.

3. *Darstellung und Vergleich der prognostischen Kriterien bei F. ALEXANDER und H. SCHULTZ-HENCKE*

Vor allem Alexander (1946) und Schultz-Hencke (1951) haben sich eingehend mit diesem Thema beschäftigt und sind, weitgehend unabhängig voneinander, auf Grund ihrer klinischen Erfahrungen zu sehr ähnlichen Ergebnissen hinsichtlich der prognostischen Merkmale gekommen. Ich stelle im folgenden die von ihnen empirisch gefundenen Kriterien einander gegenüber (Heigl 1958).

Vergleich der prognostischen Kriterien bei SCHULTZ-HENCKE und ALEXANDER

Schultz-Hencke	Alexander
Leidensdruck	
Schwere der auslösenden Versuchungs- und Versagungssituation Ideologien	Schwere der aktuellen Situation
Persistierende Primordialsymptomatik	
Dauer der Symptomatik	Dauer der Symptomatik
chronifizierende exogene Faktoren	Möglichkeit der Veränderung der Lebenssituation
Alter, Mechanisierung	Alter
Freizeitgestaltung	innere Hilfsquellen
Grad des Intellekts	Intelligenz
Talente	Fähigkeiten und Talente
Organminderwertigkeiten,	körperliche Defekte
genotypische Anlagen	„Leistungstest"
	Grad der Gesundheit in den Pausen
	Versuchsinterpretation

Diese Zusammenstellungen der beiden Autoren enthalten ein Gemisch aus phänomenalen und strukturellen Kriterien. Ein Teil der Faktoren wurde schon bei der Darstellung der äußeren prognostischen Merkmale behandelt. Erinnert sei an die prognostische Beurteilung vom Symptom her: Leidensdruck, Schwere der auslösenden bzw. aktuellen Situation, persistierende Primordialsymptomatik, Dauer der Symptomatik, Mechanisierung; an die prognostische Beurteilung von der sozialen Situation her: chronifizierende exogene Faktoren bzw. Möglichkeit der Veränderung der Lebenssituation, Leistungstest — und an die prognostische Beurteilung von den biologischen Gegebenheiten her: Alter, Grad des Intellekts, Talente, Organminderwertigkeiten bzw. körperliche Defekte, genotypische Anlagen.

Die in der Tabelle von den beiden Autoren aufgeführten *strukturellen* Kriterien werden im Verlauf dieses Kapitels eingehender behandelt.

4. Die strukturellen prognostischen Kriterien bei S. FREUD

Die erste prognostische Studie Freuds wurde eingangs (siehe S. 14) schon erwähnt. In ihr hat Freud die einzelnen prognostischen Faktoren lose aneinander gereiht — noch ohne jeden Bezug auf ein Strukturmodell (siehe Heigl 1964). Nur der Leidensdruck erscheint schon in dieser 1905 erschienenen Arbeit. In den von 1912 bis 1924 veröffentlichten technischen Schriften berührte Freud das Thema der Prognose nur selten. Neu in prognostischer Hinsicht führte er 1918 in seiner Schrift „Wege der psychoanalytischen Therapie“ die Ersatzbefriedigung (Bd. XII, S. 183—194) ein und erwähnt in derselben Schrift außerdem als prognostisch negatives Zeichen bei allen schwer agoraphoben Patienten deren Weigerung, trotz Angst auf die Straße zu gehen und sich dieser Angst zu stellen.

Unausgesprochen nimmt Freud auf strukturelle prognostische Merkmale Bezug, wenn er in seiner 1915 veröffentlichten Schrift „Einige Charaktertypen aus der psychoanalytischen Arbeit“ (Bd. X, S. 364—391) auf die therapeutische

Bedeutung der Charakterwiderstände von Patienten hinweist. In dem Kapitel über die „Ausnahmen" erwähnt er den Entschädigungsanspruch, den Patienten mit einer frühzeitigen Kränkung ihres Narzißmus an die Mitwelt richten. Die Berechtigung für ihre Ansprüche auf Vorrechte und besondere Behandlung basiert auf der stets wachgehaltenen Erinnerung an früher erlittenes Unrecht. Freud spricht von der fehlenden Bereitschaft dieser Patienten, in der Analyse Leiden oder unliebsame Notwendigkeiten auf sich zu nehmen, und weist damit indirekt auf ihre sehr schwierige Analysierbarkeit hin. — In dem Abschnitt über „Die am Erfolge scheitern" erwähnt Freud die strafenden Tendenzen des Gewissens, die einen Menschen gerade zu dem Zeitpunkt erkranken lassen, wo er äußeren Erfolg hat. Damit ist ebenfalls ein (impliziter) prognostischer Hinweis auf eine schwere Charakterneurose gegeben. Der dritte von Freud geschilderte Charaktertyp „Die Verbrecher aus Schuldbewußtsein" (Nietzsches „bleicher Verbrecher") dient als Beispiel für die Bedeutung der Schuldgefühle, ohne daß Freud allerdings auch nur indirekt prognostische Schlüsse gezogen hätte.

Noch ausführlicher geht Freud auf die Therapiechancen in seiner vorletzten, 1937 erschienenen technischen Schrift „Die endliche und die unendliche Analyse" (Bd. XVI, S. 59 bis 99) ein. Als maßgebende prognostische Faktoren zählt er auf: 1. die konstitutionelle Triebstärke, also einen Anlagefaktor, 2. die Ich-Veränderung, d. h. ein strukturelles Element, 3. den Einfluß von Traumen als eine schicksalshafte Gegebenheit und 4. die Eigenart des Analytikers.

Hier interessiert nur der strukturelle Faktor der Ich-Veränderung. Freud ging es dabei vor allem um die Beantwortung der Frage, wie stark die Widerstände des Patienten gegen die Analyse und damit gegen die Heilung sind. Als besonders schwerwiegende Ich-Verschiedenheiten (Freuds Ausdruck) mit entsprechend starkem Widerstand nennt Freud die — eng miteinander zusammenhängenden — Phänomene des Schuldbewußtseins, des Strafbedürfnisses, des immanenten Masochismus und der negativen therapeutischen Reaktion. Er verbaut sich allerdings selbst den Zugang zum prognostischen Wert dieser Faktoren, wenn er sie als Äußerungsformen des m. E. völlig hypothetischen Todestriebes bezeichnet und sie damit ihrer strukturellen Valenz wieder beraubt. Außerdem scheinen mir die genannten Begriffe etwas zu komplex, zu wenig differenziert, um prognostisch valent zu sein.

Als prognostisch besonders ungünstig stellt Freud dann noch — seine Äußerungen sind deutlich resigniert — den sogenannten Penisneid der Frau und den sogenannten Weiblichkeitskomplex des Mannes heraus. Beide gehörten zu den stärksten Übertragungswiderständen überhaupt.

In der obenerwähnten technischen Schrift betrachtet Freud die Prognosestellung mehr als bisher unter strukturellem Gesichtswinkel, wenn es ihm auch wohl weniger darum ging, (strukturelle) prognostische Kriterien für die Indikation zur analytischen Behandlung aufzustellen, als mehr darum, die (damaligen) Grenzen für die analytische Therapie zu ziehen.

5. Die Nachfolger FREUDs

Unter den Nachfolgern Freuds, die sich mit dem Thema der Indikation und Prognose in der Psychoanalyse beschäftigt haben, wurden Alexander und Schultz-Hencke entsprechend ihrer einschlägigen Sonderbedeutung bereits genannt. Ohne den Anspruch der vollständigen Aufzählung erwähne ich im folgenden weitere Analytiker, die sich mit diesem Gegenstand befaßt haben.

A. Freud (1946) erwartet analytischen Erfolg bei allen Fällen von Triebabwehr aus Überich-Angst. Auch bei der Abwehr aus Realangst wie in der infantilen Neurose bestehe eine günstige Prognose. Nur Abwehrvorgänge, die auf der Angst vor der Triebgröße beruhen, reagierten schlecht auf die analytische Bemühung. Diese etwas summarischen Urteile — aber der Autorin geht es in besagter Arbeit (Das Ich und die Abwehrmechanismen) auch nicht primär um die Darstellung prognostischer Kriterien — würden uns heute zur Klärung der Prognose und damit zur Indikationsstellung nicht mehr genügen.

Nunberg (1959) nennt unter anderen die Krankheitseinsicht des Ichs und den Leidensdruck als Voraussetzungen für die Therapierbarkeit von Patienten. Der Mangel an Leiden und an Krankheitseinsicht mache die Analyse von charakterneurotischen Patienten (und von Kandidaten der Psychoanalyse) so ungemein schwierig. Erst beide Faktoren zusammen bewirkten den für die analytische Therapie notwendigen Genesungswunsch des Patienten. In einer weiteren Arbeit (1948) nennt Nunberg folgende prognostische Faktoren: 1. den Leidensdruck, dessen Fehlen z. B. Charakterneurosen für eine analytische Therapie ungünstig erscheinen läßt; 2. die Art des Widerstandes auf seiten des Patienten, von der Erfolg oder Mißerfolg der Behandlung abhängt. Damit knüpft Nunberg an A. Freud an, ohne jedoch genauere Angaben über die Eigenart des therapieresistenten Widerstandes zu machen. Er bringt das Beispiel eines depressiven Mannes, der seine latenten homosexuellen Tendenzen in der Analyse stark abriegelte, weshalb es für den Analytiker unmöglich gewesen sei, tiefer zu dringen.

Allerdings möchte ich hinzufügen, daß mir dieser „unüberwindliche" Widerstand zumindest *auch* durch die zu frühzeitige und ungenügende Interpretation des Therapeuten bedingt zu sein scheint. Nunberg schildert, wie er den Patienten — nach Schulz-Hencke ein Patient mit Übergefügigkeitsstruktur, bei dem es im Extremfall zu einer homosexuellen Beziehung kommen kann — bald nach Behandlungsbeginn (!) darauf aufmerksam gemacht habe, daß dessen latente Homosexualität in zahlreichen Träumen Auslaß suche. Dieses Vorgehen scheint mir unzweckmäßig: Nur in Ausnahmefällen (beabsichtigte Reizdeutung) wird man einen Patienten bereits zu Anfang der Behandlung auf stärker tabuierte latente Tendenzen ansprechen, schon gar nicht auf die verpönte Homosexualität; außerdem scheint es uns heute nicht mehr zutreffend, von latenter Homosexualität zu sprechen. Es ist Salzman (1962) zuzustimmen, wenn er sagt, der Begriff „latente Homosexualität" sei eine allumfassende und d. h. völlig vage Erklärung für alle möglichen, auch nichtsexuellen Verhaltens- und Erlebnisweisen. — Ferner signalisieren „latente homosexuelle" Tendenzen z. B. in Träumen oft keimhafte Wünsche nach Intimität und Gefühlswärme in der Beziehung zu anderen Männern bei einem bisher kühldistanzierten Mann.

Ich bin deshalb auf eine meiner Ansicht nach unzweckmäßige psychoanalytische Technik kurz eingegangen, um anzudeuten, daß prognostische Urteile auch von solchen Gegebenheiten beeinflußt sein und dann tradiert werden können. Die prognostische Beurteilung steht im Interdependenz-Verhältnis zur technisch-therapeutischen Konzeption.

Nunberg nennt als weiteres (3.) prognostisches Kriterium die Übertragungsbereitschaft des Patienten. Das Fehlen der Fähigkeit zur Übertragung, wie bei extremen Narzißten und Psychotikern, mache die Analyse sehr schwierig oder gar unmöglich. Ferner (4.) nennt der Autor die Stärke oder die Schwäche des Ichs in diesem Zusammenhang. Als Zeichen der Ich-Schwäche erwähnt er die herabgesetzte Fähigkeit des Ichs, psychische Prozesse zu harmonisieren, d. h. zwischen den Forderungen der Realität, der Triebe und der moralischen Standards zu vermitteln. Man vermißt eine Angabe darüber, woran man diese mangelnde Fähigkeit der Harmonisierung ermessen könne; ich komme auf den Begriff der Ich-Stärke noch zurück. Zu der letzten Kategorie gehören Charakterneurosen und alle Eigenheiten des Charakters, die immer einen besonders starken Widerstand böten.

Noch schwerwiegender seien (5.) die Widerstände von seiten der moralischen Ideale, also des Gewissens oder besser des Überichs. Das Vorliegen stärkerer Schuldgefühle deute oft auf eine ungünstige Prognose. Außerdem wird (6.) das Bedürfnis zu leiden (need to suffer) als prognostisch ungünstig erwähnt, wobei sich das Ich willig von den Kräften der Selbstzerstörung überwältigen lasse. — Wir würden heute nicht mehr von einem (originären) Bedürfnis zu leiden sprechen. Es handelt sich vielmehr um einen neurotischen Leidensdrang, mit dem schlimmeres Leid, nämlich der totale Liebesverlust, und d. h. gleichsam die eigene Vernichtung, abgewehrt werden soll. — Und schließlich (7.) wird noch die Homosexualität als oft therapieresistent angeführt.

Der gemeinsame Nenner dieser prognostischen Faktoren ist für Nunberg ihr Bezug zur Ich-Stärke bzw. Ich-Schwäche. Der Erfolg der psychoanalytischen Therapie hänge von der Möglichkeit der Ich-Stärkung ab.

Glover (1955) teilt die Patienten in „zugängliche

Fälle", „mäßig zugängliche Fälle" und „unbehandelbare (intractable) Fälle" ein. Er gebraucht dazu teilweise eine unseres Erachtens nicht ganz befriedigende Nosologie der Psychoanalyse und rechnet zu den „zugänglichen Fällen" Psychoneurosen wie die Angsthysterie und gemischte Fälle von Hysterie und Zwangsneurose, psychosexuelle Gehemmtheiten, fakultative Bisexualität, Eheprobleme, soziale und Arbeitshemmungen, reaktive Depressionen und milde Krisen. Unter die „mäßig zugänglichen Fälle" werden Zwangsneurosen, Fetischismus, Alkoholismus und Drogensüchtigkeit, chronische Fehlanpassung (maladjustment) und die psychopathische Verwahrlosung eingereiht. Bei den „unbehandelbaren Fällen" werden Depressionen und manisch-depressive Zustände, die Schizophrenie, die Paranoia und andere psychotische und schwer psychopathische Charakterstörungen aufgeführt. Mit dieser prognostischen Beurteilung kann man nicht recht einverstanden sein. Glover stellt es so dar, als ob die Therapierbarkeit innerhalb einer Krankheitskategorie gleich wäre, als ob z. B. die Hysterie immer prognostisch günstig und die Depression immer prognostisch ungünstig sei; das stimmt mit unseren heutigen Erfahrungen nicht überein. Eine prognostische Beurteilung nach nosologischen Gesichtspunkten scheint uns unzureichend.

Fenichel (1955) versucht in einem einschlägigen Kapitel zunächst eine Indikationsstellung nach den jeweiligen Libido-Fixierungsstufen und damit nach der Tiefe der Regression. Allerdings stellt er die prognostische Beurteilung nach diesen Aspekten gleich selbst wieder in Frage und weist darauf hin, daß viele Umstände — also nicht nur die Fixierungsstufen der Libido — die Prognose beeinflussen: Die dynamische Beziehung zwischen Widerstand und Heilungswunsch, der sekundäre Krankheitsgewinn, die allgemeine Flexibilität der Persönlichkeit, die Chronizität der Symptomatik und das Ausmaß der Ich-Fremdheit der Neurose.

Im Abschnitt über die Kontraindikation zur psychoanalytischen Behandlung nennt Fenichel folgende Faktoren, die aber nicht absolut zu nehmen seien: Höheres Alter, Schwachsinn, ungünstige Lebenssituationen, Trivialität der Neurose, Dringlichkeit der schnellen Beseitigung eines neurotischen Symptoms, ausgeprägte Sprechstörungen, Fehlen eines vernünftigen und kooperativen Ichs (sei sehr schwer festzustellen), gewisse sekundäre Krankheitsgewinne z. B. bei bestimmten Künstlern, schizoide Persönlichkeiten und ferner Schwierigkeiten in bezug auf den Analytiker wie Widerstand von seiten des Patienten gegen einen bestimmten Analytiker (z. B. des Geschlechts oder des Alters wegen) und Gegenübertragungswiderstand des Analytikers gegen einen bestimmten Patienten. — Eine endgültige Entscheidung darüber, ob der Patient eine vollständige Psychoanalyse (a complete psychoanalysis) benötige, könne erst nach mehrwöchiger Versuchsbehandlung getroffen werden.

Es fällt auf, wie lose die prognostischen Kriterien, ohne einen Ordnungsgesichtspunkt und ohne Bezug auf ein Strukturmodell, aneinandergereiht werden.

Waelder (1963) führt folgende Kriterien als entscheidend für die Indikationsstellung an: a) die Form der Krankheit, d. h. die Frage, ob es sich bei ihr um das Ergebnis einer Verdrängung oder verwandter Mechanismen handelt; b) die Zugänglichkeit des Patienten für eine Lösung oder mit anderen Worten: Sind die inneren Kosten für die Lösung der Konflikte tragbar; und c) wieweit kann der Patient die psychoanalytische Methode verstehen und ist er zur Mitarbeit fähig?

Zu a) die Form der Krankheit: Die Psychoanalyse sei die kausale Behandlung der Psychoneurosen. Die sogenannte Gebietserweiterung der psychoanalytischen Therapie, d. h. ihre Anwendung bei Perversionen, Verwahrlosung und Kriminalität, bei Psychosen und sogenannten Grenzfällen hält der Autor für wenig glücklich. Schließlich führt er eine Äußerung Freuds aus dem Jahre 1933 (Bd. XV, S. 167) an, wonach nur Übertragungsneurosen (Phobien, Hysterien, Zwangsneurosen) und Abnormitäten des Charakters, die sich anstelle solcher Erkrankungen entwickelt haben, psychoanalytisch angehbar seien. Nach einem Vierteljahrhundert Psychoanalyse seien ihre Grenzen gleich geblieben. Als unüberwindliches Hindernis bei den an und für sich analysierbaren Psychoneurosen sei zu Zeiten der sekundäre Krankheitsgewinn anzusehen.

Zu b) die Zugänglichkeit für eine Lösung: Nicht alle Konflikte lassen eine Lösung zu. Manchmal ist die Neurose, wie Freud (Bd. VIII, S. 114) sich ausgedrückt hat, der mildeste Ausgang eines Konfliktes. Es komme für die psychoanalytische Heilung entscheidend auf die Toleranz des Patienten gegenüber Angst und Versagungen an; diese Toleranz mache die Ich-Stärke aus. Als günstige Bedingungen führt Waelder die Beweglichkeit der Libido, das Ausmaß der Begabungen, die Reichweite der Interessen und die Fähigkeit zur Sublimierung an.

Diese Faktoren habe ich zum großen Teil schon im Abschnitt über die phänomenalen prognostischen Kriterien erwähnt, ebenso wie den folgenden der Veränderbarkeit der Lebenssituation des Patienten. Das prognostische Merkmal des Alters bringt Waelder in Relation zur Modifizierbarkeit der Lebenssituation: Nicht das Alter an sich sei prognostisch so relevant, sondern die Beziehung Alter—Modifizierbarkeit der Lebenssituation, wieweit also in dem gegebenen Alter die äußere Realität änderbar sei; ich halte das für eine wichtige Differenzierung.

Zu c) die Analysierbarkeit des Patienten. Der Autor erwähnt dabei dessen Fähigkeit zur Mitarbeit. Der Patient müsse bereit sein, pünktlich oder leidlich pünktlich zu den vereinbarten Stunden zu erscheinen. Er müsse willens und fähig sein, der analytischen Grundregel zu folgen; nachdenklich fügt Waelder hinzu, das sei wahrscheinlich nicht immer genau möglich, aber der Patient müsse mit einigem Erfolg darum kämpfen können. Und der Patient muß nach Waelder willens und fähig sein, den Dingen, wie sie sich in der analytischen Arbeit herauskristallisieren, ins Gesicht zu sehen. Wenn der Autor dann noch eine über dem Durchschnitt liegende Intelligenz des Patienten als Voraussetzung für eine erfolgreiche Analyse hinstellt, dann entbehren diese Aussagen trotz der vom Autor selbst schon gemachten Einschränkungen nicht der sanften Komik, und man verstünde bei diesen Forderungen, wenn sich der Anwendungsbereich der Psychoanalyse nicht vergrößert hätte; die psychoanalytische Methode beschränkte sich auf eine „Elite" übergefügiger Intellektueller.

Im weiteren stellt Waelder dem Wunsch des Patienten nach Heilung die Kosten der Analyse gegenüber: Kosten an Zeit, Geld und anderen Opfern wie z. B. denen der Selbstentblößung. Eine ausreichende Motivation zur Analyse fehle im allgemeinen bei all denen, die nicht aus eigener Initiative die Analyse wählen, wie oft bei Kindern und Jugendlichen.

In den Fällen von Neurosekranken mit geringer Toleranz gegenüber Versagungen müsse die Psychoanalyse der Neurose eventuell mit erzieherischer Psychotherapie des unreifen Ichs gemischt werden. Solche Intoleranz gegenüber Versagungen entstehe z. B. auf Grund von Verwöhnung in der Kindheit, die Waelder entsprechend seiner Definition*) als nicht neurotisch bezeichnet. Die Verwöhnung führe zu einem unreifen Ich. — Wir würden nach einem Wort von M. Seiff (mündliche Mitteilung) das Wesentliche einer verwöhnenden Erziehung in der Lähmung der Selbsthilfe, der Aktivität des Kindes sehen und in diesem Sinne von einer neurotisierenden Verwöhnung sprechen. Gelungene Erziehung ist ebenso wie die psychoanalytische Therapie Hilfe zur Selbsthilfe; bei der Verwöhnung nehmen die Eltern dem Kind die Initiative und Aktivität ab.

Echte Psychotiker seien nicht analysierbar. Grenzfälle im Sinne der „Distanz-Beziehung" oder von Pseudo-Halluzinationen sind nach Waelder therapeutisch vielversprechend. Die Psychoanalyse sei in solchen Fällen therapeutisch wirksam, nicht weil sie tatsächlich die Krankheit heilt, sondern weil sie den Widerstand der Restpersönlichkeit stärkt; Interpretationen seien Waffen im Kampf gegen den inneren Feind.

Die von Wiegmann (1955) dargestellten prognostischen Kriterien wurden bereits im Abschnitt über die äußeren Merkmale, und zwar bei der prognostischen Beurteilung unter den Aspekten der sozialen Situation und der biologischen Gegebenheiten angeführt. Als neurosestrukturelle Merkmale nennt der Autor: Die Frühbedingungen der Neurose — also die Frage nach der Schwere der neurotisierenden Milieuwirkungen —, ferner die auslösende Schicksalssituation, die schon früher (siehe S. 44) erwähnt wurde.

---

* Neurose bedeutet im engeren Sinne Ichfremdheit von Affekten, Antrieben, Gedanken, Handlungen oder körperlichem Ausdruck.

Frieda Fromm-Reichmann (1950) nennt keine objektiven prognostischen Merkmale, gibt aber ein interessantes subjektives Kriterium an. Der Analytiker solle sich während der Anamnesenerhebung fragen, ob eine empathische Qualität zwischen ihm und dem Patienten bestehe. Das heißt mit anderen Worten: Der Therapeut müsse sich in den Patienten einfühlen und mit ihm fühlen können, um ihn analysieren zu können. Beherzigenswert finde ich auch den Vorschlag der Autorin, sich klarzumachen, ob man dem Patienten gewachsen sei oder nicht. Es ist eben nicht selbstverständlich, daß der Therapeut für alle Patienten gleiches Verständnis hat, daß er mit allen Patienten gleich „gut kann". Wer sich einem Patienten nicht gewachsen fühlt — es gehört allerdings eine gewisse innere Freiheit dazu, sich das einzugestehen —, sollte ihn lieber an einen anderen Analytiker überweisen. F. Fromm-Reichmann empfiehlt ferner, den Patienten ausdrücklich zu fragen, ob er gerade von dem konsultierten Therapeuten behandelt werden wolle. Sie fügt gleich selbst einschränkend hinzu, daß die Patienten fast immer bejahend antworten — aus Furcht, anderenfalls den Arzt zu verletzen; aus dem Hang, einer Empfehlung, die sie zu diesem Arzt führte, zu folgen, und aus Bequemlichkeit, um nicht mit einem anderen Analytiker von neuem Kontakt aufnehmen zu müssen.

Einen umfassenden Überblick über die Einschätzung der Analysierbarkeit von Patienten gibt Waldhorn (1960), der sich dabei an die Ergebnisse einer Forschungsgruppe des New Yorker Psychoanalytischen Instituts anlehnt. Nach einer breiten Auseinandersetzung mit Freud und seinen Nachfolgern — bisher gäbe es trotz vereinzelter instruktiver Beiträge zur Prognose kein System brauchbarer prognostischer Kriterien — bezeichnet der Autor als überhaupt für eine Analyse in Frage kommend Neurosen, Charakterstörungen, milde Perversionen und Impulshandlungen, Störungen sexueller Funktionen in einer sonst zufriedenstellenden Charakterstruktur und einige Grenzfälle (zur Psychose).

Waldhorn teilt dann die Elemente der prognostischen Beurteilung nach ihrer Rangordnung in Ich-, Überich- und Es-Faktoren ein, in Faktoren der äußeren Realität und solche, die mit der Persönlichkeit und der Erfahrung des Therapeuten zusammenhängen.

Zur Einschätzung der *Ich-Funktionen* diene vor allem die Feststellung der Frustrationstoleranz: Die Unfähigkeit des Patienten am Telefon oder im Konsultationsraum zu warten, seine Neigung, Entspannung im Alkohol, im Essen oder im Einnehmen von Drogen zu suchen, oder anderes zwanghaftes Verhalten deutet auf eine niedrige Frustrationstoleranz hin. Auch Rachetendenzen weisen in diese Richtung (darüber später mehr). Der Autor führt dann noch den Widerstand mancher Patienten gegen die liegende Position während der analytischen Stunde als Zeichen einer niedrigen Frustrationstoleranz an; dagegen möchte ich einwenden, daß umgekehrt Patienten, die sich in der ersten Analysenstunde *bereitwilligst* hinlegen und keinerlei „Widerstand" bieten, mit einiger Sicherheit als schwerer gestört anzusehen sind (Genuß der passiven Abhängigkeit). Die Fähigkeit des Patienten, Frustrationen zu ertragen, zeigt sich auch bereits in der Geschichte seiner Objektbeziehungen, d. h. am Reichtum oder an der Armut seiner mitmenschlichen Kontakte. Die Vorgeschichte rebellischer Haltungen gegenüber Autoritäten kann eine Gegeneinstellung gegen alle Regeln bedeuten und damit auf eine voraussichtliche Rebellion gegen die Grundregel, das regelmäßige Erscheinen zur Analyse, die pünktliche Bezahlung des Honorars und überhaupt gegen jede Vereinbarung hinweisen.

Wie der Patient mit angstgeladenen Situationen und Beziehungen umgeht, gebe einen weiteren Anhaltspunkt für die Stärke oder Schwäche seines Ichs. Darüber unterrichten einen die Vergangenheit des Patienten wie auch die zum Arztbesuch führenden Umstände. Da auch die Sprache eine Ich-Funktion ist, gehören ihre Störungen ebenfalls hierher. Schwere Sprechstörungen sind oft ein unüberwindliches Hindernis für eine Analyse.

Selbstverständlich könne auch die Art der Realitätsprüfung (z. B. magisches Denken) der prognostischen Beurteilung dienen; sie sei jedoch bei nichtpsychotischen Patienten schwer zu bestimmen. Wir werden sehen, daß der Grad der Fehlerwartungen des Patienten besonders gegenüber dem Analytiker einen guten Hinweis auf die Art der Realitätsprüfung gibt.

Zu den Ich-Funktionen rechnet der Autor auch Anlagefaktoren, wohl im Sinne angeborener Ich-Apparate primärer Autonomie nach Hartmann (1960) und Rapaport (1959). Waldhorn zählt bei den Anlagefaktoren die Erziehbarkeit des Patienten, seine Intelligenz, seine Fähigkeit zur Introspektion, zur Selbstbeobachtung und zur Selbsteinschätzung auf. Der mit diesen Begriffen erfaßte Sachverhalt läßt sich in dem Terminus „Einsichtsfähigkeit" zusammenfassen; sie ist zweifelsohne ein wesentliches prognostisches Merkmal. So ist z. B. die Einsicht eines Patienten in die Schwere seiner Gestörtheit ein prognostisch positives Zeichen.

Über die Anpassungsfähigkeit — wohl autoplastisch *und* alloplastisch verstanden — des Patienten gibt seine Vorgeschichte und das Verhalten gegenüber größeren Ereignissen in seinem Leben Aufschluß. Dieser Faktor korrespondiert mit dem prognostischen Merkmal der Schwere der symptomauslösenden Schicksalssituation (siehe S. 44).

Eine conditio sine qua non der Analysierbarkeit von Patienten sei ihre Fähigkeit, Übertragungsbeziehungen zu entwikkeln. Diese Auffassung entspricht der psychoanalytischen Einteilung in Übertragungs- und in narzißtische Neurosen; letztere, also schwerer depressiv- und schizoid-strukturierte Patienten, seien analytisch nicht zu behandeln. Das ist nach heutigen Erfahrungen nicht mehr zutreffend (Kohut 1969). Überhaupt scheint mir die Unterscheidung von Übertragungsneurosen und narzißtischen Neurosen in *prognostischer* Hinsicht nicht sehr relevant; sie beruht auf dem Übertragungsbegriff der Psychoanalyse, den z. B. Richter (1963) in folgender Weise gegen die narzißtische Projektion abgrenzt: Im Falle der Übertragung wird eine Person aus der infantilen Vergangenheit durch einen aktuellen Partner ersetzt; im Falle der narzißtischen Projektion verwechselt der Patient den Therapeuten nicht mit einer ehemaligen Beziehungsperson, sondern mit sich selbst; er projiziert Merkmale oder Tendenzen von sich selbst auf den Analytiker.

Eine ähnliche Abgrenzung findet sich auch in Freuds (1914) Differenzierung („Zur Einführung des Narzißmus" Bd. X, S. 138—170) der Objektwahl, deren eine nach dem Anlehnungstyp, deren andere nach dem narzißtischen Typ erfolgt; es wird einmal ein „Partner" gesucht nach dem Vorbild der schützenden und nährenden Elternfiguren, im anderen Fall ein Beziehungsobjekt, das Teile des eigenen Selbstes zu verkörpern scheint.

Nach diesem Konzept wären nun, so Waldhorn, Patienten des Anlehnungstyps therapierbar, solche des narzißtischen Typs nicht. Dieses, wie ich meine, Vor-Urteil hängt vielleicht, wie Rado (1956) in anderem Zusammenhang darstellt, damit zusammen, daß die von Freud (Bd. XI, S. 463) angegebene klassische Technik möglichst mit positiver Übertragung als dem angeblich stärksten (neben dem Leidensdruck) Heilungsfaktor arbeitet; der Patient des Anlehnungstyps zeigt aber eher eine positive Übertragung als der des narzißtischen Typs.

Auch rein begrifflich scheint es mir nicht ganz zutreffend zu sein, „Übertragung" und „narzißtische Projektion" einander gegenüberzustellen; der Patient des narzißtischen Typs überträgt ebenfalls alte infantile Einstellungen und Verhaltensweisen auf den Analytiker. Der Unterschied der beiden Objektwahl-Typen betrifft nicht das Maß der Übertragung auf den Therapeuten, sondern das Ausmaß der Egozentrizität ihres Inhalts: die Übertragung des narzißtischen Typs ist egozentrischer, magischer (s. S. 119), illusionärer (s. neuerdings auch Kohut 1969).

So läßt sich m. E. prognostisch nicht sagen, oder nur sehr cum grano salis sagen, schizoid- und depressiv-strukturierte Patienten (also narzißtische Neurosen) seien eo ipso schwieriger zu analysieren als zwangsneurotisch- und hysterisch-strukturierte (d. h. Übertragungsneurosen); wie zu zeigen sein wird, hängt die Therapierbarkeit von einer Mehrzahl und z. T. noch nicht genannter Faktoren ab.

Die von Waldhorn erwähnte Bestimmung des Angsttypus als eines prognostischen Kriteriums wurde schon bei der Besprechung der von A. Freud angeführten Merkmale genannt. Die bewußte und die unbewußte Motivation zur Behandlung stellen eine weitere Beurteilungsmöglichkeit dar. Zu den unbewußten Behandlungsmotiven rechnet der Autor den sekundären Krankheitsgewinn, also den Vorteil, den ein Patient mittels seiner Krankheit in der Analyse (S. 27) findet. Umgekehrt muß man sagen, der sekundäre Krankheitsgewinn ist ein unbewußter Gegengrund, gesund zu werden. Prognostisch wichtig sei auch, sich Klarheit darüber zu verschaffen, ob der Patient aus eigenem Antrieb Hilfe sucht, ob er überredet oder bloß geschickt wurde oder sogar mehr oder weniger gezwungen in die Sprechstunde kam. Jeder Analytiker weiß, daß die eben angegebene Reihenfolge: aus eigenem Antrieb — überredet — geschickt — gezwungen, zugleich eine Rangordnung hinsichtlich der Mitarbeitsbereitschaft des Patienten darstellt. Auch Caruso (1964) legt auf die Freiwilligkeit der Hilfesuche des Patienten prognostischen Wert.

Als spezielle Abwehrmechanismen, deren Hypertrophie die Analyse blockieren könne, nennt Waldhorn die Verleugnung, die Intellektualisierung und die Isolierung. Mancher Widerstand, der sich später als unüberwindbar herausstellt, sei schon zu Beginn der Behandlung daran erkennbar, daß der Patient die Analyse mit Vorbehalten (reservation) und Beschränkungen (limitation) beginnen wollte. Der Autor gibt leider nicht an, was er unter solchen Vorbehalten und Beschränkungen konkret versteht. (Der Patient will sich nicht hinlegen? Der Patient will erst ein paar Wochen nach Erhebung der Anamnese mit der Analyse beginnen?)

Fetischistische und perverse Syndrome seien immer schwierig zu behandeln. Außerordentlich starke positive oder negative Übertragungen machten den Patienten oft therapieresistent, manchmal allerdings nur bei einem bestimmten Analytiker (je nach Geschlecht und Persönlichkeitsstruktur), während die Analyse bei einem anderen Therapeuten erfolgreich sein könne.

Waldhorn zählt dann von den *Überich-Faktoren* als prognostisch relevant die folgenden auf: Das Strafbedürfnis, Mitleid, Scherzen (zur Abwehr von Bestrafung), religiöse Haltungen und Selbstanklagen als Zeichen von Schuldgefühlen, wie sie beim Masochismus, bei der Depression, bei Zügen von Verwahrlosung und Kriminalität, beim Lügen und bei der Unfallneigung vorkämen. Er beschäftigt sich dann noch mit der sogenannten negativen therapeutischen Reaktion, wie sie Freud 1923 in „Das Ich und das Es" (Bd.XIII, S. 278) beschrieben hat; Signale dafür könnten vorausgegangene Depressionen sein, ebenso wie Mitteilungen der Patienten, sie hätten sich gerade nach einer äußerlich erfolgreichen Leistung meist unwert gefühlt.

Bei den *Es-Faktoren* komme es u. a. darauf an, die Intensität der Antriebe abzuschätzen. Dazu diene das Studium der sexuellen Entwicklung mit der Frage nach Onanie, nach sexueller Hyperaktivität oder nach Hemmungen und ähnlichem. Auch das Fehlen von Sublimierungen gebe über die Intensität der Triebe Auskunft. Waldhorn schließt diesen Abschnitt mit der Bemerkung, daß es äußerst schwierig sei, die Triebstärke von anderen prognostischen Faktoren zu isolieren und sie zu definieren.

Anschließend werden kurz die prognostischen Faktoren der *äußeren Realität* besprochen: Muß der Patient mit neurotischen oder psychotischen Familienmitgliedern zusammenleben? Hat er schon schlechte Erfahrungen mit einer Behandlung gemacht? Ist die Analyse bei *dem* Alter, *der* Vergangenheit und *den* Lebensaussichten Zeit, Mühe und Geld wert?

Und natürlich beeinflussen auch die Interessen, Vorurteile, Energien, also die *Persönlichkeit* ebenso wie die klinische *Erfahrung des Analytikers* den Gang der Analyse und damit indirekt die Analysierbarkeit von Patienten.

Ich bin so breit auf diese Arbeit Waldhorns eingegangen, weil sie meines Wissens eine der umfassendsten und detailliertesten klinischen Studien über prognostische Faktoren in der Psychoanalyse ist. Waldhorn selbst ist sich durchaus klar über die funktionale Zusammengehörigkeit aller Phänomene, die er in seiner Studie notgedrungen isoliert dargestellt hat; trotzdem wünscht man sich auch bei ihm eine engere Verknüpfung der prognostischen Kriterien mit einem Strukturmodell. Er spricht eingangs von den Schwierigkeiten der Indikations- und Prognosestellung, wie sie bei den Aufnahmeteams von Behandlungszentren und psychoanalytischen Kliniken mit der vermehrten Nachfrage nach analytischer Therapie auftraten. Man kann ihm nur warm zustimmen, wenn er eine weitere Diskussion des Problems — Einschätzung der Analysierbarkeit von Patienten — durch viele Analytikergruppen für notwendig hält. Solche Arbeiten wie die Waldhorns wirken anregend und stellen einen besonders wertvollen Beitrag zur Indikations- und Prognosestellung in der Psychoanalyse dar.

6. Das Strukturmodell

Nach einem Überblick über die von Freud und seinen Nachfolgern dargestellten prognostischen Kriterien möchte ich im folgenden versuchen, prognostische Merkmale unmittelbar aus dem Persönlichkeitsmodell abzuleiten, um so eine genauere Prognosestellung zu ermöglichen. Ich erinnere an die allen psychoanalytischen Schulen gemeinsame Auffassung (siehe auch Waldhorn 1960), daß die Persönlichkeitsartung des Patienten mit seinen Konflikten, Fehlerlebnis- und Fehlverhaltensweisen und mit seinen Abwehrmechanismen wesentlich die Heilungsaussichten einer analytischen Therapie bestimmt.

Ich beziehe mich vornehmlich auf das Strukturmodell von Schultz-Hencke (1949, 1951) und von K. Horney (1951) und versuche im folgenden eine Synthese (Heigl 1964) der beiden Konzeptionen mit einigen von mir vorgenommenen Modifikationen.

Schultz-Hencke geht in seiner Neurosentheorie, ganz ähnlich wie Fromm (1950), von der condition humaine, von den historischen (kulturbedingten) und den existentiellen (für alle Menschen geltenden) Antinomien (Schultz-Hencke) oder Dichotomien (Fromm) des Menschen aus. Schultz-Hencke (1949) unterscheidet eine *innerseelische* Antinomik — z. B. die drängende Heftigkeit animalischer Antriebe gegenüber der Stetigkeit und Dauer der geistigen Bedürfnisse oder die liebevollen Bedürfnisse nach Selbsthingabe und Verbundenheit gegenüber den aggressiven Impulsen der Selbstbehauptung — von den *zwischenmenschlichen* Dichotomien — treffend gekennzeichnet durch den Satz: „Wat dem einen sin Uhl, ist dem annern sin Nachtigall.“ Solche Dichotomien stellen sich vor allem in den Antriebsbereichen von Besitz, Geltung und Liebe dar. Lösungsversuche dafür haben z. B. in den sogenannten apostolischen Räten der Armut, des Gehorsams und der Keuschheit ihren Niederschlag gefunden. Er unterscheidet ferner eine *existentielle* Antinomik, bestehend in dem konflikthaften Erleben zwischen dem Willen zum Leben und der Unumgänglichkeit des Todes oder in der Tatsache, daß der Mensch in seinem Dasein Subjekt und Objekt zugleich ist.

Der Mensch, jeder Mensch muß diese Widersprüchlichkeiten seines Daseins so oder so lösen, ob er will oder nicht. Er hat dazu mehrere Bewältigungsformen zur Verfügung:

1. Die Nacheinander-Befriedigung miteinander konkurrierender Bedürfnisse;
2. den vorläufigen Aufschub der Wunscherfüllung in Form von exaktem Ausphantasieren und wirklichkeitsgerechtem Planen;
3. die sogenannte Sublimierung, d. h. die Verschiebung der Triebrichtung auf ein anderes, sozial erlaubtes „höherstehendes" Ziel;
4. den Verzicht auf die Befriedigung eines Wunsches um eines anderen Bedürfnisses willen;
5. die Steuerung durch Vernunft und Selbst auf Grund einer inneren eigengesetzlichen Wertordnung, wozu die Respektierung der Bedürfnisse anderer Menschen gehört; eingeschlossen sind hier auch die unter 1. bis 4. genannten Bewältigungsformen;
6. die Hemmung, d. h. die Form der Lösung, bei der Antriebe und Bedürfnisse durch Abwehrvorgänge ausgeschaltet werden.

Auch die Hemmung ist insofern zu den „normalen" Anpassungs- und Bewältigungsformen des Menschen zu rechnen, als jeder Mensch in der Kindheit Gehemmtheiten und Dressate erwirbt. Jedes Kind paßt sich an seine Umwelt an. Die Lebensumstände des Kindes werden weitgehend bestimmt durch die Eigenart der Erziehungspersonen, die ihrerseits wieder durch die Verhaltensmuster, die Normen der jeweiligen Gesellschaft geprägt sind. Diese (mehr) autoplastische Anpassung des Kindes an sein Milieu führt wegen des zunächst bestehenden Mangels an Vernunft, an exakter vorwegnehmender Phantasie, an Verzichts- und Sublimierungsmöglichkeiten immer auch zur Ausbildung von Gehemmtheiten. Ohne solche Anpassungs- und Lernvorgänge träten für das

Kind unerträgliche Widersprüche immer dann auf, wenn die Betätigung seiner Antriebe nicht mit den bewußten und unbewußten Erwartungen der Eltern übereinstimmt (Richter 1963).

So zeigt jeder Erwachsene Gehemmtheiten; nur ist deren Art und Ausmaß von Person zu Person — und von Gesellschaft zu Gesellschaft — verschieden.

Nun zum (genetisch-dynamischen) Modell der neurotischen Struktur, das ich hier nur flüchtig zeichnen kann: Im Laufe der kindlichen Entwicklung drängen expansive Antriebe und Bedürfnisse an und streben nach Betätigung und Befriedigung. Begegnet das Kind dabei (vor allem in den ersten 5 bis 6 Lebensjahren) einer Umwelt von Härte — im Sinne von Lieblosigkeit und Unverständnis von seiten der Eltern — oder von Verwöhnung — im Sinne von Lähmung der Eigeninitiative des Kindes — oder von einem Wechsel zwischen beiden, so können sich seine Antriebe und Bedürfnisse nicht genügend entfalten. Es muß hinzugefügt werden, daß die Begriffe Härte und Verwöhnung zu global sind, um das Entscheidende eines neurotisierenden Milieus präzise zu erfassen; für den vorliegenden Zweck mögen sie als Oberbegriffe genügen. — Richter (1963) hat gezeigt, daß unter Härte bes. auch die Dauereinwirkung unbewußter elterlicher Erwartungen zu verstehen ist: Sie pressen das Kind in eine Rolle, die ihm genau vorschreibt, was es tun soll und was es nicht tun darf. Das Kind gerät in einen Zwiespalt zwischen dem lebenswichtigen Bedürfnis, das Wohlwollen der Eltern zu erlangen und ja nicht zu verlieren, und seinen expansiven Trieben, soweit diese von den Eltern abgelehnt werden oder zumindest ihren Erwartungen nicht entsprechen. — Schwidder (1967) sieht die Interaktion zwischen Kind und elterlichen Rollenerwartungen noch etwas anders. Die dem Kind zugedachte Rolle entstamme oft einem ambivalent erlebten Gefühlsproblem der Eltern selbst. Das Kind soll einerseits die angebotene Rolle übernehmen, andererseits verhindern die Eltern selbst die Verwirklichung ihrer Rollenerwartung durch das Kind, so daß ihm die Orientierung noch schwerer fällt.

So oder so gerät das Kind mit seinen elementaren Bedürfnissen in eine gefährliche Situation, und es tritt Angst als Gefahrensignal auf, Todesangst, gemessen an seiner Hilflosigkeit; diese schleift sich allmählich zum Angstreflex ein; immer wenn eine solche Zwangslage entsteht, d. h. von den Eltern tabuierte kindliche Impulse dennoch zur Befriedigung drängen, so bewirken die Angstreflexe deren teilweise oder vollständige Ausschaltung. Es entsteht die Gehemmtheit als Ergebnis der Hemmung. Die Gehemmtheit bedeutet eine Abdrosselung der Triebkräfte, der Vitalenergien des Menschen. Von der Sicht der Erlebnisfähigkeit aus stellt die Gehemmtheit eine Erlebnislücke dar: In Situationen, in denen der Ungehemmte ein Bedürfnis oder einen Wunsch spürt, ist beim Gehemmten ein Teilerleben blockiert, fällt für das Bewußtsein aus. Dem gehemmten Menschen fehlen also bestimmte Kräfte, um damit sein Leben zu gestalten und zu genießen. Er ist in manchen Bereichen verkümmert; das Repertoire seiner Möglichkeiten ist wegen Einengung der Vitalenergien kleiner geworden.

Gleichzeitig mit der Gehemmtheit erfolgt eine Störung des Selbstwertgefühls. Das Wertgefühl, der gesunde Stolz, beruht auf der Entfaltung eigener Antriebe und Bedürfnisse und ihrer Ausbildung zu Fähigkeiten. Der Mechanismus der Hemmung, d. h. also der Triebabwehr bewirkt nicht nur die Gehemmtheit, sondern auch eine Minderung des Selbstwertgefühls, des Stolzes (Rado 1956), des Selbstrespektes (K. Horney 1951). Der primäre Narzißmus im Sinne Freuds (Bd. X, S. 154) wird verletzt.

Außerdem entsteht bei der Hemmung die von Schultz-Hencke (1951) sogenannte Haltung. Darunter ist zu verstehen, daß sich die gehemmten Antriebe in Spuren und Resten „dennoch durchsetzen", daß sie in verzerrter Form als Restimpulse dennoch wirksam bleiben. Vor allem als (illusionäre) Erwartungen und Ansprüche kehren die unterdrückten Antriebe wieder — Freuds Wiederkehr des Verdrängten — und zeigen sich in Träumen und Tagträumereien, in Fehlleistungen, in den freien Einfällen während der Analyse, aber auch im Verhalten, ja im gesamten Lebensstil. So wird z. B. aus dem kaptativen Impuls „ich möchte haben" allmählich die passive Erwartungshaltung „ihr sollt mir geben" oder die Anspruchshaltung „das steht mir zu".

Diese Haltungen oder Antriebsresiduen sind dem Träger meist nicht bewußt; sie sind das Ergebnis der Triebabwehr, Überbleibsel ehemals vollständiger Antriebe, und steuern das Leben des Menschen, ganz im Sinne der Leitlinie Adlers, oft sehr weitgehend; in ihnen steckt ein unentwickelter, nicht an der Realität geschliffener, archaischer Impuls; archaisch deshalb, weil der in der Kindheit unterdrückte, aus dem Bewußtsein verdrängte Antrieb von der weiteren Reifung der Persönlichkeit ausgeschaltet war und deshalb auf kindlicher Stufe stehenblieb.

Die sozusagen primären Folgeerscheinungen der Hemmung, also der Triebabwehr durch Angstreflexe, sind demnach die Gehemmtheit, die Störung des Selbstwertgefühls und die Haltung. Man könnte den Mechanismus der Hemmung als einer Bewältigungsform menschlicher Konflikte im folgenden einfachen Bild veranschaulichen: Das strömende Wasser eines Flusses wird durch ein Hindernis aufgehalten und dadurch gestaut. Unterhalb der Barriere fließt nun kein Wasser mehr im Flußbett (Gehemmtheit oder Erlebnislücke), aber die gestauten Wassermassen überschwemmen und durchtränken das umliegende Land (Dennoch-Durchsetzung in Form der Haltung). Es ist in dem Bild nur der ökonomische, quantitative Aspekt der Energieverteilung erfaßt und nicht genügend die qualitative Veränderung im Charakter, die infolge der Hemmung zur Störung des Selbstwertgefühls und zu einer verzerrten Wertkategorie in Form von neurotischen Idealen und Ideologien führt.

Als sekundäre und tertiäre Folgen der Hemmung sind zu nennen: die von Schultz-Hencke so benannte Bequemlichkeit, die im Sinne einer Lahmheit und Initiativelosigkeit zu verstehen ist. Sie leitet sich aus der Gehemmtheit, also der Abdrosselung von Antriebsenergie ab. Diese Lahmheit ist wieder *eine* Ursache für Arbeitsstörungen und Fehler in der Arbeitstechnik, für mangelnde Kenntnisse im allgemeinen und auf dem besonderen Fachgebiet des Betreffenden, für lückenhafte Menschenkenntnis und für eine unbefriedigende Freizeitgestaltung.

Da Gehemmtheit und Haltung stets gemeinsam vorkommen, entsteht damit ein Gegensatzpaar und im Neurosekranken eine Ambivalenz zwischen zwei Tendenzen, d. h. eine Zwiespältigkeit, bei der mindestens eine der Komponenten, die Haltung oder die Gehemmtheit, unbewußt bleibt.

Ich verwende den von Bleuler eingeführten und von Freud (Bd. V, S. 99) wohl zum erstenmal 1905 gebrauchten Terminus Ambivalenz in einem speziellen Sinne. Freud benutzt ihn im Rahmen der Libido-Theorie zur Bezeichnung des Triebgegensatzpaares von Liebe und Haß gegenüber derselben Person. Ich möchte darunter eine sozusagen primäre und zu jeder Neurosestruktur gehörige Ambivalenz verstehen, die deshalb auftritt, weil jede Gehemmtheit von der entsprechenden Haltung begleitet ist. Damit entsteht eine Zwiespältigkeit zwischen der Gehemmtheit eines Impulses einerseits und der Dennoch-Durchsetzung dieses Impulses andererseits; sie trägt entscheidend dazu bei, daß der neurotische Mensch im Krieg mit sich selbst steht, wie K. Horney (1951) das ausdrückt. Brody (1956) weist übrigens auf die vielfältige Anwendung des Begriffes Ambivalenz in der Psychoanalyse hin; dies rührt wohl daher, daß der Terminus ursprünglich nicht im Rahmen der psychoanalytischen Theorie geprägt wurde, und daß er bei der Verwendung in verschiedenen psychoanalytischen Schulen jeweils eine andere Nuancierung annimmt. Die (neurotische) Ambivalenz ist übrigens von der (gesunden) Zwiespältigkeit zu unterscheiden, bei der *beide* Motive dem Betreffenden bewußt sind.

Zu den Fehlerwartungen und neurotischen Ansprüchen gehört immer eine Enttäuschtheitsstimmung und eine Vorwurfseinstellung; Vorwürfe, d. h. reaktive Aggressionen, treten dann auf, wenn die (illusionären) Erwartungen enttäuscht werden: „Wie komme ich dazu zu bitten; das ist unter meiner Würde. Ich denke, du liebst mich, wieso errätst du meine Wünsche nicht!" — Auch die Überkompensation, d. h. der überschießende Ausgleich solcher auf Grund von Gehemmtheiten bestehender Mängel und Unfähigkeiten, nimmt ihre Antriebsenergie zum großen Teil aus den Restimpulsen. Ebenso speisen sich die Ersatzbefriedigungen aus den illusionären Erwartungen und Ansprüchen.

Die Störung des Selbstwertgefühls führt ebenfalls zu weiteren neurosenpsychologisch bedeutsamen Folgeerscheinungen. Ohne Selbstwertgefühl könnte schon das Kleinkind nicht leben; Eltern, die das Selbstwertgefühl des Kindes neurotisierend einengen, bieten gleichzeitig einen „Ersatz" dafür: Wenn es auf die Betätigung dieser oder jener Antriebe „verzichtet", wird es damit zum guten, wertvollen Kind. An die Stelle eines auf der Entfaltung eigener Kräfte gründenden Selbstwertgefühls tritt allmählich unter der Dauereinwirkung antriebsfeindlicher elterlicher Erwartungen ein Stolz auf die eigenen „Verzichte" bzw. die Verzichtsbereitschaft. Aus der Not des: Ich darf diese oder jene Bedürfnisse nicht befriedigen, wird die Tugend des: Ich bin (moralisch) besser, weil ich auf die Befriedigung verzichte. Auf diese Weise entwikkelt sich eine pervertierte Wertwelt, und es entstehen falsche Ideale und Ideologien. Dieser von K. Horney (1951) als Selbstidealisierung beschriebene Vorgang führt notwendigerweise zu einer weiteren Folge, dem Selbsthaß, der als Selbstüberforderung, -anklage, -verachtung, -frustration, -quälerei und Selbstzerstörung auftreten kann. Der Mensch haßt oder verachtet jetzt alle Antriebe und Bedürfnisse, deren Befriedigung seinen neurotischen Idealen widerspricht. — Verzicht ist hier in einem besonderen Sinn zu verstehen: Verzicht in engerem Sinne setzt die Verfügbarkeit dessen, worauf verzichtet wird, voraus, in unserem Fall ein volles Erleben von Antrieben und Bedürfnissen. Das Kind hat aber nach dem Gebot der Eltern erlebt: ich darf diese Bedürfnisse nicht haben, und: ich werde geliebt, wenn ich sie nicht habe (Lob der neurotischen „Tugend"). Es blieb dem Kind nichts anderes übrig, als die tabuierten Bedürfnisse vom Bewußtsein auszuschalten; es hatte keine andere Wahl. So müßte man angemessener von einer Lücke des Erlebens sprechen und nicht von einer Fähigkeit oder Bereitschaft zu verzichten. Um der mitmenschlichen Verbundenheit willen auf einen Impuls verzichten kann man nur, wenn man ihn voll erlebt.

Ferner wird ein in seinem Wertgefühl unsicherer Mensch immer besonders empfindlich und verletzlich sein; er wird sich leicht getroffen fühlen. Diese Kränkbarkeit führt regelmäßig zu vermehrten Kränkungen und zur Ausbildung von Rachegefühlen als einer besonderen Form reaktiver Aggressionen; der Vollzug der Rache am anderen dient dazu, das durch die

Kränkung erniedrigte Selbstwertgefühl wieder aufzurichten; Rache gibt Genugtuung (Rache ist süß). Ich brauche kaum hinzuzufügen, daß die Rachetendenzen und ganz besonders der Selbsthaß im allgemeinen dem Träger solcher Regungen nicht bewußt sind, sondern sich meist nur in verkleideter Form durchsetzen.

Das anliegende Strichbild des Strukturmodells darf nicht nur einlinig und in einer Richtung gelesen werden, so als ob z. B. die Arbeitsstörungen nur die Folge von Lahmheit und

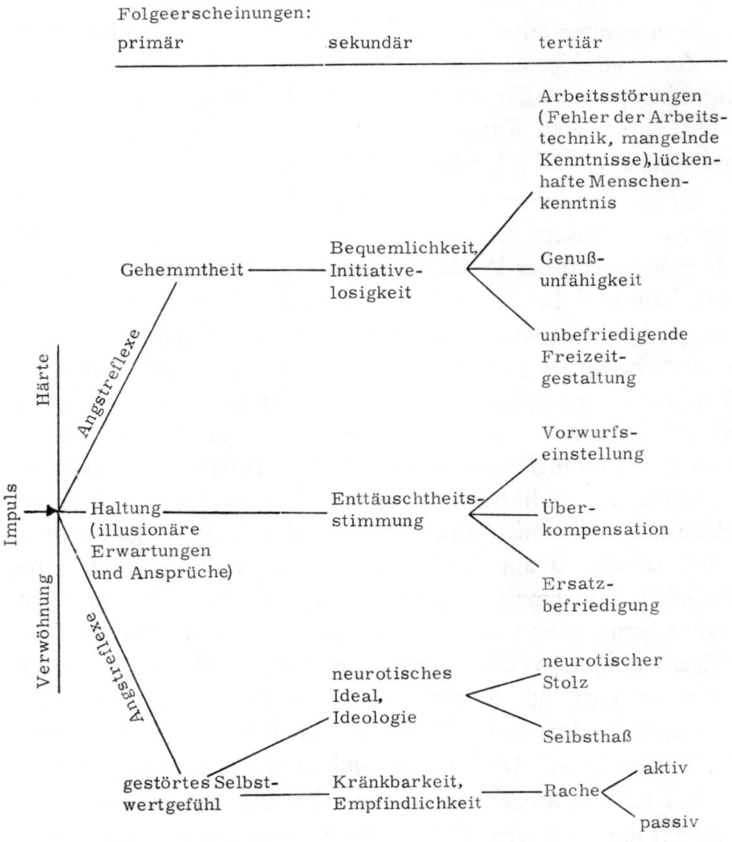

Gehemmtheit und nur Folge und nicht auch Grund wären. In Wirklichkeit handelt es sich bei einer Neurose um eine Gestalt, eine Struktur, in der jeder Teil zu jedem anderen in wechselseitiger Abhängigkeit steht. Die Folgeerscheinungen der Hemmung beeinflussen und verstärken sich gegenseitig, so daß z. B. die (einmal vorhandenen) Arbeitsstörungen (Heigl 1969) umgekehrt wieder die Lahmheit und die Gehemmtheit verstärken; außerdem sind Arbeitsschwierigkeiten natürlich auch Folge der illusionären Erwartungen und der Störung des Selbstwertgefühls ebenso wie Ersatzbefriedigung und Überkompensation zu ihrer Entstehung beitragen können. — Genetisch betrachtet entwickelt sich die neurotische Struktur etwa in der geschilderten Folge; einmal ausgebildet, ist mehr die Interdependenz aller Bestandteile und ihre jeweilige Bedeutung im sozialen Kontext (adaptiver und psychosozialer Gesichtspunkt, Heigl 1969) zu betonen. —

Ich bin mir bewußt, daß es sich bei diesem Strukturmodell um ein abstraktes, individualistisches Schema handelt. Es wird abstrahiert von der Wechselwirkung von Individuum und Gesellschaft und bes. von der zwingenden Einwirkung gesellschaftlicher patterns, d. h. durch die herrschenden Produktionsverhältnisse und die Inthronisation eines (bestimmten) Konkurrenzprinzips, durch den Sozialcharakter und durch die Vermittlung von Normen über Klassen- und Schichtzugehörigkeit. Individualistisch ist das Modell insofern, als von einer Entwicklung kindlicher Antriebe und Bedürfnisse und deren Hemmungen in der Primärgruppe der Familie gesprochen wird, so als ob am Anfang das Individuum in seiner Einmaligkeit und Einzigartigkeit stünde, das nur leider im Zuge seiner Sozialisation immer mehr gehemmt und entindividualisiert werde. In Wirklichkeit ist der Mensch Mitmensch, lange bevor er auch Individuum ist; „er ist ein Moment der Verhältnisse, in denen er lebt, ehe er sich vielleicht einmal selbst bestimmen kann" (Adorno und Dirks 1956).

So ist dieses Modell cum grano salis zu lesen, mit dem Wissen um die an diesem Ort nötige Abstraktion und um seinen überspitzt individualistischen Charakter.

7. *Ableitung der prognostischen Kriterien aus der neurotischen Struktur des Patienten*

Aus dieser Darstellung des Strukturmodells dürfte es sich verstehen, daß vor allem die primären Folgeerscheinungen der Hemmung im konkreten Fall wertvolle Kriterien für die Prognose sind. Bildlich gesprochen repräsentieren Gehemmtheit, Störung des Selbstwertgefühls und Haltung (Fehlerwartungen) die Wurzeln der neurotischen Struktur.

Sehen wir uns die *Gehemmtheit* auf ihre prognostische Wertigkeit an. Das *Ausmaß* der Gehemmtheit ist nur schwer zu bestimmen, weil nahezu jeder Mensch seine durch sie bedingten Behinderungen zu kompensieren versucht. Nur in den Fällen, wo die Gehemmtheit bereits deutlich sichtbare Formen angenommen hat — also zur Gehemmtheit oder „Hemmung" im populären Sinne geworden ist —, ist sie von prognostischer Valenz: Ein Patient, der sich kaum zur Tür im Praxiszimmer hereintraut, der beim Eintreten an der Wand entlangschleicht, der mit dünner oder piepsiger Stimme spricht und keinerlei Fragen stellt, der betont brav und artig auf der vordersten Stuhlkante sitzt, zeigt schon durch dieses Verhalten seinen Mangel an Vitalität, an Durchsetzungskraft. Daraus wird man auf eine schwere Neurose mit allen dazugehörigen Folgeerscheinungen schließen können, falls andere prognostische Kriterien in dieselbe Richtung weisen.

Ein valenteres prognostisches Merkmal als das Ausmaß der Gehemmtheit läßt sich aus dem *Verhältnis* von Gehemmtheit und Haltung ablesen. Schwidder (1959) unterscheidet eine Gehemmtheits- und eine Haltungsstruktur, je nachdem die Gehemmtheit, also die Ausschaltung der Antriebsenergie, oder die Haltung, d. h. die Dennoch-Durchsetzung der unterdrückten Antriebe z. B. in Form von (illusionären) Erwartungen und Ansprüchen dominiert; immer kommen ja Gehemmtheit und Haltung gemeinsam vor, jedoch überwiegt jeweils eine von beiden.

Die Gehemmtheitsstruktur entspräche dabei etwa K. Horneys (1951) Lösung des Sich-selbst-Auslöschens (self-effacing solution), die Haltungsstruktur der von ihr sogenannten expansiven Lösung.

Die Feststellung einer Gehemmtheits- oder Haltungsstruktur gibt zugleich den prognostischen Hinweis auf ein echtes oder auf ein neurotisches Leidensgefühl, eine Differenzierung, die schon bei den phänomenalen Kriterien erwähnt wurde. Der Patient mit einer Gehemmtheitsstruktur leidet im allgemeinen mehr an seinen Gehemmtheiten als der mit einer Haltungsstruktur; der Leidensdruck ist größer; er spürt seine innere Behinderung und seine Unfähigkeit stärker; vor allem aber ist sein Leidensgefühl mehr real bedingt, d. h. bezogen auf tatsächliche Behinderungen.

Als Beispiel für ein solches echtes Leidensgefühl sei ein 35jähriger Lehrer erwähnt, der nach dem Bericht seiner vielfältigen Störungen (Atembeschwerden, Herzjagen, Gedankenabreißen besonders bei öffentlichem Auftreten, allgemeine Hemmungen, Schwächeanfälle, Einschlafstörungen) den Analytiker fragte: „Glauben Sie, Herr Doktor, daß die Schwierigkeiten, Hemmungen und Spannungen, von denen ich Ihnen berichtet habe, durch eine psychotherapeutische Behandlung angegangen werden können?" Den Patienten interessiert also mehr die Therapierbarkeit seiner „Ich-näheren" Schwierigkeiten als die seiner „Ich-ferneren" Symptome. Er zeigt somit die Einsicht, daß die Probleme *in ihm* liegen; er strebt nicht bloß eine Beseitigung der durch die Symptomatik bedingten äußeren Behinderung an.

Patienten, die bei der Anamnesenerhebung vorwiegend von ihren eigenen Schwierigkeiten reden, sind meist prognostisch günstiger zu beurteilen als solche, die ihre Symptomatik in den Vordergrund ihres Berichtes stellen und eigene Probleme nur ganz am Rande erwähnen. Dies gilt allerdings nicht für jene Patienten, die ihre Behinderung sekundär finalisiert (siehe S. 29 f.), also damit einen Vorteil im Auge haben — z. B. eigene Hilflosigkeit und Unfähigkeit als Mittel, den Therapeuten zu vermehrter Bemühung anzustacheln.

Die Haltungsstruktur bewirkt eher ein *neurotisches* Leidensgefühl. Der Betreffende leidet nicht so sehr daran, daß er das Leben nicht gestalten und genießen kann, an seinen eigenen Schwierigkeiten oder wenigstens an der Behinderung durch die Symptomatik; ihn stört, oder genauer, ihn kränkt vielmehr, daß er mit seinem (neurotischen) System der Weltbewältigung (i. e. dem Gefüge seiner Haltungen) keinen Erfolg hat. Solche Patienten setzen von vornherein dem Bestreben des Therapeuten, ihnen ihre Fehlerlebnis- und Fehlverhaltensweisen nahezubringen, größten Widerstand entgegen; sie erleben die Aufdeckung von Erlebnislücken als beschämend. Als Beispiel dienten der Patient mit dem Händezittern und die 40jährige Frau mit der Erythrophobie (siehe S. 40 u. 42).

Wegen der Wichtigkeit, die meines Erachtens der Unterscheidung in echtes und neurotisches Leidensgefühl zukommt — wie oft hört man von Ärzten und auch Psychotherapeuten, der Patient zeige als positives prognostisches Kriterium einen starken Leidensdruck, wobei es sich dann jedoch um ein vorwiegend neurotisches Leidensgefühl handelt —, sei noch eine weitere Fallskizze gebracht: Eine 45jährige Frau erzählt sehr ausführlich, daß ihr Mann sich wenig um sie kümmere, nicht auf sie eingehe und einfach kein Gefühl für sie habe. Nur nebenbei berichtet sie von ihren verschiedenen körperlichen Symptomen und einem stundenlang anhaltenden Zwangsweinen. Leidenschaftlich erregt endet sie: „Herr Doktor, es geht so nicht mehr weiter; Sie müssen mir unbedingt helfen!" Da die schweren Vorwürfe gegen ihren Mann unverkennbar waren, frage ich die Patientin, ob ich mehr ihr oder ihrem Mann helfen müsse. Darauf sie glückstrahlend: „Ja, genau, Herr Doktor, meinem Mann müssen Sie helfen; der braucht es eigentlich. Ich könnte das Weinen auch sein lassen, wenn er nur nicht mehr so egoistisch wäre."

Diese Patientin leidet also nicht an ihren Gehemmtheiten oder deren Auswirkungen, auch nicht einmal in erster Linie an der Störung durch die Symptome; sie leidet vielmehr daran, daß sie mit ihrem System (orale Haltungen) scheitert, daß nicht einmal ihr Weinen den Mann dazu bewegen kann, seinen „Egoismus" aufzugeben. Ihre Art des Leidens hat eine Funktion bekommen; sie will damit das Mitleid und die Hilfsbereitschaft der anderen (nicht nur des Therapeuten) erregen; sie will mit ihrer Vorwurfshaltung Erfolg haben und hat gerade durch sie Mißerfolg. Ihre vorwurfsvolle Einstellung bewirkt Abwehr beim Partner, und dadurch entsteht ein Circulus vitiosus, indem sie daraus den Schluß zieht, man dürfe eben seine Wünsche (in Wirklichkeit Ansprüche) nicht ausdrücken. Die Äußerung ihres Leidensgefühls ist Ausdruck ihrer aus Enttäuschung von Fehlerwartungen geborenen Vorwürfe gegen ihren Mann und stellt den Versuch dar, das jeweilige Gegenüber zur Empörung über ihren Mann anzustacheln. Dieses Leidensgefühl ist *kein* Motor, die Ursachen der Beschwerden zu ergründen. Für solche Patienten gilt, daß sie nur geringen oder gar keinen Zugang zu ihren eigentlichen Behinderungen und die darum zentrierten Konflikte haben; ihre Haltungen und die sekundären und tertiären Verarbeitungen der Gehemmtheit wie Überkompensation, Passivität und Bequemlichkeit, fehlerhafte Arbeitstechnik versperren ihnen den Weg dazu.

Warum eigentlich ist der Leidensdruck, den ich, wie gesagt, noch durch ein so oder so geartetes Leidensgefühl ergänzen möchte, in allen psychoanalytischen Schulen eines der wichtigsten prognostischen Kriterien? Vornehmlich drei Gründe sind anzuführen:

1. Der Leidensdruck und das echte Leidensgefühl veranlassen den Patienten, sich um die Aufklärung der Ursachen seiner Symptome zu bemühen, die dabei auftretende Unlust zu ertragen, also die Unlustschranke oder Schmerzbarriere (Rado 1956) zu überwinden. Mit anderen Worten: Der Leidensdruck steigert die Frustrationstoleranz des Patienten, d. h. seine Bereitschaft und Fähigkeit, Unlust und Leiden zu ertragen. Oder wie ein Mystiker es ausgedrückt hat: Leiden ist das schnellste Tier, das uns zur Vollkommenheit trägt.

2. Nur wenn das Leiden an den eigenen Behinderungen oder an der Symptomatik größer ist als der Gewinn aus der Krankheit, wird es für den Patienten notwendig, sich zu ändern und deshalb in der Analyse mitzuarbeiten. Die Notwendigkeit ist der beste Ratgeber, sagt Goethe in den Annalen.

3. Ohne Leidensdruck und echtes Leidensgefühl gibt es im allgemeinen keine sogenannte Krankheitseinsicht, d. h. Einsicht in die durch Gehemmtheiten bewirkten wahren Behinderungen.

So gilt auch heute noch, was F r e u d 1913 in seiner Schrift „Zur Einleitung der Behandlung" (Bd. VIII, S. 477) sagte: „Der nächste Motor der Therapie ist das Leiden des Patienten und sein daraus entspringender Heilungswunsch. Von der Größe dieser Triebkraft zieht sich mancherlei ab, was erst im Laufe der Analyse aufgedeckt wird, vor allem der sekundäre Krankheitsgewinn, aber die Triebkraft selbst muß bis zum Ende der Behandlung erhalten bleiben; jede Besserung ruft eine Verringerung derselben hervor."

Als weitere primäre Folgeerscheinung wurde die *Störung des Selbstwertgefühls* genannt; Art und Intensität dieser Störung liefern einen meiner Ansicht nach besonders wichtigen prognostischen Hinweis. Das gestörte Selbstwertgefühl ist nicht unmittelbar abzuschätzen, sondern nur mittelbar aus seinen Folgeerscheinungen zu erschließen.

Wie schon kurz erwähnt, sind vor allem vier Folgen anzuführen: die (neurotische) Idealbildung, die Verletzlichkeit oder Kränkbarkeit, der Selbsthaß und die Rache.

Überwiegt beim Patienten ein (neurotisches) *Ideal* oder aber eine *Ideologie*, ist die erste Frage. Beide haben die Funktion, das gesunde Selbstwertgefühl zu „ersetzen" und aus der Not, aus dem Unvermögen der Gehemmtheit, die Tugend, das Ertragen-Können der Antriebseinbuße, zu machen. Was nach A. E. M e y e r (1969) bei allen Abwehrvorgängen zu beobachten ist, der narzißtische Gewinn des Selbstbetruges, ist bei neurotischer Ideal- und Ideologiebildung im verstärkten Maße anzutreffen. Unter Ideologie verstand S c h u l t z - H e n c k e* eine *systematisierte* neurotische Idealbildung. Mit der Ideologie wird eine persönliche Gehemmtheit (z. B. Bescheidenheit) einer allgemein-menschlichen Tugend gleichgesetzt; das neurotische Ideal wird noch zusätzlich gestützt und ins Allgemeingültige erhoben durch Anlehnung an die Normen von Institutionen oder an berühmte Gestalten der Weltgeschichte.

Wenn ein aus neurotischen Gründen homosexueller Patient mehr oder minder stolz darauf hinweist, daß die Griechen, Leonardo da Vinci, Friedrich der Große und der junge

---

* Mündliche Mitteilung.

Goethe auch homosexuell gewesen seien, so gibt er damit seiner erworbenen Störung eine spezielle Berechtigung, ja, er verherrlicht sie auch noch und macht sich damit gleichzeitig zu einem Besonderen und Auserwählten. — Ein solcher Patient wird ohnehin den Psychotherapeuten meist nur dann aufsuchen, wenn er (etwa im Fall einer Pädophilie) gerichtlich belangt wird und sich durch Nachweis einer psychotherapeutischen Behandlung eine mildere Beurteilung durch den Richter erhofft. — Es dürfte einleuchten, daß eine Ideologie fast immer das Zeichen einer schweren Neurose ist, zeigt doch ihr Träger damit die innere Notwendigkeit, sein eigenes (unsicheres) Wertgefühl etwa an genialen Gestalten der Weltgeschichte abzustützen, um sich in der Gleichsetzung mit diesen aufzuwerten. Und wie soll man als durchschnittlicher Analytiker gegen solche genialen Bundesgenossen des Patienten ankommen! Denn das passiert in der Analyse eines ideologisch fixierten Patienten: Der Patient verschanzt sich hinter seinen berühmten Vorbildern und kämpft „erbittert" um den Bestand seiner die Neurose stabilisierende Ideologie.

So geschah es auch bei einem 20jährigen an Enuresis leidenden Patienten, der seine antriebsfeindlichen Werte und Ideale auf eine Institution, in seinem Falle die katholische Kirche stützte. Immer, wenn es in der Analyse um sein Nicht-nein-sagen-Können ging, versuchte er seine uferlose (zwanghafte) Gebebereitschaft und seine Unfähigkeit, sich gegen Ansprüche und Forderungen anderer abzugrenzen, mit der Lehre der katholischen Kirche — so wie er sie verstand — zu erklären und zu verherrlichen: Christus und Franziskus von Assisi hätten doch auch alles verschenkt und Gebebereitschaft gepredigt; ob ich sagen wolle, sie seien beide Neurotiker.

Das technische Problem des Umgangs mit solchen Widerständen interessiert in diesem Zusammenhang nicht; hier geht es darum festzustellen, daß Ideologien eine Neurose immer stabilisieren und chronifizieren. Die neurotisch pervertierte Wertordnung wird durch eine Ideologie in viel stärkerer Weise verteidigt als durch ein Ideal. Fast unnötig hinzuzufügen, daß es einiger Erfahrung bedarf, um Ideologien und deren Ausmaß mit Hilfe einer tiefenpsychologischen Anamnese zu ermitteln.

Als einen weiteren Hinweis auf ein gestörtes Selbstwertgefühl nannte ich die *Verletzlichkeit* und *Überempfindlichkeit* von Patienten. Menschen, die leicht gekränkt und beleidigt sind, die sich bei jeder Gelegenheit persönlich getroffen fühlen, zeigen damit, wie schnell sie aus dem seelischen Gleichgewicht geraten; sie sind in ihrem Wertgefühl weitgehend auf die Bestätigung durch andere angewiesen. Die Antwort des Patienten auf die anamnestische Frage: Wie reagieren Sie, wenn andere Sie kritisieren?, gibt einem Auskunft über die Festigkeit oder Anfälligkeit des Selbstwertgefühls. Ich frage regelmäßig bei der Anamnesenerhebung den Patienten, an welchem Punkt er empfindlich sei; fast alle Menschen hätten doch ihre wunden Stellen. Wer darauf antwortet: „Ich komme mir immer dumm und ungebildet vor, wenn jemand intelligenter ist als ich" oder „ich verstehe den anderen leicht falsch, ich bin sehr leicht beleidigt" oder „ich bin immer ganz fertig, wenn mich einer irgendwie kritisiert" oder „wenn man an meiner Leistung herummeckert, dann bin ich sofort gekränkt, wenn ich es auch äußerlich nicht zeige", signalisiert anschaulich seine mindere Selbsteinschätzung (hinsichtlich bestimmter Fähigkeiten) beim Vergleich mit anderen; in dieser Weise würden vor allem mehr depressiv strukturierte Patienten reagieren. Außerdem kann sich die Überempfindlichkeit gegen Kritik — und damit indirekt der (sekundäre) Narzißmus des Patienten (Fromm 1964) — auch darin ausdrücken, daß der Patient Kritik anderer nicht ernst nimmt und sie von vornherein als ungerechtfertigt abtut; das wäre die Reaktion mancher zwangsneurotischer und schizoider Patienten. Oder aber, und das leitet über zur nächsten Folge eines gestörten Selbstwertgefühls, der Kritisierte geht zum Gegenangriff über, er rächt sich.

So sehe ich als einen besonders feinen Indikator für Art und Umfang des gestörten Wertgefühls die Art und das Ausmaß der *Rachetendenzen* bei Patienten an. Vor allem K. Horney (1951) hat die Rache als ein im menschlichen Verhalten häufig verwandtes Mittel beschrieben, das dazu dient, ein geknicktes Selbstwertgefühl wieder aufzurichten. A. Heigl-Evers (1968) hat an Fallbeispielen ebenfalls die Rolle der Rache als Gekränktheitsaggression hervorgehoben. Fromm (1964) stellt die Rache, die individuelle wie die nationale, als sehr häufige Reaktion auf verwundeten Narzißmus hin und erklärt sie mit der Notwendigkeit des Rächers, die Wunde dadurch zu „heilen", daß der Kränkende physisch oder moralisch vernichtet wird.

Ich habe an anderer Stelle (1962) zwischen aktiver und passiver Rache unterschieden. Bei der aktiven Form wendet sich der Betreffende in feindseliger — nicht nur in aggressiver — Absicht gegen den anderen. Unter passiver Rache — etwa synonym mit K. Horneys (1951) Begriff des masochistischen Triumphes — ist die (zwanghafte) Tendenz eines Menschen zu verstehen, durch eigenes Leiden, durch Wendung der Gekränktheitsaggression gegen sich selbst, über den anderen moralisch zu triumphieren.

Das Ausmaß der Rachetendenzen ist ein ziemlich genauer Maßstab für die Intensität der Störung des Selbstwertgefühls. Sind stärkere Rachetendenzen vorhanden oder handelt es sich gar um den Charaktertyp des arroganten Rächers (Horney 1951), so weist dies auf eine stärkere Kränkbarkeit des Patienten und damit auf eine schwerere neurotische Struktur hin. In geringerem Umfang hat wohl jeder Mensch gelegentlich die Neigung, sich für erlittene Unbill zu rächen; aber der Gesunde wird lieber seine Kräfte für konstruktive Ziele einsetzen als für destruktive Rache. Fromm (1964) drückt das so aus: „Auf der anderen Seite hat der produktiv lebende Mensch kein — oder kaum ein — solches Bedürfnis (sc. nach Rache). Selbst wenn er verletzt oder beleidigt worden ist, läßt ihn gerade der Prozeß des produktiven Lebens das Unrecht der Vergangenheit vergessen. Die Fähigkeit zu produzieren erweist sich als stärker als der Wunsch nach Rache" (eigene Übersetzung).

Ein Beispiel für aktive Rache (Heigl 1962): Ein 18jähriger dissozialer Jugendlicher war wegen mehrfachen Stehlens von weiblicher Unterwäsche in einem geschlossenen Heim für Schwererziehbare untergebracht worden. Wegen guter Führung wurde er nach ein paar Wochen Heimaufenthalt Freigänger, d. h. er konnte in der Stadt nach Stundenlohn arbeiten; er wurde zusammen mit einem anderen Heiminsassen damit beschäftigt, auf dem Bahnhof Kohlen aus einem Eisenbahnwaggon herauszuschaufeln. Er arbeitete (ohne äußere Notwendigkeit) wie ein Pferd. Gegen Mittag begann es in Strömen zu regnen, und der Vorarbeiter erlaubte den beiden Jungen, sich im nahen Güterschuppen unterzustellen. Ausgerechnet jetzt kam der Chef der Kohlenhandlung vorbei — er hatte noch nicht gesehen, wieviel Kohlen sie bereits entladen hatten — und fuhr die beiden an: „Na, ihr macht's euch ja auch leicht, ihr habt wohl nichts mehr zu tun?" Zunächst verschlug es ihnen die Sprache ob solcher Ungeheuerlichkeit. Als der Chef verschwunden war, tauchten Racheimpulse bei den beiden auf. Tödlich beleidigt, wollten sie trotz des strömenden Regens die schon ausgeladenen Kohlen wieder in den Waggon zurückschaufeln. „Und wenn ich bis Mitternacht hätte schaufeln müssen —, es wäre mir eine ungeheure Genugtuung gewesen! Dann wären wir wieder quitt." Das Ungeschehenmachen des Erfolges der Arbeit rechtfertigt sozusagen den Tadel der Faulheit: „Wenn er mir schon solche Vorwürfe macht, dann soll er wenigstens recht haben". Hier fehlt das Gefühl der Gleichberechtigung, aus dem heraus der Jugendliche den Tadler auf sein Unrecht aufmerksam machen könnte.

Wenn in diesem Fall auch, wie bei jeder Rache, eine selbstschädigende Komponente (er macht sich ja dadurch nur zusätzliche Arbeit und handelt sich eine Beschwerde des Chefs ein) im Spiele ist, so ist diese doch nur eine Begleiterscheinung im Vollzug der (aktiven) Rache, die primär auf Schädigung des anderen ausgerichtet ist. Anders steht es mit der passiven Rache oder dem masochistischen Triumph. Dieser Reaktionsform ist eigen, daß sich der Betreffende am anderen rächt, ihn moralisch zu vernichten sucht, indem er sich selbst schädigt oder (unbewußt-absichtlich) schädigen läßt.

Als Beispiel für passive Rache sei von einem 17jährigen Dissozialen (H e i g l 1962 und 1964) — Stehlen, Unterschlagung, Weglaufen — berichtet, der sich in analytischer Gruppentherapie befand. Es war gerade das Thema Durchsetzung und Selbstbehauptung gegenüber anderen Heiminsassen in der Gruppe akut, und die Frage erhob sich, wie man sich gegen Angriffe und Übergriffe der anderen Jungen zur Wehr setzen könne. Der asthenische 17jährige meinte dazu: „Wenn man mir einen Tritt versetzt, dann warte ich nur auf den zweiten. Ja, ich bin eigentlich enttäuscht, wenn der nicht kommt. Ich sage dann meist auch: ‚Nun, ist das alles?'" Er gibt dann später auf Befragen eines anderen Gruppenmitglieds zu, daß er auf diese Methode besonders stolz sei, weil er sich so dem Übeltäter moralisch überlegen fühlen könne. Die tatsächliche vitale Unterlegenheit in einer aggressiven Auseinandersetzung wird in eine moralische Überlegenheit umgemünzt.

Im allgemeinen ist die passive Form der Rache prognostisch ungünstiger als die aktive, und zwar vor allem aus zwei Gründen:

1. Die passive Rache oder der masochistische Triumph signalisiert den Zusammenbruch der Lustkontrolle (Rado 1956). Die primitivste und umfassendste Funktion des Organismus, Lust zu suchen und Unlust zu meiden, ist bei diesem Mechanismus, wo der Betreffende mittels eigenen Leidens seine Rache am anderen sucht, aufgehoben. So ist der masochistische Triumph das Zeichen einer vitalen Störung.
2. Diese passive Rache ist die wohl häufigste Ursache für die zuerst (1923) von Freud (Bd. XIII, S. 278—279) beschriebene negative therapeutische Reaktion des Patienten. Freud bezeichnet diese als das größte Hindernis für die Heilung, größer als die narzißtische Unzugänglichkeit des Patienten, seine negative Einstellung gegen den Arzt und sein Haften am Krankheitsgewinn. Unter negativer therapeutischer Reaktion ist bekanntlich die Tendenz mancher Patienten zu verstehen, auf jede Besserung in der Analyse, ja auch schon auf die bloße Vorstellung eines eigenen Fortschrittes, mit einer Verschlechterung des Allgemeinbefindens oder der Symptomatik zu reagieren. Der Betreffende erlebt anstelle von Erfreutheitsgefühlen Verpflichtungsgefühle: Ich muß dankbar sein, ich muß jetzt noch mehr beweisen, daß ich diese Besserung wirklich wert bin. — Es sind dies Folgen einer früher erlebten „bedingten Liebe", gegen die der Patient in der Form des masochistischen Triumphes protestiert.

Ich sagte vorher, im *allgemeinen* ist die passive Rache prognostisch ungünstiger als die aktive. Ist nämlich die aktive

Rache nicht bloß *eine* wenn auch stärker ausgeprägte Tendenz in einer Persönlichkeit, sondern das vorherrschende Charaktermerkmal, dann ist sie prognostisch genauso fragwürdig wie die passive Form der Rache. Dies gilt für den arroganten Rächertyp, wie ihn K. Horney (1951) detailliert beschrieben hat. Bei diesen Menschen ist (aktive) Rache zur Leitlinie und Hauptbewältigungsform des Lebens geworden, und alle mitmenschlichen Gefühlsbedürfnisse (z. B. dem anderen zu gefallen), die einen so starken Anreiz für den Gesundungswillen darstellen, sind nahezu erloschen.

Außerdem — und das schränkt die vorherige prognostische Aussage über die aktive und passive Form der Rache nochmals ein — gibt es Patienten mit passiver Rache, bei denen in diesem Mechanismus gleichzeitig der Appell an das Mitgefühl der anderen steckt. Am Beispiel eines Patienten mit endogenem Ekzem hat A. Heigl-Evers (1966) dargestellt, daß der Patient bei Kränkungen die aktiven Racheimpulse verdrängt und stattdessen in Form der passiven Rache den anderen beschämen, moralisch demütigen will; damit aber appelliert der Patient gleichzeitig an die mitmenschlichen Gefühle des anderen und möchte im Grunde den Nächsten rühren und berühren. Der Patient signalisiert, daß er auf Verbundenheit noch nicht völlig verzichtet hat, was der arrogante Rächertyp (Richard III.) dagegen oft weitgehend tut.

Als vierte Folgeerscheinung der Störung des Selbstwertgefühls nannte ich den *Selbsthaß* in seinen verschiedenen Formen. Stärke des Selbsthasses, Höhe des Ideals und Ausmaß des gestörten Selbstwertgefühls liegen auf derselben Linie oder mit anderen Worten: Je höher, je unmenschlicher das Ideal im Sinne des idealisierten Bildes von sich selbst (K. Horney 1951), desto stärker ist der Selbsthaß bei Nichterfüllung der Idealforderung, und desto schwerer ist das Selbstwertgefühl gestört.

Der Selbsthaß und seine Wirksamkeit ist aber nur schwer beim Patienten festzustellen. Er wird auch vom Patienten selbst nur sehr selten wahrgenommen oder in seiner Wertigkeit richtig eingeschätzt; der Patient bewahrt sich vor dem Selbsthaß durch Abwehr- und Schutzmechanismen; sie dienen immer gleichzeitig der Abwehr verpönter Antriebe wie dem Schutz vor dem Selbsthaß. Technisch-therapeutisch ist es wichtig, jeweils mehr das eine oder das andere anzusprechen. Selten kann man bei der Anamnesenerhebung Genaueres über Art und Ausmaß des Selbsthasses erfahren, es sei denn aus Träumen — aber es mag sein, daß wir nur noch nicht gelernt haben, unter diesem Aspekt genau genug zu beobachten.

Selbsthaß eignet sich demnach als prognostisches Merkmal im allgemeinen nicht. Eine Ausnahme bilden nur masochistische Charaktere, wie K. Horney (1951) Lösung des Sich-selbst-Auslöschens (self-effacing solution), Schultz-Henckes depressive Strukturen. Diese Patienten äußern offen ihre Selbstvorwürfe, Schuldgefühle oder ihre Tendenzen, sich selbst herabzusetzen und zu verachten, oder sie demonstrieren den Selbsthaß geradezu durch ihr entschuldigendes und sich selbst auslöschendes Verhalten. In solchen Fällen ist Selbsthaß ein prognostisches Zeichen. Wenn ein (depressiver) Patient sich selbst als ganz kleines Würstchen bezeichnet, oder wenn sich eine agoraphobe Patientin bei der ersten Anamnesenerhebung hinsetzt und mit der Bemerkung beginnt „ich bin das Opfer", dann sind das Hinweise auf stärkeren Selbsthaß in Form von Selbstverachtung und Selbsterniedrigung, Hinweise gleichzeitig auf ein schwerer gestörtes Selbstwertgefühl und damit auf eine schwerere neurotische Struktur. Es ist klar, daß solche Äußerungen nicht nur Ausdruck von Selbsthaß sind, sondern außerdem häufig eine sekundäre Finalisierung anzeigen: Der andere soll auf dem Wege des Mitleids zu einer vermehrten Hilfeleistung moralisch gezwungen werden.

Nochmals: Selbsthaß ist im Rahmen eines diagnostischen Interviews schwierig festzustellen und daher prognostisch von untergeordneter Bedeutung. Tritt er — wie bei depressiven Strukturen — offen zutage, so zeigt er im Falle eines stärkeren Ausmaßes eine schwere neurotische Struktur an; seine Mitwirkung bei den psycho-somatischen Störungen ist noch unklar (siehe S. 21). Im allgemeinen sind Art und Umfang des Selbsthasses leichter aus Art und Umfang der Ideal- bzw. der Ideologiebildung zu erschließen.

Bisher wurden prognostische Kriterien aus der Art der Grundstruktur (Gehemmtheits- oder Haltungsstruktur) und aus Art und Umfang der Störung des Selbstwertgefühls samt deren Folgeerscheinungen abgeleitet. Zu den primären Folgen der Hemmung gehört auch noch die Haltung oder der Restimpuls, insbesondere in Form der Riesen- und Fehlerwartungen. Auch aus ihrer Stärke sind prognostische Merkmale abzulesen. Dabei korrespondiert der Schultz-Hencke-sche Begriff der Erwartungshaltung mit K. Horneys (1951) „neurotic claims" und mit Rados „verschiedenen Ebenen des Behandlungsverhaltens" auf seiten des Patienten. Rado (1956) unterscheidet vier Ebenen des Behandlungsverhaltens, vier Einstellungen von Patienten, die deren vorherrschende Übertragungsbereitschaft und damit die Art der Zusammenarbeit mit dem Analytiker anzeigen — wobei die Art der Mitarbeit des Patienten natürlich nicht *nur* aus seiner Übertragung resultiert (Heigl 1966).

Die verschiedenen Ebenen des Behandlungsverhaltens des Patienten (nach Rado, etwas modifiziert):

Die dominanten Übertragungsbereitschaften des Patienten und entsprechenden Arten der Zusammenarbeit mit dem Psychotherapeuten:

erwachsen, realistisch:

die *strebende* Einstellung:	**Ich arbeite gern mit dem Analytiker zusammen; dies ist meine Chance zu weiterem Wachstum.**
die *selbstvertrauende* Einstellung:	**Ich muß in der Analyse lernen, wie ich mir selbst helfen kann (Analyse als Hilfe zur Selbsthilfe).**

kindlich, regressiv:

die *Kind-Eltern*-Einstellung:	**Wenn ich als braves und gehorsames Kind den Erwartungen des Arztes entspreche, dann wird er mich heilen (vertrauensselig-übergefügiges Verhalten).**
die *magische* Einstellung:	**Der Analytiker muß alles für mich tun — durch Magie.**

Als unterste Ebene ist die *Einstellung magischer Erwartungen* des Patienten zu nennen, deren Wesen etwa folgendermaßen verwörtert werden kann: Der Arzt muß alles für mich tun, er kann mit seiner Macht jeden Erfolg bei mir erzielen. Der Patient stattet den Therapeuten mit magischen Qualitäten, ja mit Allmacht aus.

Eine solche magische Erwartung gegenüber dem Therapeuten wurde bei einer 45jährigen Frau mit einer seit 10 Jahren bestehenden schwersten Zwangssymptomatik offenbar. Sie berichtet in der ersten Sitzung zunächst relativ lebhaft von ihren Symptomen, wird aber im Verlauf der Stunde immer unwilliger und wortkarger. Von mir darauf angesprochen, sagt sie: „Ich dachte eigentlich, es ginge alles gleich weg." Und das bei einer *zehnjährigen* Zwangssymptomatik und in *einer* Sitzung! Sie trifft dann auch keine weitere Verabredung mit mir; sie ist enttäuscht, daß der Analytiker bei ihr nichts bewirkt, also nicht gezaubert hat. Natürlich signalisiert diese magische Einstellung eine allerschwerste neurotische Struktur; ein solcher Patient will nicht an seiner Gesundung mitwirken, fordert vielmehr vom Therapeuten, daß dieser Wunder an ihm wirke.

Dieselbe Orientierung (wenn auch schwächer ausgeprägt) verrät eine 30jährige Patientin mit hysterischer Charakterstruktur und stärkeren schizoiden Zügen, wenn sie sich geradezu weigert, vor Beginn der Behandlung Genaueres über Art und Weise der Zusammenarbeit mit dem Therapeuten zu erfahren: „Ich will nichts wissen; warum soll ich? Sie wissen das ja doch besser als ich." Auch sie erwartet die Heilung allein durch den Einsatz des Analytikers, und außerdem will sie in typisch hysterischer Weise nicht an reale Voraussetzungen erinnert werden; sie will nichts wissen von realen Bedingtheiten wie Dauer der einzelnen Sitzung und voraussichtlicher Dauer der Therapie, Honorar, ihrem Anteil an der gemeinsamen Arbeit, Grundregel, Umgang mit dem Traum und anderem; sie will frei von jeder „Einengung" bleiben und überläßt damit gleichzeitig das ganze Geschehen dem Analytiker.

Zu dieser Gruppe gehören Patienten, die vor Beginn der Behandlung nicht nach der Art der Zusammenarbeit, der Dauer der Behandlung, den Kosten und den Erfolgschancen fragen.

Zur Bestimmung der illusionären (unbewußten) Erwartungen eines Patienten, d. h. im Radoschen Sinne der Einordnung in eine der Ebenen des Behandlungsverhaltens, eignet sich besonders gut die schon früher kurz erwähnte Alexandersche Versuchsinterpretation (siehe S. 82). Alexander empfiehlt, so früh wie möglich, also schon bei der Anamnesenerhebung, eine Versuchsinterpretation, d. h. eine Art Reizinterpretation zu geben. Selbstverständlich setzt sie eine genauere Kenntnis der Struktur des Patienten voraus. Die Reaktion des Patienten auf eine solche Versuchsinterpretation gibt Auskunft über:

1. seine Fähigkeit zur Einsicht,
2. Art und Ausmaß seines wahrscheinlichen Widerstandes — ich würde statt von Widerstand lieber von der Angst, sich zu ändern, sprechen — und
3. über Art und Ausmaß seiner voraussichtlichen Mitarbeit.

Diese Tatbestände hängen aber, wie ich meine, aufs engste mit der Intensität der unbewußten Erwartungen des Patienten zusammen; je größer die illusionären Erwartungen des Patienten, desto größer sein „Widerstand", desto geringer seine Einsicht und seine Mitarbeit.

Dafür ein Beispiel: Eine 24jährige Medizinstudentin kommt in die Sprechstunde des Psychotherapeuten, weil sie furchtbar an Einsamkeit, dysphorischen Gefühlen und Angst vor der Zukunft leide. Sie habe schon alles Mögliche versucht, um Kontakt zu bekommen; aber bisher sei ihr dies einfach nicht gelungen. Auf Befragen klärt sich, was sie unter Kontaktversuch versteht: Ein Studienkollege hatte sie eines Tages in der Vorlesung angesprochen und sie gefragt, ob sie nicht Lust habe, mit ihm einen Tanzkurs zu besuchen. Sie nahm die Einladung gern an. Kurz vor dem vereinbarten Termin starb der Vater des Kollegen; dieser entschuldigte sich, und so fiel der Plan zunächst ins Wasser. Sie reagierte darauf mit: „Da war es gut. Da hatte ich keine Lust mehr", und ließ es dabei bewenden. Sie unternahm nichts, erwog z. B. nicht, nach einiger Zeit den ersten Kontakt wieder aufzunehmen und an das damals bekundete Interesse des Kollegen anzuknüpfen.

Auch sonst entwickelt sie keinerlei gesellige Initiative und geht z. B. werktags wie sonntags nie aus. Sie sagt im Verlauf der Anamnesenerhebung selbst: „Ich warte darauf, daß alles von anderen ausgeht." An dieser Stelle, nachdem einem die emotionale und motorische Initiativelosigkeit der Patientin und ihre passiv-emotionalen und -aggressiven Erwartungen klargeworden sind, könnte man mit einer Versuchsinterpretation einsetzen und z. B. lächelnd sagen: „Nun ja, eine Pflanze wie die Wegwarte muß auch passiv auf den Regen warten", oder: „Sie machen's wie eine Wegwarte." Wie wird die Patientin reagieren? Geht sie einfach darüber hinweg, läßt sich also gar nicht auf eine Auseinandersetzung ein? Oder antwortet sie empört: „Ja, eben, es kann doch nicht immer trokken bleiben, das kann doch nicht so weitergehen!" oder aber stellt sie sich etwa in folgender Weise ein: „Aber leider regnet es nicht regelmäßig. Mich holt nie jemand am Sonntag ab."

Es dürfte unmittelbar evident sein, daß diese drei skizzierten Reaktionsweisen von Patienten — auch das Nichteingehen auf die Reizinterpretation ist ein Signal — drei verschiedene Einstellungen anzeigen: Im ersten Fall lohnt es der Patientin gar nicht, auf eine so dumme Bemerkung des Analytikers zu reagieren. Sie spürt wohl das Hinweisende dieser Äußerung und straft sie mit Nichtachtung. Sie will also ihren ad-gressiven und emotionalen Anspruch: Die Initiative zum Kontakt und zum Herangehen muß von außen kommen, nicht antasten lassen — wenigstens nicht in ihrer augenblicklichen Verfassung.

Im zweiten Fall gibt die Patientin zwar auch zu verstehen, daß etwas (von außen) getan werden müsse, daß sie empört-vorwurfsvoll ist, weil ihre Erwartungen nicht erfüllt werden. Aber sie reagiert immerhin auf die „Provokation" und zeigt damit eine gewisse Bereitschaft, sich mit ihrem Problem auseinanderzusetzen.

Im dritten Fall tut sich bei der Patientin schon eine größere Bereitwilligkeit kund, die eigene Einstellung zum Kontakt, d. h. die eigenen illusionären Erwartungen wenigstens in Frage zu stellen.

Drei verschiedene Verhaltensweisen gegenüber einer Versuchsinterpretation oder Reizdeutung, dreimal ein verschiedenes Ausmaß der illusionären (emotionalen und aggressiven) Ansprüche und Erwartungen, dreimal ein verschiedenes Maß von Einsicht in den Zusammenhang von Leiden (Einsamkeit) und eigener Fehlorientierung und dreimal eine unterschiedliche Bereitschaft zur Mitarbeit mit dem Therapeuten.

Damit sei die Darstellung der magischen Einstellung, also von sehr ausgeprägten illusionären Erwartungen des Patienten abgeschlossen und im folgenden die *Kind-Eltern-Einstellung* von Patienten erörtert. Die mit dieser Haltung korrespondierende (unbewußte) Erwartung kann etwa folgendermaßen formuliert werden: Der Arzt wird sich für mich anstrengen und mich heilen, wenn ich nur ein braves und gehorsames Kind bin und allen seinen Erwartungen entspreche. — Solchen Patienten ist eigentümlich, daß sie die Wünsche des Therapeuten zu erraten versuchen; sie werden sofort unruhig, wenn sie nicht genau wissen, was der Therapeut (vermeintlich) von ihnen erwartet.

Jeder Analytiker kennt Patienten, die bereits nach der zweiten oder dritten Stunde erklärten: „Herr Doktor, ich tue alles, was Sie wollen; sagen Sie mir nur, was ich tun soll." Oder aber Patienten teilen dem Therapeuten bereits während der Anamnesenerhebung mit, daß sie volles Vertrauen zu ihm hätten. Wie kann der Patient in so kurzer Zeit der Bekanntschaft Vertrauen entwickelt haben, noch dazu ohne vorher die Vertrauenswürdigkeit der Beziehungsperson geprüft und erfahren zu haben! Es kann sich also in der Hauptsache nur um ein vertrauenseliges Übertragungsangebot handeln, um die Einstellung des: Ich vertrau' dir kritiklos und ohne Vorbehalt; bestimm' du, was zu tun ist; du wirst es schon machen. — Die Grenze zur magischen Einstellung ist natürlich oft fließend, wie es überhaupt klar sein dürfte, daß es zwischen den vier Ebenen des Behandlungsverhaltens viele Übergänge und Überlappungen gibt.

Bei den Patienten mit einer Kind-Eltern-Einstellung kann man sich prognostisch leicht irren. Sie fragen eifrig nach dem Wie der Behandlung, erkundigen sich nach ihrem Anteil an der Zusammenarbeit, nach der Dauer der Therapie und den Heilungschancen, und man ist geneigt, für konstruktive Neugier und Bereitschaft zur Mitarbeit zu halten, was in Wirklichkeit vorwiegend übergefügige Anpassung an den Therapeuten mit den entsprechenden daran geknüpften Erwartungen ist.

Nur am Rande sei erwähnt, daß es den Kern der Sache nicht träfe, wenn man hierbei von einer positiven Übertragung spräche. Schwidder (1957) hat empfohlen, die Termini positive und negative Übertragung als zu vage und ungenau überhaupt fallen zu lassen.

In diesem Zusammenhang sei als Beispiel auch eine analytische Gruppentherapie mit 17- und 18jährigen verwahrlosten Jugendlichen erwähnt (Heigl 1963), die den Therapeuten zu Anfang der ersten Gruppenstunde auffordern, sie mit Du anzureden; das sei viel familiärer. Der Analytiker kam der Aufforderung nicht nach, um nicht die Tendenz dieser Jugendlichen, unverantwortliche Kinder zu sein und zu bleiben, noch zu unterstützen. Gerade dissoziale, also „ichschwache" Jugendliche haben die große Neigung, die Führung und Steuerung ihres Lebens den Erwachsenen zu überlassen und dann diese für die Konsequenzen ihrer Handlungen verantwortlich zu machen. — Sicher steckt in dem Wunsch, geduzt zu werden, noch mehr, so unter anderem das Bedürfnis nach Nähe, Intimität und Vertrautheit; aber meist kann man erst in einer späteren Phase der Behandlung von Verwahrlosten auf diese Bedürfnisse eingehen.

Als dritte Form des Behandlungsverhaltens von Patienten nennt Rado die *selbstvertrauende Einstellung*. Bei ihr handelt es sich bereits um eine erwachsene, realistische Haltung im Gegensatz zu den bisher erwähnten kindlich-regressiven Verhaltensweisen. Die Art dieser vom Patienten intendierten Zusammenarbeit mit dem Therapeuten kann etwa so wiedergegeben werden: Ich muß in der Analyse lernen, wie ich mir selbst besser helfen kann.

Diese Patienten — es ist die Minderzahl — fragen bereits während der Anamnesenerhebung nach dem Charakter ihres Leidens, nach Art und Weise der Zusammenarbeit, nach Dauer und Chancen der Therapie, nach den Kosten der Behandlung und danach, wie man sich die Heilung vorzustellen habe, wie etwa in großen Zügen die Heilungsschritte aussähen. Sie suchen sich also ein Bild von der Analyse und der eigenen Aufgabe dabei zu machen, um entscheiden zu können, ob sie dem Analytiker den Auftrag zur Therapie geben wollen oder nicht. Allerdings ist hier Vorsicht geboten: Dieses genaue Nachfragen kann bei schizoiden Patienten auch ein mißtrauisches Abwehrverhalten sein und eine realistische, selbstvertrauende Einstellung bloß vortäuschen.

Diese Einstellung hängt eng mit zwei schon erwähnten prognostischen Faktoren zusammen, dem echten Leidensgefühl und einem relativ intakten Selbstwertgefühl; deshalb spricht Rado auch von selbst-vertrauender Einstellung.

Meist wird der Analytiker Menschen mit dieser Orientierung nur als Lehranalysanden im Rahmen einer psychotherapeutischen Ausbildung zu sehen bekommen.

Die strebende Einstellung von Analysanden: „Ich arbeite gerne mit dem Therapeuten zusammen, dies ist meine Chance zu weiterem Wachstum" kommt als dominantes Behandlungsverhalten nur bei Patienten mit leichter neurotischer Struktur und bei Lehranalysanden vor. Solche Menschen sind als weitgehend gesund zu bezeichnen. Vielleicht kann man in diesem Zusammenhang an Freuds 1937 gegebene Empfehlung (Bd. XVI, S. 59—99) denken, jeder Analytiker sollte periodisch, etwa nach Verlauf von fünf Jahren die Eigenanalyse wieder aufnehmen — auch wenn er nicht unter Symptomen leidet. In dem Falle gönnt sich also der Analytiker immer wieder die Zusammenarbeit mit einem Kollegen seines Vertrauens.

Zusammenfassend könnte man zur prognostischen Beurteilung nach der Art und dem Ausmaß der Erwartungen des Patienten sagen: Die vier von Rado genannten Einstellungen des Patienten geben Aufschluß darüber, wie weit er zur partnerschaftlichen Zusammenarbeit fähig und bereit ist, wie weit er sein Mitbestimmungsrecht in der Analyse — und draußen im Leben — vertritt oder nicht. Der mit *magischen* Erwartungen behaftete Patient verzichtet völlig auf sein Mitbestimmungsrecht wie auf sein Mitsprache- und Vorschlagsrecht; der Patient mit einer *Kind-Eltern*-Einstellung verzichtet zwar auf sein Mitbestimmungs-, nicht aber auf sein Mitspracherecht. Bei der *selbstvertrauenden* und *strebenden* Orientierung nähert sich der Patient dem Optimum einer partnerschaftlichen Beziehung, in der beide, Patient wie Analytiker, des anderen Mitbestimmungsrecht respektieren und das eigene vertreten. Der Umfang des Verzichtes auf Mitbestimmung gibt die Stärke der passiven Erwartungen des Patienten und gleichzeitig den Grad seiner Antriebsbehinderung durch Gehemmtheiten an. Ablesbar ist der Grad des Verzichts auf Mitbestimmung z. B. daran, wie sich der Patient während der Anamnesenerhebung vor Beginn der Behandlung über die Art der Zusammenarbeit in der Analyse orientiert oder nicht. Schwidder (1960) empfiehlt, sich zu überlegen, was alles der seelisch weitgehend Gesunde den Analytiker fragen würde, falls er ihn wegen einer momentanen Störung aufsuchen sollte; er würde sich vermutlich nach der Art seiner Erkrankung und der dafür notwendigen Therapie erkundigen, er würde die Erfolgsaussichten, die Dauer der Therapie und die Kosten wissen wollen. Tut der Patient das nicht, so erlaubt das spezifische Einblicke in die Persönlichkeitsartung des Patienten und gibt dem Therapeuten relevante prognostische Hinweise hinsichtlich dessen Bereitschaft zur Mitarbeit. Je weniger sich ein Patient informieren will, desto mehr spricht das für seine magische Einstellung, die alle Anstrengungen dem Analytiker überläßt. Je mehr sich ein Patient über diese Fragen zu orientieren sucht, desto eher wird er im allgemeinen zur Mitarbeit bereit sein, nähert er sich also den realistischen Einstellungen von Rado. Aber an diesem Punkt muß nochmals auf eine Verwechselungsmöglichkeit hingewiesen werden: Genaue Erkundigungen von Patienten können auch ein Abwehrverhalten aus Mißtrauen und paranoider Einstellung anzeigen und sind dann gerade im Gegenteil ein Indiz für starke Hingabewünsche kindlich-passiver Art, die nur durch solch genaues Fragen abgewehrt werden.

Bisher wurden vorwiegend die primären Folgeerscheinungen der Hemmung besprochen, also gleichsam die Wurzeln der neurotischen Struktur (Gehemmtheit, Haltung und Störung des Selbstwertgefühls) auf ihre prognostische Valenz hin angesehen. Ich komme nun zu den weiteren Folgeerscheinungen. Es sind dabei die Überkompensation, die Ambivalenz, die Arbeitsstörungen, die Bequemlichkeit oder Lahmheit, die Ersatzbefriedigungen und die unbefriedigende Freizeitgestaltung zu nennen.

Prognostisch am wichtigsten erscheinen mir die Bequemlichkeit, die Ersatzbefriedigung und die Arbeitsstörung. Die letztere wurde schon im Kapitel über die prognostische Beurteilung von der sozialen Situation her erörtert (siehe S. 53). Der sogenannte Leistungstest gibt auch über das Ausmaß der Arbeitsstörungen Aufschluß.

Ich habe also noch auf die Bequemlichkeit und die Ersatzbefriedigung einzugehen. Zunächst zur *Bequemlichkeit* oder *Lahmheit.* Schultz-Hencke äußerte einmal in einem technischen Seminar, die Bequemlichkeit des Patienten sei eines der stärksten Hindernisse für die Therapie. Ich erinnere an die 24jährige Medizinstudentin (siehe S. 121), die in ihrer Wegwarte-Einstellung darauf wartet, ohne eigene Bemühung, daß die Kontaktinitiative vom anderen ausgeht. Sie genießt fast „süchtig" ihre Passivität und Bequemlichkeit, ihr dolce far niente im Kontaktbereich. Diese Lahmheit ist unmittelbarer Ausdruck der Gehemmtheit von Antriebsenergien, und ihr Maß gibt Auskunft über den Grad der Unterdrückung expansiver Energie bzw. über den Grad der frei verfügbaren Vitalenergie. Schwidder (mündliche Mitteilung) empfiehlt, den Patienten beim Paktschluß zu fragen, was er denn für die Analyse einzusetzen bereit sei. Vom erstaunt-abweisenden Augenbrauen-Hochziehen bis zur übereifrigen Beteuerung, daß er alles, aber auch alles für seine Heilung täte, begegnet man allen Schattierungen von Antworten.

Fragen des Patienten nach der Art der psychotherapeutischen Behandlung wie: „Was wird da mit mir angestellt?" Oder: „Und was machen Sie jetzt mit mir?" Oder: „Herr Doktor, wie soll das jetzt weitergehen? Ich bin zu allem bereit, ich mach' alles mit, was Sie für richtig halten", zeigen direkt das Maß seiner Objekthaftigkeit an, seiner passiven Erwartungen und seiner Bequemlichkeit; gerade die passiven Erwartungen und die Bequemlichkeit als Folge der Ausschaltung von Antriebsenergie gehören immer zusammen, ja verstärken sich gegenseitig. So ist auch die Feststellung einer ausgeprägten Bequemlichkeit Zeichen einer schweren Neurose: Die Bequemlichkeit ist Hinweis auf einen Komplex von Fehlorientierungen, wie aus dem Schema der Neurosenstruktur unmittelbar hervorgeht.

Oben war vom süchtigen Genuß der Passivität und Trägheit die Rede. Damit wurde auf die *Ersatzbefriedigung* angespielt, deren *eines* Charakteristikum darin besteht, daß ihr Träger diese Befriedigung in zwanghaft-dranghafter Weise sucht. Die Bequemlichkeit kann zu einer solchen Ersatzbefriedigung werden. Eine weitere ist der sekundäre Krankheitsgewinn, der schon bei den vom Symptom her bestimmten prognostischen Kriterien (siehe S. 27 und S. 29) behandelt wurde. Waldhorn (1960) unterscheidet zwei Arten von sekundärem Krankheitsgewinn: einmal den, der sich vom Überich ableitet, also z. B. Stolz auf eine Reaktionsbildung oder auf Askese und ähnliches, und zweitens den Krankheitsgewinn, den die Beziehungspersonen gewähren, den Vorteil also, der aus besonderer „Liebe", Zugewandheit und den daran gekoppelten Privilegien erwächst. Das Ausmaß an Ersatzbefriedigung bei Süchten und Perversionen, überhaupt bei den sogenannten Charakterneurosen, trägt entscheidend zu der schwierigen Therapierbarkeit und oft ungünstigen Prognose dieser Erkrankungen bei (siehe S. 17).

Auch das Festhalten des Patienten an neurotischen Idealen und Ideologien kann als Ersatzbefriedigung angesehen werden. Es wurde schon (siehe S. 111 f.) darauf hingewiesen, daß vor allem die Ideologiebildung ein die Neurose stabilisierender und chronifizierender Faktor ist. Der Patient mit einer solchen Ideologie hat seine Gehemmtheiten glorifiziert: Da er die Befriedigung seiner Bedürfnisse nicht genießen kann, zieht er wenigstens aus seinen antriebsfeindlichen Idealen Befriedigung und daraus, daß er sich den anderen „triebhafteren", „animalischeren" Menschen moralisch überlegen vorkommt. An dieser pervertierten Wertwelt hält der Patient geradezu süchtig fest — im Falle einer kaptativen Gehemmtheit z. B. an seiner Überbescheidenheit: weil ich bescheiden bin, bin ich ein wertvollerer Mensch. Die Ideologie, ursprünglich ein Rettungsanker und ein Versuch, das gestörte oder fehlende Selbstwertgefühl zu ersetzen, wird im Laufe der Entwicklung zur Ersatzbefriedigung, zu der auch noch das pharisäische, d. h. selbstgerecht-hochmütige Gefühl gehört: O Herr, ich danke dir, daß ich nicht so bin wie jene (die also unbekümmert bitten, fragen und zugreifen können)!

Die Ersatzbefriedigung ist immer ein die Neurose stabilisierendes und chronifizierendes Element, und zwar u. a. aus folgenden Gründen:

1. Der Patient hängt süchtig an ihnen und gibt sie äußerst ungern auf.
2. Er erlebt den Analytiker verständlicherweise als Feind, der ihm seine einzigen Befriedigungen wegnehmen will.
3. Die Ersatzbefriedigung ist immer mit Bequemlichkeit und einer passiv-oralen Einstellung gekoppelt.
4. Das Vorhandensein von Ersatzbefriedigungen verringert den Leidensdruck und das echte Leidensgefühl.

So äußerte eine hysterische Patientin mit schizoiden Zügen einmal in der Analyse: „Nun sagen Sie mir doch einmal, warum soll ich eigentlich meine Tagträume aufgeben. Wenn mir in der Wirklichkeit was nicht paßt, dann leg' ich mich aufs Sofa und schwupp: ich hab', was ich will" (also Leugnung der Wirklichkeit in der Phantasie), „ich bin schön, ich werde umschwärmt von Männern, ich habe Geld, ich fahr' groß auf Urlaub. Ich bin eigentlich glücklich. Warum soll ich das aufgeben?!" Zugrunde lag eine tiefe Resignation, ein Initiativeverlust, wie immer bei Ersatzbefriedigungen.

Bei der Anamnesenerhebung nach Tagträumen der Patienten zu fragen, ist vor allem zur Feststellung von Ersatzbefriedigungen prognostisch bedeutsam; allerdings werden sie vor oder zu Beginn der Analyse meist höchst ungern oder auch gar nicht mitgeteilt.

Eine weitere (exogene) Chronifizierung tritt meist dadurch ein, daß ein solcher Patient immer Beziehungspersonen hat oder findet, die z. B. seine neurotische Bescheidenheit gutheißen, die seine pervertierte Wertwelt nicht nur hinnehmen, sondern ihn deswegen geradezu als besonders nett (weil bescheiden) erleben und hinstellen. Neurosen könnten viel schneller geheilt werden, Patienten bekämen viel eher ein echtes Leidensgefühl und arbeiteten viel intensiver in der Therapie mit, wenn die Umwelt nicht die neurotischen Ideale und Ideologien der Patienten bestätigen und ihnen damit immer wieder eine ersatzweise Befriedigung vermitteln würde. Eine entscheidende Chronifizierung erfolgt also dadurch, daß die Beziehungspersonen des Patienten seine Gehemmtheiten samt falschen Idealen gutheißen, ja seine Überbescheidenheit, Übergefügigkeit, seine neurotische Opfer- und Helfereinstellung als positive Werte preisen und ihn dadurch immer wieder in die Ersatzbefriedigung seiner pervertierten Wertwelt treiben.

Von den sekundären und tertiären Folgeerscheinungen sind noch die Ambivalenz, die Überkompensation und die Schwierigkeiten in der Freizeitgestaltung zu erörtern. Die *Ambivalenz* scheint mir prognostisch weniger relevant zu sein. Sie ergibt sich, wie geschildert (siehe S. 103), aus dem gleichzeitigen Vorliegen von Gehemmtheit und Haltung. Ihr Ausmaß ist schwer zu bestimmen, und außerdem kann eine ausgeprägte, manifeste Ambivalenz wie z. B. die zwischen Übergefügigkeit und Rebellion schwankende Einstellung eines (zwangsneurotischen) Patienten prognostisch positiver sein — und ist es meist auch — als die *nur* übergefügige Haltung eines anderen Patienten; im zweiten Fall ist der Weg zur Auflösung der Übergefügigkeitsstruktur im allgemeinen länger. Man kann also höchstens sagen, je bewußtseinsnäher die beiden Valenzen einer ambivalenten Einstellung dem Patienten sind — ohne daß er deswegen schon den Zusammenhang der beiden Valenzen erkennen muß —, desto günstiger, je bewußtseinsferner, desto ungünstiger ist die Prognose zu stellen. Therapeutisch gesehen wirkt es meist aufrüttelnd, wenn der Patient bisher nicht bewußt gewordene Tendenzen auf Anstoß des Analytikers hin (evtl. bereits während der Anamnesenerhebung) plötzlich registriert.

Was nun die *Überkompensation* angeht, so wurde im Strichbild (siehe S. 105) deutlich gemacht, daß sie aus der Haltung hervorgeht, also dem Versuch des Organismus entspringt, ein Unvermögen, d. h. eine Gehemmtheit durch restliche Impulsbereitschaften auszugleichen. Die Überkompensation, das Zuviel der Kompensation ist darauf zurückzuführen, daß nicht eine Schwäche durch eine reale Stärke kompensiert, sondern vielmehr eine Schwäche (Gehemmtheit) durch einen aufgeblähten Restimpuls (Haltung) überdeckt wird. Vom prognostischen Standpunkt scheint mir die Überkompensation — gekennzeichnet durch einen Stich ins Unechte, Übertriebene; man empfindet das Aufgesetzte und Outrierte eines Verhaltens — nicht so sehr wichtig. Ihr Vorkommen zeigt einmal, daß der betreffende Patient noch Vitalenergien frei hat, daß ihm trotz seiner Gehemmtheiten noch Kräfte, d. h. eben

Restimpulse für die Lebensbewältigung zur Verfügung stehen; insofern ist es prognostisch günstig zu bewerten. Wenn ein schwer schizoider Patient in seiner Kontakt- und Taktlosigkeit eine Überkompensation durch verstärkte rationale und intellektuelle Bemühungen entwickelt hat, so ist diese Überkompensation einmal ein tragfähiges Element in der Struktur des Patienten, also Zeichen einer größeren Ich-Stärke, als sie etwa bei der schizoiden Variante des tumben Toren zu beobachten ist, gleichzeitig aber wird sie einen Widerstand in der Therapie darstellen; der Patient wird rationalisierend im Sinne des Selbstbetruges (A. E. Meyer 1969) versuchen, die zugrunde liegende Kontaktlosigkeit wegzudiskutieren.

Die Existenz einer Überkompensation hängt außerdem eng mit der Stärke des Selbstwertgefühls zusammen; sie ist ein Mittel, den im Grunde geknickten Stolz wieder aufzurichten. Insofern ist das Ausmaß der Überkompensationen ein Maß für die Schwere der Störung des Selbstwertgefühls; aber diese ist an der Kränkbarkeit des Patienten, an der Ideologie und an der Art der Rachetendenzen meist genauer abzulesen (siehe S. 111 f.).

Es sind jetzt noch die *Interessen* des Patienten vom prognostischen Gesichtspunkt zu betrachten. Dieses Kriterium korrespondiert mit dem, was Alexander (1946) als die „inneren Hilfsquellen" des Patienten bezeichnet hat; auch Caruso (1964) hält die Kenntnis der Interessen des Patienten für prognostisch wichtig. Sie hängen zusammen mit der Freizeitbetätigung des Patienten und hätten auch bei den phänomenalen Kriterien behandelt werden können, da sie auch ohne genaue Kenntnis der Neurosentheorie erfaßbar sind. — Die Art der Interessengestaltung eines Patienten liefert Anhaltspunkte über seine Plastizität und Elastizität, über das Maß seiner frei verfügbaren Energien. In diesem Zusammenhang seien zwei Patienten mit der gleichen Symptomatik erwähnt: Händezittern. Bei beiden bestand das Symptom schon jahrelang, und jeder hatte eine zwangsneurotische Struktur. Es gab zwischen ihnen u. a. einen auffallenden Unterschied, der sich als prognostisch bedeutsam erweisen sollte: die Art der Interessen und des Umgangs mit der freien Zeit. Der eine Patient ritt mehrere Steckenpferde; er fotografierte, fuhr gern mit dem Roller in die Natur, ging gern ins Theater, bastelte, hörte Musik und hielt sich mehrere Zeitschriften, die er regelmäßig las. Der andere Patient kannte eigentlich nur: ins Wirtshaus gehen, Trinken und jeden zweiten Tag einen Kinobesuch.

Dem ersten Patienten standen also sichtbarlich mehr Kräfte zur freien Verfügung als dem zweiten. Für ihn war die freie Zeit eine Chance zu Initiative und lustvoller Aktivität, dem anderen diente sie nur dazu, die Zeit totzuschlagen, d. h. seine Langeweile (Ausdruck unterdrückter motorischer Mikroimpulse) zu bekämpfen. Denn das kommt noch hinzu: Nicht so sehr die Anzahl der Hobbies ist entscheidend, sondern mehr die Art der Genußfähigkeit des Patienten. Der eine Patient freute sich auf seine Mußestunden und fand an seinen Tätigkeiten ausgesprochenen Spaß, der andere erwartete mehr passiv das Ende der Arbeitszeit und ließ sich von seinen Kollegen in die Ersatzbefriedigung des Trinkens und (häufigen) Kinogehens treiben. Er konsumierte, aber er genoß nicht.

Überhaupt ist die Feststellung der Genußfähigkeit von prognostischer Relevanz. Zu jeder schweren Neurose gehört im allgemeinen die Genußunfähigkeit. Alexander spricht, wie gesagt, von den inneren Hilfsquellen eines Patienten und führt dabei die Kunst des Müßiggangs, schöpferische Interessen und den Genuß der Kontemplation an. Caruso weist auf die besonders günstige prognostische Valenz dieser drei Fähigkeiten hin. Ihr Besitz lasse vor allem auch das Altern besser ertragen und könnte als ein prognostisches Zeichen für die Indikation zur analytischen Behandlung bei älteren Menschen angesehen werden. Caruso führt noch aus, daß das Ausmaß der Interessen eines Patienten proportional seiner Elastizität, Offenheit, dem Reichtum an persönlichem Material und seiner Vielseitigkeit sei.

An dem prognostischen Faktor „Freizeitgestaltung" haben wir einen m. E. bisher zu wenig beachteten Maßstab, der angibt, wieviel seelische Energien noch frei verfügbar sind. Er gehört zu *den* prognostischen Merkmalen, die vor allem in prospektiv-positiver Hinsicht wichtig sind.

8. Zusammenfassung der wichtigsten strukturellen prognostischen Merkmale

Ich führe nochmals die meiner Ansicht nach aussagekräftigsten strukturellen Kriterien an:

1. Die Art des Leidensgefühls, feststellbar an dem Vorherrschen einer Gehemmtheits- oder einer Haltungsstruktur (nach Schwidder), ist ein wichtiges prognostisches Merkmal. Leidet der Patient mehr an seinen Gehemmtheiten oder an seinen Symptomen oder mehr daran, daß er mit seiner (neurotischen) Weltbewältigung nicht genügend Erfolg hat? Die angegebene Reihenfolge ergibt eine Abstufung der Prognose in Richtung der Verschlechterung.

Die Art des Leidensgefühls ist ein Hinweis auf die Gesamtstärke der Widerstände des Patienten und damit auf seine Bereitschaft zur Mitarbeit. Wer, wie eine 40jährige Patientin nur daran leidet, daß ihr Händezittern sie vor allen Menschen so blamiere — „wär's nicht darum, wär' mir das Zittern egal" —, wird sich mit Händen und Füßen gegen die Aufdeckung der wahren Schwächen, also der tatsächlichen Gehemmtheiten wehren; sie wird den Analytiker von vornherein gleichsam als Feind erleben, der sie noch mehr bloßstellen will.

2. Die Gestörtheit des Selbstwertgefühls, ablesbar an der Kränkbarkeit des Patienten und dem Auftreten von aktiven und passiven Rachetendenzen, ist gleichfalls ein wichtiges prognostisches Merkmal. Die Feststellung von ausgeprägten aktiven und besonders von passiven Rachetendenzen ebenso wie einer großen Kränkbarkeit zeigen die Labilität des Selbstwertgefühls an und damit gleichzeitig die geringe Frustrationstoleranz, d. h. die Unfähigkeit des Patienten, mit den unumgänglichen Frustrationen des sozialen Lebens fertigzuwerden.

3. Als weiteres bedeutsames prognostisches Kriterium ist die (neurotische) Ideologie zu nennen, deren Vorliegen immer ausgesprochen erschwerend für die Therapie ist. Der Träger einer solchen Ideologie ist einer pervertierten Wertwelt verhaftet und muß seine Identität im Sinne Eriksons (1964) in einem antriebsfeindlichen System suchen. Die Stärke und

Ausgedehntheit der Ideologie als eines Steuerungssystems weist auf das Fehlen der von Erikson (1964) als Grundtugenden bezeichneten Stärken hin und damit gleichzeitig auf den Grad der inneren Schwäche, der Ich-Schwäche, des Patienten. Dazu weiter unten mehr.

4. Das Ausmaß der illusionären und Riesen-Erwartungen (magische und Kind-Eltern-Einstellung) ist vor allem durch gezielte Versuchsinterpretationen zu eruieren. Sie vermitteln dem Analytiker, wie ich meine, ein besonders klares Bild von der Mitarbeitsbereitschaft des Patienten. Magische, also völlig irreale Erwartungen sind immer Hinweis auf eine schwere bis schwerste Neurose. Übrigens ist das (scheinbare) Fehlen jeder Erwartung — „Ich erwarte mir nichts mehr von einer Behandlung, ich versuch' es nur als letztes Mittel" — ebenfalls meist Ausdruck von latenten, sehr ausgeprägten illusionären (magischen) Erwartungen, die „hinter" der vordergründigen Resignation liegen.

5. Als weiteres Kriterium ist die Ersatzbefriedigung zu nennen, die, wie oben erwähnt, auch schon in den Bereich der Ideologie hineinspielt. Bei den meisten sogenannten Charakterneurosen, wie z. B. Perversionen und Süchten, ist besonders das Vorliegen ausgedehnter Ersatzbefriedigungen für die schwere psychotherapeutische Zugänglichkeit dieser Kranken verantwortlich zu machen. Je mehr die Art der Ersatzbefriedigung eine weitgehende Sofortbefriedigung ermöglicht, z. B. beim Alkohol- und Tablettenabusus, desto schwieriger gestaltet sich erfahrungsgemäß die Therapie. Es ist zu verlockend, jeder Versagung in der Realität — die wegen der ausgedehnten oralen Riesen- und Fehlerwartungen bei Suchtstrukturen besonders häufig eintritt — durch eine anderweitige sofortige und süchtig genossene Befriedigung von Restimpulsen zu begegnen; dabei handelt es sich eben nicht um die (gesunde) Fähigkeit, sich nach einem Verlust oder einer Versagung zu trösten.

6. Schließlich ist noch die Art der Freizeitgestaltung als strukturelles prognostisches Kriterium anzuführen. Es ist dies die Frage nach restlichen Energien, die Frage nach den verbliebenen schöpferischen Möglichkeiten des Patienten. Das

Übersehen dieses Kriteriums kann meiner Erfahrung nach zu einer zu pessimistischen prognostischen Einschätzung von Patienten führen; man hat dann evtl. zwar die neurotische Struktur des Patienten in deren Schweregrad richtig beurteilt, aber zu sehr den Menschen mit seiner Neurose gleichgesetzt. Um dieser Gefahr zu begegnen, scheint mir die Beachtung der Freizeitgestaltung bzw. der schöpferischen Kräfte des Patienten wichtig zu sein.

9. Prognose und „Ich-Stärke“

Der Terminus „Ich-Stärke“ bzw. „Ich-Schwäche“ bezeichnet ein sehr komplexes, aus vielen Elementen zusammengesetztes Phänomen. Äußere Faktoren wie der soziale Status und das Kultur-Überich beeinflussen seine Stärke genauso wie die inneren Faktoren der Ich- und Trieb-Konstitution, der Charakterstruktur, der Angsttoleranz, der Neutralisierungsfähigkeit, des Ich-Gefühls und der Ich-Grenzen. Oppermann (1964) hat in einer Studie die ersten Erwähnungen dieses Begriffs bei Freud und seine weitere Verwendung bei A. Freud, Federn, Hartmann, Kris, Nunberg, Spitz und Waelder dargestellt. Ohne auf das Problematische dieses meiner Ansicht nach zu vagen, weil zu komplexen Begriffs näher einzugehen, möchte ich hier nur kurz erwähnen, wo in diesem Text der von dem Begriff erfaßte Sachverhalt bereits implizit behandelt wurde.

Schon der sogenannte Leistungstest nach Alexander (siehe S. 52), also die Antwort auf die Frage nach der bisherigen Lebensbewältigung des Patienten, gibt einem Auskunft über die Frustrationstoleranz des Ichs, über seine „Stärke“ oder „Schwäche“. Das gleiche gilt für die Gestörtheit des Selbstwertgefühls; ausgedehnte Rachetendenzen und große Kränkbarkeit verraten ein „schwaches“ Ich. Vor allem das Ausmaß der illusionären Erwartungen zeigt die „Ich-Stärke“ oder „Ich-Schwäche“ an; je magischer, irrealer die Erwartungen eines Patienten sind, desto irrealer ist seine Wahrnehmung von der Welt und desto schwächer die Realitätsfunktion des Ichs. — Nochmals: „Ich-Stärke“ oder „Ich-Schwäche“ scheinen mir nur dann prognostisch brauchbare Begriffe, wenn sich der Analytiker ihres komplexen Charakters bewußt ist und sie nur als eine erste Annäherung an die betreffenden Phänomene gebraucht.

10. Die Wechselwirkung von innerem und äußerem Schicksal

Nach dieser getrennten Darstellung der äußeren und der inneren prognostischen Faktoren, der phänomenalen und der strukturellen Kriterien könnte es scheinen, daß es sich um zwei isolierte Faktorengruppen handelt, die einmal mehr vom äußeren Schicksal des Patienten her prognostische Schlüsse erlauben und das andere Mal vom inneren Schicksal, d. h. der Struktur des Patienten her. Es dürfte aber jedem Neurosenkenner evident sein, daß in Wirklichkeit (äußeres) Schicksal und Neurose (der Titel eines Buches von Schultz-Hencke 1931) im Verhältnis der wechselseitigen Abhängigkeit voneinander stehen: jeder Mensch baut sich sein Schicksal *auch* auf Grund seiner Charakterstruktur, d. h. seiner Psychodynamik, seiner Ziele und Wertsetzungen auf.

Entsprechend gestaltet der *neurotische* Mensch aber sein Schicksal (auch) auf Grund seiner *neurotischen* Struktur. Wegen dieser Interdependenz von Schicksal und Neurose eines Menschen — man nennt das meist Schicksalsverkettung — kann man auch die beiden bisher aufgezeigten prognostischen Faktorengruppen nicht so strikt trennen: den geschilderten phänomenalen Merkmalen liegen auch neurosenstrukturelle Elemente zugrunde, die strukturellen Kriterien wiederum sind nicht zu isolieren von den phänomenalen, besonders den aus der sozialen Situation des Patienten abgeleiteten Merkmalen. So kann ich mir schwer vorstellen, wie man sich nur aus der Kenntnis der strukturellen prognostischen Kriterien ein zureichendes Bild vom Schweregrad der Neurose eines Patienten machen kann, ohne sich auch über die soziale Situation des Patienten und vor allem ihre Modifizierbarkeit klar zu sein. Prognostisch ebenso bedeutsam ist die Feststellung der Schwere der auslösenden Situation. Ein sowohl die phänomenzentrierten wie die strukturellen Kriterien umfassender Gesichtspunkt könnte vielleicht durch die Betrachtung des Lebenslaufes eines Patienten gewonnen werden. Ch. Bühler (1959) hat vor allem die Zielstruktur des menschlichen Lebenslaufes untersucht. Der Lebenslauf des Menschen kann unter verschiedenen Aspekten betrachtet werden: Er stellt einmal das Schicksal eines Menschen in einer bestimmten Zeit und innerhalb einer bestimmten Kultur dar. Dieser Blickwinkel wäre für unsere prognostischen Zwecke weniger wichtig. — Er bedeutet weiter die Lebensgeschichte einer Person, die Abfolge von Ereignissen und Erlebnissen. Dem käme man nahe mit dem schon mehrfach erwähnten Leistungstest von Alexander, der Frage also, wie der Patient bisher sein Leben bewältigt hat. — Ferner manifestiert sich im Lebenslauf die Entwicklung einer Persönlichkeit, bedingt durch innere Gesetzmäßigkeiten (biologische Gegebenheiten) und bestimmte psychische und soziale Umwelteinflüsse (auslösende Symptomatik, Schwellensituationen). — Des weiteren ist der Lebenslauf der Funktions-, Reifungs-, Lern- und Motivationsprozeß eines psycho-physischen Systems. Die in diesem Kapitel angeführten Strukturbestandteile wären hier zu nennen. — Ferner ist der Lebenslauf als Aufbau und Abbau eines Organismus ein Aspekt, der von der prognostischen Zielsetzung her weniger interessierte.

Für prognostische Zwecke ist die Betrachtung des Lebenslaufes eines Patienten wohl vor allem hinsichtlich dreier Kriterien relevant: des Leistungstestes oder der sozialen Bewährung, der Schwere der die Symptomatik auslösenden Situation und der schöpferischen Fähigkeiten des Menschen. Mit diesen Merkmalen erscheint mir der Schweregrad einer Neurose prägnanter faßbar zu sein als durch die Betrachtung des Lebenslaufes als Ganzem; er ist ein zu umfassendes Phänomen, um eine detailliertere Prognosestellung zu erlauben. In der Hand des erfahrenen Therapeuten gewährt die prognostische Betrachtung des Lebenslaufes allerdings oft überraschende Einblicke in die konstruktiven Fähigkeiten eines Menschen und in die integrative Funktion seines Ichs; diese Gestalts- oder Wesensforschung sollte aber immer von einer genauen Erfassung der Elemente einer Persönlichkeit begleitet sein, will sie nicht gelegentlich zu argen prognostischen Fehlschlüssen führen.

11. Die Persönlichkeit des Therapeuten als prognostischer Faktor

Bisher wurden die phänomenalen und die strukturellen prognostischen Kriterien behandelt. Eine dritte die Prognose von Patienten beeinflussende Faktorengruppe beruht auf der Persönlichkeit des Therapeuten, also seiner Charakterstruktur mit ihren Eigenheiten und Problemen ebenso wie auf seiner Erfahrung und Geschicklichkeit. Auch die strukturspezifische Gegenübertragung des Analytikers gehört hierher. Darauf haben u. a. Balint (1957), Riemann (1959), Scheunert (1959/60), Heigl (1960) und Argelander (1963/64) hingewiesen. Auch Stone (1954) und Waldhorn (1960) betonen die große Bedeutung der Persönlichkeitszüge des Analytikers für die Indikations- und Prognosestellung. Bei der heute nicht selten vorkommenden Überschätzung der Methode und Unterschätzung des Persönlichkeitsfaktors mag es manchem merkwürdig erscheinen, daß bei der prognostischen Beurteilung neben objektiven, nachprüfbaren Kriterien ein so subjektives Moment wie die Eigenart des Therapeuten von Bedeutung sein soll. Tatsächlich aber spielt die subjektive Beurteilung des Patienten von seiten des Analytikers nach dessen Erfahrung, persönlicher Werthierarchie und Sympathie in jede Prognose- und Indikationsstellung hinein. Das muß für die Prognostik nicht nachteilig sein. Wird nur der intuitive Eindruck des Therapeuten vom Patienten immer wieder anhand von prognostischen Kriterien überprüft, dann ist die Intuition ein nützlicher Führer, um des Patienten Analysierbarkeit noch tiefer zu ergründen. So kann es einem z. B. in der ersten Anamnesensitzung passieren, daß man einen eigentümlich „brüchigen" Eindruck vom Patienten hat. Zunächst scheinen alle prognostischen Kriterien für eine mittelschwere Neurose (zwangsneurotischer Struktur) zu sprechen. Gewarnt und geleitet von dem intuitiven Gefühl der „Brüchigkeit" des Patienten, sieht sich der Analytiker nochmals die verbalen und extraverbalen Äußerungen des Patienten mit Hilfe von prognostischen Kriterien an und findet „tiefsitzende", gut kompensierte schizoide Züge stärkeren Ausmaßes, die die Prognose verändern und außerdem im

Falle einer Behandlung einen anderen therapeutischen Ansatz notwendig machen.

Wie schon zu Anfang (siehe S. 16) gesagt, sollen in dieser Arbeit nur die objektiven prognostischen Kriterien dargestellt werden. Von Riemann (1959) existiert eine eingehende Studie über „Die Struktur des Therapeuten und ihre Auswirkung in der Praxis". Eine entsprechende systematische Arbeit über die Auswirkung auf die Indikations- und Prognosestellung gibt es meines Wissens nicht. Im Sinne der „breiten Erfahrung", dieser Vor- und Sonderform der Statistik (Köhler 1965), wird es keinem selbstkritischen Analytiker verborgen bleiben, daß die Struktur des Therapeuten auch seine Indikationsstellung beeinflußt. Er weiß, daß diese und jene Ausbildungspraktikanten bestimmte Patienten prognostisch zu günstig oder zu ungünstig beurteilen, daß (und warum) der Kollege Soundso die Indikation zur Langanalyse bei oral ansprüchlichen Frauen fast nie für gegeben hält, daß (und warum) die Kollegin Soundso hysterische Männer fast immer in Analyse nimmt, und daß er selbst mit diesen oder jenen Patienten „nicht so gut kann" und sie deshalb oft lieber einem Kollegen überweist. — Ich finde, wir sollten uns diese persönlichkeitsbedingten Vorlieben und Abneigungen lieber eingestehen und ihnen in Indikationsstellung und Therapie Rechnung tragen — was nicht ein dauerndes Sich-mit-ihnen-Abfinden bedeuten muß —, statt im Sinne eines narzißtischen Omnipotenzanspruches so zu tun, als ob wir gleich-gute Therapeuten für alle Patienten wären.

DRITTES KAPITEL

Indikation zur analytischen Gruppenpsychotherapie*

Indikation ist eine Funktion der Wirksamkeit einer bestimmten Therapieform bei bestimmten Krankheitsbildern.

Wir wollen im folgenden die Indikation zur analytischen Gruppenpsychotherapie bei Neurosekranken erörtern, d. h. wir wollen die Wirksamkeit dieser Therapie bei der genannten Krankheitsgruppe diskutieren. Dazu werden wir im ersten Abschnitt die im Arrangement der Therapie, ihrem setting gelegenen Wirkfaktoren schildern. Im zweiten Abschnitt gehen wir auf die in der angewandten therapeutischen Technik gelegenen Determinanten ein. Im dritten Teil beschäftigen wir uns mit den therapeutisch wirksamen Faktoren, die mit der Formation der Gruppe zusammenhängen. Der vierte Abschnitt enthält die Darstellung der in der Umwelt der Gruppe gelegenen Faktoren.

Im letzten Teil soll dann die Indikation zu einer weiteren Therapieform, der kombinierten Einzel-Gruppenpsychotherapie erörtert werden.

I. Faktoren, die im setting der Gruppe liegen

Zunächst möchten wir skizzieren, was wir unter analytischer Gruppenpsychotherapie verstehen:

1

Es handelt sich um eine Psychotherapie, d. h. um eine Heilmethode, die sich, unter Anwendung psychologischer Mittel, auf die Psyche richtet. Wir möchten Psyche in diesem Zusammenhang mit Rapaport als Verhalten verstehen. Verhalten wird dabei in weitestem Sinne definiert und umfaßt sowohl Gefühl und Denken als auch sichtbares Verhalten, „normales" wie „pathologisches" Verhalten, häufige wie einmalige Verhaltensformen und insbesondere auch „latentes Verhalten" (Rapaport 1959).

* Ersterscheinen des 3. Kapitels, Abschn. I u. d. Titel „Gesichtspunkte zur Indikationsstellung für die analytische Gruppenpsychotherapie". In: Gruppenpsychotherapie u. Gruppendynamik 3, 179–198 (1970).

Das Objekt dieser Therapie ist menschliches Verhalten; ihr Ziel ist es, dem Patienten einen Zugang zu den seinem Verhalten zugrunde liegenden unbewußten Motivationen zu verschaffen, insbesondere zu den (unbewußten) Abwehrvorgängen, mit deren Hilfe er angst- und schuldgefühlsbesetzte Wünsche, Antriebe und Impulse seinem (bewußten) Erleben fernhält, ihm ferner zu helfen, das ihm zugänglich gewordene konflikthafte Erleben zu akzeptieren und zu integrieren. Das latente, d. h. nicht reflektierte konflikthafte Erleben stellt sich vornehmlich in der sogenannten Übertragung dar. Es ist Ziel dieser Therapie, Übertragungen hervorzurufen, die übertragenen Grundverhaltensformen bewußt und sie einer korrigierenden emotionalen Neuerfahrung (corrective emotional experience nach Alexander 1946) zugänglich zu machen.

Es handelt sich um eine analytische Psychotherapie: sie bedient sich der Methode und der Techniken der Psychoanalyse. Die grundlegende Methode der Psychoanalyse ist die der zwischenmenschlichen Beziehung, genauer die der teilnehmenden Beobachtung als einer von deren Varianten (Sullivan 1955; Rapaport 1959). Ihre Anwendung erfolgt in einer Atmosphäre, die von seiten des Therapeuten durch wertneutrales Wohlwollen und durch Anwendung des Abstinenzprinzips (Freud 1915, Bd. X, S. 306—321) bestimmt wird.

Die kommunikative Beobachtung wird mittels folgender Techniken appliziert: der nichtgelenkten (freien Assoziations-) Technik, der deutend-genetischen Technik, der Abwehranalysetechnik, der Handhabung von Übertragung und Gegenübertragung.

2

Es handelt sich ferner um eine Gruppentherapie: Sie wird im Bezugsrahmen einer Pluralität angewandt, der Pluralität einer Kleingruppe (4- bis 8-Personen-Gruppe).

Pluralität ist eine Bedingtheit menschlicher Existenz. Die Pluralität einer Kleingruppe zeigt strukturinhärente Eigentümlichkeiten, die sich einer psychotherapeutischen Einwirkung als Instrument anbieten.

Es handelt sich dabei einmal um die Gruppendynamik. Unter Gruppendynamik sei in diesem Kontext die Art und Weise verstanden, wie eine Gruppe sich bildet und wie sie funktioniert. Nach Bennis (1964) bilden Abhängigkeit und Interdependenz, Autorität und Intimität, Macht und Liebe die Kerne der zentralen Probleme, die, in unserer Kultur, das Gruppenleben bestimmen. Abhängigkeit und Interdependenz können dabei verschieden beinhaltet sein, so z. B. durch Besitzwünsche.

In den meisten sozialen Gruppen (Organisationen, Institutionen) sind die Regeln, nach denen sich Autorität und Intimität unter den Mitgliedern verteilen, festgelegt, prä-formiert. In allen relativ unstrukturierten Gruppen, zu denen neben den Trainingsgruppen (T-groups) für zwischenmenschliche Beziehungen auch die therapeutischen Gruppen gehören, bestehen solche Regeln der Macht- und Intimitätshandhabung und -verteilung nicht von vornherein. Es entstehen deshalb entsprechende Unsicherheiten, die die gruppeninterne Kommunikation behindern. Dabei können sich Hemmnisse für eine befriedigende zwischenmenschliche Kommunikation in folgender Weise darstellen: als eine mehr oder minder große Rigidität, die sowohl die Einstellung zum Verhalten der anderen wie auch das eigene Verhalten bestimmt. Diese Rigidität resultiert aus angstbesetzten Vorerfahrungen mit den Verkörperungen von Macht und Liebe in der familiären Primärgruppe, die auf neue Situationen übertragen werden, ohne ihnen gemäß zu sein, und die zur Ausbildung von dysfunktionalen Rollen führen.

Die eine Unsicherheit (in relativ unstrukturierten Gruppen) betrifft die Orientierung der Gruppenmitglieder in bezug auf die Handhabung und Verteilung von Macht (Autorität) in der Gruppe; die andere Unsicherheit betrifft die emotionale Beziehung der Mitglieder zueinander. Diese beiden Orientierungsbereiche (Autorität und Intimität, Macht und Liebe) existieren nicht unabhängig voneinander: Eine spezielle Form der emotionalen Orientierung der Mitglieder untereinander ist mit einer speziellen Autoritätsstruktur verbunden und vice versa (Bennis 1964).

Eine weitere Eigentümlichkeit der Kleingruppe ist folgende: Die Gruppe ist in einer ständigen Bewegung, die nicht durch zufällige, sondern durch regelhafte Abläufe charakterisiert ist. Zur theoretischen Erfassung dieser formalen Regelhaftigkeit des Gruppenprozesses wurden Gleichgewichtsmodelle entwikkelt, so von Lewin (1947) und Bales (1963). Gleichgewichtsmodelle sind in den meisten gruppentherapeutischen Konzepten implizit oder explizit enthalten — am meisten explizit haben D. Stock Whitaker und Lieberman (1965) ein solches in ihrem Gruppenfokalkonflikt-Konzept dargestellt.

3

Welche Modifikationen erfährt nun eine analytische Psychotherapie, wie wir sie zuvor skizziert haben, wenn sie in der Pluralität einer Kleingruppe angewandt wird?

Das Objekt der Therapie ist wie in der Einzelanalyse menschliches Erleben und Verhalten, jedoch nicht eines einzelnen, sondern einer Mehrzahl von Individuen. Es stellt sich in den zwischen den Gruppenteilnehmern ablaufenden, weitgehend durch feedbacks („Rückspiegelung" des Einzelverhaltens) bestimmten Interaktionen dar. Unter feedback wird hier die verbale und nonverbale Antwort auf das Verhalten eines Initianten und deren Rückwirkung auf diesen verstanden.

Das Ziel der Therapie ist ebenso wie in der Einzelanalyse eine korrigierende emotionale Neuerfahrung. Doch vollzieht sich diese in der Pluralität unter anderen Bedingungen als in der durch eine „asymmetrische Distanz-Konfiguration" (Hofstätter 1964) gekennzeichneten psychoanalytischen Dyade. Der Erscheinungsraum einer Gruppe von Gleichgestellten (peer group) ermöglicht z. B., in Abhebung von der Einzelanalyse, ein vielfältiges Sich-im-anderen-Erkennen (sogenannte Spiegelreaktion nach Foulkes 1965, sogenannte theragnosis nach Bach 1957). Die im Prozeß der Gruppenstrukturierung auftretenden sukzessiven Veränderungen des Gruppengleichgewichts lassen im fluktuierenden Spiel von Druck und Gegendruck aus der Latenz des Erlebens andrängende Kräfte sowie die dadurch ausgelösten Ängste und die dagegen gerichtete Abwehr deutlich werden und ermöglichen eine in kleinen Schritten sich vollziehende korrigierende emotionale Neuerfahrung.

Die grundlegende Methode der teilnehmenden Beobachtung wird dadurch modifiziert, daß sie nicht nur ein, sondern mehrere Individuen erfassen muß. Außerdem muß sie die spezifische Beeinflussung und Gestaltung des Verhaltens der Individuen durch die Pluralität, die Gruppendynamik, berücksichtigen. Sie muß die Art und Weise der soziodynamischen Funktionsverteilung (A. Heigl-Evers 1968) — insbesondere bei den Auseinandersetzungen mit den Problemen von Autorität und Intimität — ebenso erfassen wie die dabei ablaufenden sukzessiven Veränderungen des Gruppengleichgewichts.

Die nichtgelenkte (freie Assoziations-)Technik wird bei Anwendung in der Gruppe in der Weise modifiziert, daß die freie Gruppenassoziation (Foulkes und Anthony 1965²) oder das assoziative Denken der Gruppe (Slavson 1952) oder die freie Interaktionsregel (A. Heigl-Evers 1968) resultiert.

Die deutend-genetische Technik wird in der Pluralität auf das im hic et nunc sich entfaltende Erleben der Gruppe, d. h. aller ihrer Mitglieder, ausgerichtet. Deutungen und Interpretationen werden daher vorzugsweise an den die ganze Gruppe bewegenden Phantasien und Konterphantasien, Aktionen und Konteraktionen angesetzt (Enke 1968).

Die Abwehranalysetechnik muß in der Pluralität die gruppenspezifischen Konstellationen der Abwehr berücksichtigen. So manifestiert sich im Gruppenfokalkonflikt-Modell von D. Stock Whitaker und Lieberman (1965) die Abwehr in der Gruppenlösung (group solution). Im Konzept von Ezriel (1950, ders. 1957) ist die „geforderte Beziehung" eine Abwehrposition. Im Gruppenmodell von Bion (1961¹) konstelliert sich die Abwehr einmal in den Grundeinstellungen (basic assumptions) als solchen im Sinne von Regressionsphänomenen. Es handelt sich dabei um die Grundeinstellungen der „Abhängigkeit", des „Kampfes und der Flucht" sowie der „Paarbildung". Sie konstelliert sich ferner im Wechsel von einer Grundeinstellung zu einer der beiden anderen. Durch diesen Wechsel wird die mit der jeweils verlassenen Grundeinstellung verbundene Angst und Gefahr abgewehrt.

Die Handhabung von Übertragung und Gegenübertragung wird durch die Pluralität einer Kleingruppe in folgender Weise modifiziert: Die Übertragung in der Gruppe ist ein Ausdruck der Wechselwirkungen innerhalb der Gesamtheit der Teilnehmer; sie ist ein aktuelles Wiederholen der Vergangenheit in der gegenwärtigen Gruppensituation auf dem sich ständig verändernden „Felde" der wechselseitigen Aktionen zwischen Therapeut und Gruppenteilnehmern. Die Handhabung der Übertragung zentriert sich auf die Wechselwirkungen und stillschweigenden Übereinkommen, die den scheinbar unzusammenhängenden Äußerungen der Gruppenteilnehmer zugrunde liegen. Dabei wird die teilnehmende Beobachtung entweder vorzugsweise auf das Gemeinsame der Übertragung gerichtet (Argelander 1963/64; ders. 1959) oder daneben auch auf die spezifisch-individuelle Art und Weise, in der der einzelne an dem Gemeinsamen teil hat (Foulkes und Anthony 1965; A. Heigl-Evers 1967; dies. 1968; Schindler 1957/58; ders. 1960/61; Grinberg, Langer und Rodrigué 1960).

Auch die Gegenübertragung wird ebenso wie die Übertragung in der Gruppe multilateral ausgefächert. Unter Gegenübertragung soll hier die Gesamtheit aller bewußten und unbewußten Haltungen und Gefühlsreaktionen verstanden werden, die der Therapeut gegenüber den Patienten entwickelt (Grinberg, Langer, Rodrigué 1960). Die im gegebenen Moment besonders stark angesprochenen Gegenübertragungsgefühle setzen den Therapeuten in den Stand, durch entsprechende Rückschlüsse auf die Gruppe, die in dieser derzeit vorherrschenden Spannungen spezifisch zu erfassen.

4

Um die Indikation für eine analytische Gruppenpsychotherapie stellen zu können, ist, wenigstens bei der von uns verwandten Gruppen-Konzeption (A. Heigl-Evers 1967; dies. 1968), zunächst die Differentialindikation in bezug auf eine Einzelanalyse zu klären.

Ein Hauptcharakteristikum der Therapie in der 4- bis 8-Personen-Gruppe ist, in Abhebung von der Einzelanalyse, die Pluralität. Zwar ist auch die dyadische Beziehung der Einzelanalyse ein Pluralitätsphänomen; sie ist jedoch durch spezielle technische Kunstgriffe ihres Pluralitätscharakters weitgehend beraubt zugunsten der Umformung in eine mehr singuläre, private Situation. Diese Kunstgriffe dienen der Ausrichtung der Aufmerksamkeit des Analysanden auf sich selbst und der des Analytikers auf den Analysanden. Es handelt sich dabei um die *klassische räumliche Anordnung* der Psychoanalyse, wodurch der Analytiker aus dem Blickfeld des Analysanden gerückt wird, um die *Abstinenzregel*, wonach der Analytiker so gut wie nichts von seinem persönlichen Erleben mitteilt, und um die *analytische Grundregel*, wonach der Analysand dazu angehalten wird, jeden Gedanken, jede Empfindung, jede affektive Regung zu verwörtern. Hofstätter (1964) bezeichnet das Resultat dieser Techniken als „asymmetrische Distanz-Konfiguration".

Pluralität ist das spezifisch Neue, die charakteristische Reiz-Konfiguration der Gruppe in Abhebung von der einzelanalytischen Dyade. Die spezifische Wirksamkeit der Gruppenpsychotherapie läßt sich infolgedessen zum Faktor Pluralität und den sie kennzeichnenden Merkmalen in Beziehung setzen. Diese Merkmale sind nach H. Arendt (1960):

unter mehreren sein,
als Glied einer Vielheit einzigartig sein,
nicht souverän sein,
mit der relativen Unabsehbarkeit der Folgen des eigenen Tuns konfrontiert sein. —

Wir wollen nun im folgenden überlegen, für welche Patienten oder für welche neurotischen Strukturen die Pluralität durch eines oder mehrere der genannten Merkmale zu einem Faktor wird, der die Wirksamkeit einer analytischen Psychotherapie steigert, der eine korrigierende emotionale Neuerfahrung begünstigt.

Dabei sei folgendes vorangestellt: Auch bei der Indikation zur analytischen Gruppe ist die Beachtung der Toleranzgrenze (Heigl 1965) eine unerläßliche Forderung. Es ist bei der Indikationsstellung immer zu fragen, ob der betreffende Patient die an sich für ihn angezeigte Pluralitätssituation *jetzt schon* verträgt oder ob er *vorerst noch* die stärkere Geborgenheit der mehr singulären, mehr privaten analytischen Dualbeziehung braucht. Bei den nun folgenden Überlegungen ist also die Frage des timing, der Wahl des richtigen Zeitpunktes, stets involviert.

4 a

Wir gehen zunächst der Frage der spezifischen Anwendbarkeit der analytischen Therapie im Rahmen einer Pluralität unter dem Aspekt des *ersten* der zuvor genannten Merkmale nach: *Pluralität bedeutet, unter mehreren zu sein.* Der Einzelne existiert nicht allein, sondern unter Vielen. Er muß mit einer Mehrzahl von Menschen rechnen und sich auf sie beziehen.

Unter mehreren zu sein, bedeutet eine strukturspezifische und, zu gegebener Zeit, therapeutisch notwendige Frustration für alle Patienten mit dem an die anderen gerichteten illusionären narzißtischen Anspruch „Ego centrum sum". Dazu gehören z. B. alle schizoid-strukturierten Patienten mit narzißtischen Erwartungen auf eine total verläßliche Aufmerksamkeits- und Gefühlszuwendung von seiten der anderen.

In den Anfangs- und Frühphasen einer analytischen Behandlung ist für diese Patienten meist eine Einzeltherapie angezeigt, gerade weil diese ihnen die genannte Frustration, die ihre Toleranzgrenze zunächst überschreiten würde, erspart.

Die „asymmetrische Distanz-Konfiguration" der einzelanalytischen Dyade mit ihrem einseitigen Aufmerksamkeits- und Zuwendungsgefälle bedeutet eine Befriedigung der narzißtischen Erwartungen und Ansprüche dieser Patienten. Sie erfüllt in gleichsam idealer Weise die von ihnen gestellte Kontaktbedingung, daß der andere ihnen mit total-hingebender Aufmerksamkeit zugewandt sein müsse. Sie ist daher in der initialen Behandlungssituation geeignet und indiziert, damit über die Annahme der emotionalen Riesenansprüche dieser Patienten sich eine Beziehung überhaupt erst einmal bilden und ein Arbeitsbündnis sich im ersten Ansatz herstellen kann.

Im weiteren Verlauf der Behandlung kann die einseitige Aufmerksamkeitszuwendung jedoch zu einer Ersatzbefriedigung führen, wodurch die Entfaltung und Befriedigung eigener intentionaler und Hingabe-Bedürfnisse verhindert wird. Die Einzelanalyse vermittelt dann oft nicht genügend Anreiz für die Entwicklung einer eigenständigen intentionalen Aktivität im Sinne Schultz-Henckes (1951), d. h. für Impulse, sich für andere Menschen neugierig zu interessieren, sich verstehend in sie einzufühlen.

So strukturierte Patienten berichten im späteren Rückblick auf die Anfangsphase der Behandlung oft, daß sie den Therapeuten damals als eine zur Befriedigung des Patienten geschaffene Institution erlebten, als eine „Analysenmaschine", als etwas, das vorbehaltlos dem Patienten zur Verfügung gestellt war, und nicht als ‚person in his own rights'. Eine Patientin mit schwerer Magersucht, die in einer mehrere Jahre dauernden Einzelanalyse ihre Magersucht bis zur völligen Gewichtsnormalisierung, nicht aber ihre Kontaktstörungen verloren hatte, äußerte in einer späteren Gruppentherapie: „Ich habe mich erst mit Händen und Füßen gegen die Gruppe gewehrt. Warum sollte ich die Einzelanalyse auch aufgeben? Es war doch so angenehm, regelmäßig den Analytiker zur Verfügung zu haben. Ich lag auf der Couch, und aus allem, was er mir sagte, habe ich immer nur herausgehört: Du bist schon ein armes Schwein, und du bist ein liebenswerter Mensch. Das war äußerst angenehm, und ich ging immer ganz beschwingt wieder von dannen."

In diesen Äußerungen stellt sich eine charakteristische Abwehr-Substruktur solcher Patienten dar. Es handelt sich um einen partiellen schizoiden Objektverlust. Sullivan (1955) spricht von selective inattention, vom Abwehrmechanismus der selektiven Unaufmerksamkeit: Alle unangenehmen Reize, so auch die dem Betreffenden mißliebigen Inhalte der Deutungen und Interpretationen des Analytikers, werden von der Wahrnehmung ausgeschlossen, werden ignoriert. Bei vielen Patienten mit einer gut funktionierenden selective inattention scheint sich in einer längerdauernden Einzelanalyse die Einstellung zu festigen: Wozu soll ich mich um Kontakt kümmern, wozu soll ich mir andere Beziehungspersonen suchen, da ich doch mit gesicherter Regelmäßigkeit meinen einfühlsamen Therapeuten zur Verfügung habe?! Das Untermehreren-Sein in der Gruppe läßt diese Abwehr-Substruktur deutlicher in Erscheinung treten; es bedeutet Frustration für die narzißtischen Zuwendungserwartungen und Anreiz für eigene intentionale und emotionale Aktivität.

Eine weitere Indikation zur analytischen Gruppenpsychotherapie ist nach unserer Erfahrung bei den meisten Patienten mit psychosomatischen Störungen gegeben. Freedman und Sweet (1954) rechnen diese Patienten zu den emotional illiterates, den emotionalen Analphabeten, die auf Grund innerer Widerstände wenig oder gar nicht mit der Sprache des Gefühls vertraut sind. Ihre Fähigkeit zur Introspektion als einer der wesentlichen Annäherungsweisen an das Unbewußte in der Einzelanalyse ist entsprechend herabgesetzt. Diese Patienten mit der Abwehrform der Somatisierung, der Verschiebung von Affekten ins leibliche Geschehen, der Regression auf Lösungsformen durch organische Abläufe, wie Mitscherlich (1953/54) sagt, haben ihre Ängste oft so erfolgreich somatisiert, daß der Zugang zu diesen Affekten mit Hilfe introspektiver Techniken, etwa der freien Assoziationstechnik, nur schwer zu erschließen ist.

Es handelt sich hierbei um Patienten, denen Schwidder (1958/59) eine sogenannte Haltungsstruktur zuschreibt. Haltungsstrukturen sind gegen die sogenannten Gehemmtheitsstrukturen in folgender Weise abzugrenzen: Im Falle einer Gehemmtheitsstruktur wird das (manifeste) Erleben und Verhalten durch die neurotischen Gehemmtheiten und die dadurch bedingten Ausschaltungen und Einschränkungen von Vitalstrebungen bestimmt. Im Falle einer Haltungsstruktur wird das manifeste Erleben und Verhalten dagegen durch Haltungen bestimmt, d. h. durch jene Reste gehemmten Antriebserlebens, die sich dennoch durchsetzen und die sich z. B. im Sinne von Fehlerwartungen, also Erwartungen irrealer und illusionärer Art, sowie in Form von Riesenerwartungen darstellen. Nach Schwidder (1958/59) entwickeln sich bei Patienten mit Gehemmtheitsstrukturen neurotische Symptome vorwiegend im Bereich psychischer Manifestation, während Patienten mit Haltungsstrukturen eher zu körperlichen Symptomen, und d. h. zu psychosomatischen Erkrankungen neigen.

Bei der Somatisierung handelt es sich nach unserer Erfahrung vor allem um die Abwehr von Kränkungen und Kränkungsaggressionen, denen diese unter dem Druck besonders hoher Ich-Ideal-Forderungen stehenden Patienten ausgesetzt sind. Zu diesen Forderungen gehört es auch, sozial ideal angepaßt sowie frei von seelischen Konflikten zu sein und in dieser Hinsicht keiner Hilfestellung zu bedürfen. Sie sind daher meist überzeugte Verfechter der Somatogenese ihrer Erkrankung.

Dieses Abwehrverhalten ist in einer therapeutischen Gruppe deswegen vergleichsweise leichter anzugehen, weil die Betreffenden hier erleben, daß andere Patienten es nicht für anrüchig und demütigend halten, seelische Schwierigkeiten zu haben und zum Ausdruck zu bringen. Außerdem gewinnen diese Kranken erfahrungsgemäß einen Zugang zu den von ihnen abgewehrten Erlebensbereichen eher über die Interaktionen unter mehreren als über die Introspektion. In den Interaktionen einer Gruppe haben sie die Möglichkeit, ihr Verhalten über die spontanen affektiven Antworten der anderen, also gleichsam durch Rückspiegelung — Spiegelreaktionen nach Foulkes (1965), theragnosis nach Bach (1957) — zu erfassen und zu verstehen.

4 b

Wir betrachten nun die Indikation zur analytischen Gruppenpsychotherapie unter dem Aspekt des *zweiten* der genannten Merkmale der Pluralität.

Pluralität heißt Vielheit und Verschiedenheit. H. Arendt (1960) sagt: „Menschliche Pluralität ist eine Vielheit, die die paradoxe Eigenschaft hat, daß jedes ihrer Glieder in seiner Art einzigartig ist.“ Pluralität bedeutet, einer Vielheit als Mitglied anzugehören und sich dabei gleichzeitig als einzigartig und unverwechselbar gegen die anderen abzugrenzen. Dieses Erleben ist allen jenen depressiv-strukturierten Patienten nicht zugänglich, deren Hauptabwehrmechanismus die Introjektion ist, deren Kontakt- und Verhaltensstil durch Einverleibungs- und Verschmelzungstendenzen, durch symbiotische Phantasien bestimmt ist. Dabei können sich diese symbiotischen Phantasien in Form eines saugenden, anklammernden, haftenden Verhaltens direkt manifestieren, oder aber sie werden durch Kontaktvermeidung, Menschenscheu und ähnliches abgewehrt und so vom manifesten Erleben und Verhalten ferngehalten.

In der einzelanalytischen Dyade kommt es bei diesen Patienten häufig zu folgender Übertragung: Der Patient erlebt eine ausgeprägte passive Abhängigkeit vom Analytiker; diese ist mit einer mehr manifesten oder mehr latenten, auf eigener Passivität basierenden Ansprüchlichkeit verbunden, mit dem

Anspruch oder der Erwartung, den Therapeuten total zu besitzen, und d. h. auch, total von ihm versorgt zu werden. Eine solche passive und illusionistische Abhängigkeit und Ansprüchlichkeit läßt sich mit kritischer Selbstabgrenzung nicht vereinbaren. Da der Therapeut diese Ansprüche stets enttäuscht, kommt es immer auch zu — oft sehr destruktiven — Enttäuschungsaggressionen auf seiten des Patienten. Diese destruktive Reaktion führt zu starken Ängsten, den Analytiker zu zerstören und ihn dadurch als potentielle Versorgungsquelle zu verlieren. Sie werden daher durch die verstärkte Tendenz abgewehrt, mit dem Therapeuten unter Verzicht auf Eigenständigkeit engstens verbunden, ja verschmolzen zu sein und sich solcherart seiner zu versichern. Diese Abwehr bedeutet einen hartnäckigen Widerstand gegen die Verselbständigung.

In der Pluralität einer Gruppe spielen solche Abhängigkeitsphantasien, im Sinne von Gruppenphänomenen, zwar auch eine Rolle. Man denke an Bions (1961) Grundeinstellung der Abhängigkeit. Doch fordert die Konstellierung einer Gruppe, etwa im Sinne des gemeinsamen Erlebens der Abhängigkeit, notwendigerweise eine Aufteilung der Gesamtaktivität unter den Mitgliedern im Sinne der soziodynamischen Funktionsverteilung (A. Heigl-Evers 1968). Daraus resultiert für die einzelnen die Einnahme bestimmter Positionen und die Übernahme entsprechender Rollen. Diese Funktionsverteilung und Rollendifferenzierung impliziert aber immer Abgrenzung gegen die anderen, bedeutet, als Glied einer Vielheit einzigartig zu sein.

Die Pluralität einer Gruppe stellt also für diese depressiv-strukturierten Patienten eine Frustration ihrer Entgrenzungs- und Verschmelzungstendenzen und einen Anreiz für Selbstabgrenzung und Identitätsfindung dar.

Unter dem Aspekt des zweiten Merkmals der Pluralität — Pluralität heißt Vielheit und Verschiedenheit — ergibt sich eine Indikation zur analytischen Gruppenpsychotherapie auch für jene Patienten hysterisch-zwangsneurotischer Struktur, die sich Selbstabgrenzung und Selbstdurchsetzung nur unter völligem Verzicht auf Hingabe und die sich umgekehrt Hingabe nur unter Verzicht auf Selbstbehauptung und Streben nach eigener Geltung vorstellen können, deren Erleben in dieser Hinsicht unter Ambivalenzspannungen steht. Der Abwehrmechanismus der Verkehrung ins Gegenteil sowie Reaktionsbildungen sind die dazugehörigen Substrukturen.

In der einzelanalytischen Dualbeziehung verhärten sich diese Patienten im Sinne einer Protesteinstellung gegenüber dem Analytiker, die sie therapeutisch unzugänglich macht. Diese Einstellung schlägt wegen des damit verbundenen unerträglichen Hingabeverzichtes dann immer wieder um in ein weichhingebendes folgsames Sich-Überlassen. Der mit Hingabe verbundene beunruhigende und beängstigende Selbstbehauptungsverzicht mobilisiert umgekehrt wiederum Protest.

Die Pluralität der 4- bis 8-Personen-Gruppe läßt diesen zunächst unlösbar scheinenden Konflikt deutlich in Erscheinung treten und damit reflektierbar werden. Diese Patienten streben auf der einen Seite aktiv nach einer Führungsposition, in der sie sich dann jedoch überfordert und in ihren Hingabewünschen frustriert fühlen und Neidregungen erleben gegenüber jenen, die sich in einer Position der Anlehnung befinden. Nach Wechsel in eine Position der Anlehnung fühlen sie sich kleingemacht und nicht ernst genommen und geraten unter den Druck von Geltungsneid und zwanghaften Rivalitätstendenzen gegenüber dem jeweils Führenden. Im fluktuierenden Spiel der soziodynamischen Funktionsverteilung (A. Heigl-Evers 1968) in der Gruppe können diese Patienten erleben, daß jede Position und jede Rolle in der Gruppe auf die anderen bezogen und von den anderen akzeptiert sein muß, auch die der Führung — es gibt keine Herrschaft ohne Zustimmung der Beherrschten. Sie erfahren, daß jede Rolle, auch die der weichen Anlehnung, ihre Würde hat, daß Gruppenzugehörigkeit und individuelle Identität sich nicht gegenseitig ausschließen, sondern einander bedingen. Auf diese Weise können so strukturierte Patienten ihre alte Erfahrung, daß Geltung Hingabeverzicht und Hingabe Geltungsverzicht einschließt, allmählich relativieren.

4 c

Es ist nun die Indikation zur analytischen Gruppenpsychotherapie an Hand des *dritten* der zuvor genannten Merkmale der Pluralität auf Grund klinischer Erfahrung zu überprüfen.

Der einzelne Mensch ist nicht souverän. Souveränität im Sinne unbedingter Autonomie und Herrschaft über sich selbst widerspricht der Pluralität als menschlicher Bedingtheit. Pluralität bedeutet: nicht souverän sein. Dieses Merkmal bezeichnet also das Faktum, daß der Mensch in bezug auf sein Erleben und Verhalten nicht autonom und nicht allmächtig ist, daß er die Mitbestimmung der anderen immer zulassen muß.

Daraus wäre zu folgern, daß die Konfrontation mit diesem Faktum im therapeutischen Milieu für alle jene Patienten günstig wäre, deren Verhalten wesentlich durch Allmachtsphantasien motiviert ist.

Das scheint uns zuzutreffen für viele Patienten, bei denen eine Ausreifung der Willensbildung deswegen nicht erfolgen konnte, weil sie als Einzelkinder aufgewachsen sind. Solche Einzelkinder haben von früh an erlebt, daß sich das familiäre Geschehen sehr weitgehend um sie drehte, daß sie, im Guten wie im Bösen, im Mittelpunkt der elterlichen Beachtung standen. Sie haben zwar die Beschränkung der eigenen Souveränität, die Begrenzung ihres Alleinbestimmungsdranges durch die übermächtigen elterlichen Autoritätsfiguren erlebt, nicht aber die Auseinandersetzung mit den Willensimpulsen von prinzipiell Gleichberechtigten, Gleichmächtigen, die Abgrenzung der eigenen Willensimpulse gegen die der anderen sowie die Abstimmung der eigenen Willensbildung auf die der anderen. Verhalten im Sinne von Mitbestimmung ist ihnen oft nicht möglich. Ihr Erleben ist durch eine (latente) Vorstellung absoluter Souveränität motiviert. Nach Möglichkeit wollen sie selbst diejenigen sein, die eine Situation bestimmen. Wenn das offenkundig nicht möglich ist, dann geben sie nach oder unterwerfen sich, weil dann eben der andere der absolut Mächtige ist, dem man sich unterstellen muß. Teilung der Macht, Mitbestimmung, ist ihnen als Vorstellung, als Impuls und als Handlungsvollzug nicht verfügbar.

In der Pluralität einer Gruppe finden sich solche Menschen mit Gleichgestellten konfrontiert; die anderen sind in der gleichen Lage, man sitzt gleichsam in einem Boot. Der latente, unreflektierte Souveränitätsanspruch wird relativ schnell deutlich dadurch, daß er auf die Willensimpulse der anderen stößt. Dadurch wird ein Auseinandersetzungsprozeß eingeleitet, aus dem die für solche Menschen neue Erfahrung resultieren kann, daß man mit den anderen in der peer-group nicht nur konkurrieren, sondern auch koalieren kann, mit ihnen z. B. eine Koalition auch gegen den Therapeuten bilden kann.

Solche Menschen erleben dann oft zum erstenmal, was es heißt, sich mit anderen zusammenzuschließen, an etwas Gemeinsamem teilzuhaben und gemeinsam zu handeln. Die soziodynamische Funktionsverteilung der sich immer wieder neu konstellierenden therapeutischen Gruppe bietet diesen Menschen, die habituell je nach Struktur zur Einnahme der Alpha- oder der Omega- oder eventuell der Beta-Position neigen, die Möglichkeit, in Gamma-Position an einer gemeinsamen Aktion zu partizipieren, als identifikatorisch-, eifernd-überwachend- oder als komplementär-partizipierender Gamma sich der gemeinsamen Aktion anzuschließen, sich einzuordnen und Mitbeteiligung sowie Mitbestimmung zu erleben (A. Heigl-Evers 1968).

In der dyadischen Beziehung besteht zumindest die Gefahr, daß solche Patienten sich wegen der Zurückhaltung des Therapeuten, der auf sein persönliches Mitbestimmungsrecht weitgehend verzichtet und sich nur das Deutungs- und Interpretationsrecht vorbehält, in ihren illusionären Autonomie- und Souveränitäts-Ansprüchen bestärkt fühlen.

Die soeben angestellten Überlegungen gelten nicht nur für so strukturierte Patienten mit einer Einzelkind-Genese, sondern auch für zwangsneurotisch strukturierte Patienten mit dominanten, manifesten Bemächtigungstendenzen überhaupt.

Die Pluralität einer Gruppe vermittelt ihnen die Erfahrung, daß ihre infantilen illusionären Allmachtsansprüche am manifesten oder gedeckten Widerstand der anderen mit Notwendigkeit scheitern müssen. Sie bringt ihnen nahe, daß die von ihnen vollzogene Regression auf die anal-sadistische Stufe eine Abwehr- und Schutzfunktion hat, ebenso wie die für sie charakteristischen moralischen Reaktionsbildungen, da sie beim Verzicht auf diese Abwehr in einen Gefühlssog hingebender Bezogenheit geraten würden, der sich ihnen vage als beängstigende chaotische Selbstauflösung darstellt. Die Gruppe ermöglicht diesen Patienten z. B. im pairing (Bion 1961) zu erfahren, wie der andere Mensch, der sich ihrem bemächtigenden

Zugriff entzogen oder sich ihnen gegenüber versteift hatte, sich ihnen dann öffnet, wenn sie sich mitfühlend in ihn hineindenken.

Im setting der Einzelanalyse erfahren diese Patienten die Wirkung ihrer Bemächtigungstendenzen auf den anderen zu wenig, da der Analytiker sich auf deutende und interpretative Interventionen beschränkt und auf spontanes feedback verzichtet. Dadurch ist es diesen Patienten nicht möglich, den illusionären Charakter ihrer omnipotenten Autonomie- und Souveränitätsansprüche durch „Rückspiegelung" zu erfahren. Die Realität des Nicht-autonom- und Nicht-souverän-Seins wird in der Pluralität offenkundig und läßt den illusionären Charakter von Autonomie- und Souveränitäts-Ansprüchen deutlich werden.

Eine Indikation zur Gruppentherapie scheint uns auch bei jenen Patienten gegeben, deren Verhaltensstörungen durch Schwierigkeiten im Umgang mit Autoritäten gekennzeichnet sind. Es handelt sich um Persönlichkeiten, nicht selten um Studenten, die in ihrem vordergründigen manifesten Verhalten extrem anti-autoritär eingestellt und repressionsempfindlich sind, von der Latenz ihres Erlebens her dagegen durch ausgeprägte autoritäre Tendenzen bestimmt werden.

In der Pluralität der Gruppe wird diesen Patienten ihr eigenes autoritäres Gebaren eher registrierbar als in der einzelanalytischen Dyade, wo ihre autoritären Tendenzen oft lange Zeit weniger deutlich in Erscheinung treten. So kann sich ihre autoritäre Einstellung in der Gruppe z. B. in der Weise darstellen, daß sie allerstrengste Normen aufrichten und über deren strikte Einhaltung eifernd-intolerant wachen (A. Heigl-Evers 1968). Das sei an einem Patienten exemplifiziert, der immer wieder Zusammenstöße mit den von ihm als extrem autoritär empfundenen Dozenten und Professoren hatte und deswegen schließlich eine Gruppentherapie begann.

Sein Verhalten in der Gruppe war dadurch gekennzeichnet, daß er auf der einen Seite jede Autoritätsbildung anderer im ersten Ansatz zu unterbinden suchte, auf der anderen Seite in impliziter Form Normen einführte und deren Nichtbeachtung aufs strengste maßregelte. Konkret sah das folgendermaßen aus: Wenn ein Teilnehmer eine Aktion initiierte, d. h. eine

Thematik einführte, der die anderen zustimmten, dann wies dieser anti-autoritäre Patient sofort warnend darauf hin, daß die Gruppe im Begriff sei, einem Führer zu folgen, sich einem einzelnen zu unterwerfen. Andererseits empörte er sich heftig über jeden Gruppenteilnehmer, der nicht rückhaltlos bereit war, eigene Interessen zu opfern, sobald ein anderer offensichtlich der Hilfe bedurfte; er empörte sich, wenn man sich nicht der von ihm implizit vertretenen Norm unterwarf, wonach man auf einen Hilfsbedürftigen, unter Verzicht auf eigene Bedürfnisse und Belange, total altruistisch einzugehen hatte. Der Autorität dieser Norm sollten alle gehorchen.

Dieser vordergründig anti-autoritär eingestellte Patient hatte die von ihm selbst nicht reflektierte autoritäre Tendenz, die Diktatur einer Norm in der Gruppe zu errichten. Es handelte sich bei dieser Norm einer altruistischen Hilfsbereitschaft u. a. um den von A. Freud (1946) beschriebenen Abwehrmechanismus der „altruistischen Abtretung von Triebansprüchen" an ein zur Wunscherfüllung geeignetes Objekt. Genauer gesagt, handelte es sich um eine Variante dieser Abwehr: Allmachtsphantasien und Autoritätsansprüche werden in diesem Fall nicht an ein Objekt im Sinne einer Person, sondern per Projektion an eine Norm als Personenersatz abgetreten. Mit dieser Norm identifiziert sich der Betreffende und erlebt so, indirekt und ohne Bestrafung von seiten des Über-Ichs, eine Befriedigung seiner sadistisch-autoritären Bemächtigungswünsche.

Eine Indikation zur Gruppentherapie scheint sich, zumindest im Sinne einer kombinierten Einzel- und Gruppentherapie, bei sogenannten verwahrlosten, also dissozialen Jugendlichen herauszustellen. Gemeinsam ist den dissozialen Persönlichkeiten (bei unterschiedlichen Symptom-Manifestationen) nach Künzel (1968) und Klüwer (1968) der Abwehrmechanismus des „narzißtischen Großheitswahnes". Dieser Abwehrmechanismus bedeutet die Umkehr eines kränkenden Ohnmachtserlebnisses in eine aktive Machtphantasie, also eine Verkehrung ins Gegenteil. Le Coultre (1948) und Klüwer (1968) sprechen in diesem Zusammenhang auch von einer „Charakterneurose mit stark narzißtischer Besetzung der Abwehr".

Eine faktische Ohnmacht wird in eine Phantasie aktiver Macht verkehrt; es besteht eine Ambivalenz zwischen dem Wunsch, sich mit anderen einzulassen und engagiert mitzutun, bei Gefahr von Unterwerfung und Preisgabe des Eigenwillens, und der Tendenz, sich von diesem Wunsch als einer Schwäche völlig zu distanzieren und sich, unter Verbundenheitsverzicht, eine unangreifbare Überlegenheit zu sichern.

Ein solches Abwehrgeschehen ist in einer Einzelanalyse allein nur schwer aufzulösen: Der Therapeut ist einziges Objekt des Wunsches, sich unter Preisgabe des eigenen Willens hingebungsvoll zu engagieren; er muß somit als potentieller Unterdrücker enorm gefürchtet werden; er wird zum Todfeind, gegenüber dem der Patient sich mit Hilfe einer Phantasie aktiver Macht eine Position unangreifbarer Überlegenheit zu sichern versucht. Das bedeutet, daß die Deutungen und Interpretationen des Therapeuten für den Patienten unannehmbar werden und daß ein Lernprozeß nicht stattfindet.

In der Pluralität der Gruppe stehen die genannten ambivalenten Tendenzen nicht in einem Ausschließungsverhältnis zueinander wie in der Einzelanalyse, sondern sie können nebeneinander erlebt und allmählich bewußt und reflektierbar werden. Der dissoziale Patient kann sich in der Koalition mit den peers total engagieren und kann gleichzeitig zusammen mit ihnen gegenüber dem Gegner, häufig dem Therapeuten, eine überlegene Machteinstellung entwickeln und diesen zum Omega werden lassen.

Ebenso können solche Patienten sich umgekehrt in identifikatorischer Teilnahme an den Therapeuten anlehnen und gemeinsam mit ihm gegen die anderen kämpfen. Wenn solche Patienten durch ihre feindselig getönten Machtansprüche selbst in die Omega-Position geraten, dann können sie die ambivalente Besetzung dieser Position von seiten der Gruppenmajorität erleben; sie können erleben, daß sie bei aller vordergründigen Ablehnung von den anderen auf Grund unbewußter Identifikationen doch partiell akzeptiert und bejaht werden.

Mit der Gamma-Position und ihrer Ausfächerung in die Möglichkeiten identifikatorischen, komplementären und eifernd-überwachenden Teilhabens (A. Heigl-Evers 1968) bietet die Gruppe solchen Patienten die Möglichkeit, im

Schutze einer gewissen Anonymität und Unverantwortlichkeit Impulse zu realisieren und zu akzeptieren, die ihnen sonst als unerträgliche Schwächen erschienen. Die Pluralität einer Gruppe bietet somit diesen mit einem absoluten und feindselig getönten Souveränitätsanspruch behafteten Patienten die Möglichkeit, in zunächst schonender und entängstigender Weise ihre gefürchteten Weichheits- und Verbundenheitswünsche zu erleben.

4 d

Schließlich wollen wir die Indikation zur Gruppentherapie unter dem Aspekt des *vierten* der zuvor genannten Merkmale der Pluralität überdenken: *Pluralität bedeutet auch Unabsehbarkeit der Folgen des eigenen Tuns*; denn die Folgen einer Tat ergeben sich nicht aus der Tat selbst, „sondern aus dem Bezugsgewebe, in welches sie fällt" (H. Arendt 1960).

Die Tatsache der Unabsehbarkeit der Folgen des eigenen Tuns wird von all jenen hysterisch strukturierten Patienten abgewehrt, die nicht wahrhaben wollen, daß ihr Handeln jeweils in ein präformiertes, sozio-emotionales Bezugsgewebe fällt.

Es sind Patienten mit Abwehrsubstrukturen, die durch Leugnung unliebsamer Aspekte der Realität mit Hilfe der Phantasie (A. Freud 1946) charakterisiert sind; einer von uns (A. Heigl-Evers 1967) hat als einen solchen Abwehrmechanismus das Nicht-ernst-Nehmen beschrieben. Das Verhalten dieser Menschen ist bestimmt durch die, zumeist nicht reflektierte, Einstellung: Ich will nicht ernst nehmen und will nicht ernst genommen werden; ich will nicht wahrhaben, daß mein Tun und Lassen vorhersehbare und unvorhersehbare Folgen hat; weder will ich vorhersehen, was vorherzusehen ist, noch will ich das Unvorhersehbare riskieren und hernach auf mich nehmen.

In der einzelanalytischen Dyade erleben diese Patienten das vom Therapeuten ausgehende wertneutrale Wohlwollen oft als Bestätigung der genannten Einstellung. So äußerte sich eine hysterisch strukturierte Patientin zum Unterschied zwischen Einzelanalyse und Gruppentherapie einmal folgendermaßen: „Hier (in der Einzelanalyse) kann ich tun, was ich will. Auch wenn ich mich noch so unmöglich benehme, Sie tolerieren es. Sie analysieren es zwar dann, aber das kratzt mich nicht so sehr. Ich weiß ja, daß Sie dem wohlwollend gegenüberstehen. Die Gruppenmitglieder werden das nicht dulden ..., da muß ich anders werden.“ Sie erlebt also in der Einzelanalyse, daß sie sich um die Folgen und Auswirkungen ihres Tuns nicht zu kümmern braucht, daß sie sich weiterhin der illusionären Freiheit unbegrenzter Möglichkeiten überlassen kann, in der es keine Notwendigkeit, keine Verbindlichkeit, keine Verantwortung gibt.

In der Pluralität der Gruppe dagegen erfahren diese Patienten, daß jede ihrer Äußerungen diverse Folgen hat, aus denen sich dann weitere Folgen ergeben. Ihre naive Rücksichtslosigkeit, die sie die präformierten Strukturen der einzelnen Mitglieder und der Gruppe nicht wahrhaben, anerkennen und ernstnehmen läßt, wird ihnen allmählich bewußt.

Eine Indikation zur Gruppentherapie unter dem Aspekt der Unvorhersehbarkeit der Folgen des eigenen Tuns ist unseres Erachtens auch bei jenen zwangsneurotisch strukturierten Patienten gegeben, deren Verhalten durch die Tendenz bestimmt wird, weder bei sich noch in ihrer Umwelt Veränderungen und Wandel zuzulassen. Die Welt des Zwangskranken und damit auch sein Verhalten ist durch das Gewesene bestimmt. Das Gewesene stellt Schutz und Kerker zugleich dar; das Zukünftige hingegen wird als ein bedrohliches Chaos abgewehrt (Gebsattel 1959; Bally 1959). Diese Immobilisierungstendenzen, das Bestreben, die eigenen Handlungskräfte und die der anderen entweder von vornherein zu fesseln oder sie so einzusetzen, daß die entsprechende Bemühung letztlich — nach Art der Bemühung des Sisyphos — wieder zum Ausgangsort zurückführt, gehören in den Bereich jener Abwehr, die von Freud (Bd. XIV, S. 149 f.) als Ungeschehenmachen bezeichnet wurde (siehe auch A. Heigl-Evers und Heigl 1968).

Für diese Menschen ist die relative Unvorhersehbarkeit der Folgen des eigenen Tuns ein nicht zu akzeptierendes Risiko, eine unerträgliche Entmachtung. Infolgedessen vermeiden sie alles, was mit Probieren und Experimentieren zusammenhängt. Sie versuchen, ihr Tun so einzurichten, daß letztlich nichts

Neues geschieht, daß nichts sich ändert. Das bedeutet auch, das Tun der anderen unter das Prinzip der Vergeblichkeit zu stellen, das Prinzip des Sisyphos (A. Heigl-Evers und Heigl 1968).

Das setting der Einzelanalyse begünstigt die Immobilisierungstendenzen dieser Patienten in gewisser Weise: Der Therapeut ist in seinen Reaktionsmöglichkeiten durch die technischen Prinzipien der Analyse (Wertneutralität, Abstinenzprinzip, Einschränkung der Mitbestimmung auf Deutung und Interpretation) eingeschränkt und festgelegt. Das Unvorhergesehene im Sinne spontaner feedbacks ist weitgehend ausgeschaltet.

In der Pluralität der Gruppe geschieht früher oder später das Unvorhergesehene im Sinne solcher feedbacks. Zwar kann es zunächst passieren, daß andere, ähnlich strukturierte Gruppenteilnehmer sich solchen Patienten komplementär-partizipierend zuordnen, indem sie zulassen, daß ihre Bemühungen letztlich als erfolglos deklariert werden. Es kann auch geschehen, daß eine Gruppe einen solchen Patienten als sturen Block der Beharrung in einer Beta-Position des bedingten Kontra: „Nein, außer ..." (A. Heigl-Evers 1967[1]) zunächst beläßt, gleichsam als Garanten für safety and order. Doch wenn die in einer Gruppe immer auch vorhandenen progressiven Tendenzen von solchen Patienten zu lange frustriert werden, kommt es zu oft heftigen Protestäußerungen. Den genannten Patienten wird dann entweder die Genugtuung deutlich, die sie verspüren, wenn sie die anderen erfolgreich frustriert haben, oder sie fühlen sich durch die Wucht der von ihnen ausgelösten Affekte unmittelbar betroffen.

Eine weitere Gruppe von Patienten, zumeist zwangsneurotisch-schizoider Struktur, erlebt gleichfalls die Unvorhersehbarkeit der Folgen des eigenen Tuns als drohend und beängstigend. Sie erleben die Auswirkungen ihres Verhaltens in der sozialen Umwelt als so unabsehbar, daß sie Aktivität speziell im Kontakt weitgehend meiden. Die in ihrem Verhalten wirksamen Abwehrmechanismen sind vor allem Reaktionsbildungen. Wegen ihrer latenten Bereitschaft zu destruktivem Verhalten, z. B. in Form von zersetzender Kritik, schützen sie sich durch eine Einstellung, wonach Aktivität und handelndes Eingreifen in die Geschehnisse und Abläufe der Menschenwürde weniger entsprechen als Zurückhaltung und distanzierte Betrachtung von überlegen-übergeordnetem Standpunkt aus. Damit wird eine Angst etwa folgenden Inhaltes abgewehrt: Wenn ich handle, zerstöre ich. Um diese zerstörerische Wirkung zu vermeiden, handle ich lieber überhaupt nicht.

Auch der Abwehr dieser Patienten kommt das setting der Einzelanalyse mit ihrem der Singularität angenäherten stark privaten Charakter und der Ermöglichung von Kontemplation und Introspektion gewissermaßen entgegen. In der andersartigen Reizkonfiguration der Gruppe löst die von diesen Patienten unbewußt signalisierte überlegene Würde und die arrogante Verachtung aller, die aktiv sind und handeln, über kurz oder lang affektive Antworten aus, die ihnen ihre arrogante Verachtung und die darin enthaltene zersetzende Kritik allmählich erkennbar werden lassen.

Solche Patienten brauchen anfänglich freilich oft die bergende Absonderung der therapeutischen Dyade so lange, bis sie im Ansatz erlebt haben, daß der andere Mensch, der Therapeut, sie akzeptiert, einschließlich der destruktiv-feindseligen Tendenz, die sie abzuwehren versuchen. In der Gruppe beziehen sie meist zunächst eine Beta-Position im Sinne eines bedingten Pro oder eines bedingten Kontra (A. Heigl-Evers 1967), Positionen, die ihnen Teilnahme zu den in ihrer Abwehr enthaltenen Bedingungen, nämlich auf Distanz und mit Vorbehalt, ermöglichen.

5

Wir sind von der besonderen therapeutischen Wirkungsweise der Pluralitätssituation ausgegangen. Wir haben an dieser Stelle darauf verzichtet darzustellen, wie die Pluralitätssituation selbst wieder verändert werden kann, z. B. durch eine unterschiedliche Strukturierung im Sinne einer offenen oder geschlossenen Gruppe (siehe S. 175) oder durch Modifikationen der Zusammensetzung im Sinne entweder heterogener oder homogener Gruppen (siehe S. 179).

Das spezifisch Neue im setting der therapeutischen Gruppe, verglichen mit dem der Einzelanalyse, ist die Pluralität. Anhand von vier Merkmalen der Pluralität: unter mehreren sein

— Vielheit und Verschiedenheit — nicht souverän sein — Unabsehbarkeit der Folgen des eigenen Tuns — wurde die Indikation für die analytische Gruppenpsychotherapie entwickelt. Jedes dieser Merkmale stellt einen Faktor dar, der bei bestimmten Patienten eine stärkere Wirksamkeit der analytischen Gruppenpsychotherapie gegenüber der Einzeltherapie erwarten läßt.

II. Faktoren, die in der angewandten therapeutischen Technik liegen

1. Die Konzeption der therapeutischen Gruppe

Nach Foulkes (1965) sind drei psychoanalytische Annäherungsweisen an das Phänomen Gruppe zu unterscheiden (siehe auch A. Heigl-Evers und Heigl 1968):

Es wird einmal „Psychoanalyse in der Gruppe" praktiziert. Das Individuum wird vornehmlich gesehen; die Person als einzelnes Lebewesen steht im Brennpunkt der Aufmerksamkeit des Therapeuten. Nach dieser Auffassung hat die Dynamik der Gruppe keinen entscheidenden Einfluß auf die Psychoanalyse des einzelnen, wenngleich eine gewisse Stimulierung des einzelnen durch die multipersonelle Situation der Gruppe nicht geleugnet wird. Als Vertreter dieser Konzeption gelten Wolf und Schwartz (1962) sowie Locke (1961). — Unserer Meinung nach wird bei dieser Annäherungsweise die interpersonelle Interdependenz, die Bedingtheit des Menschen durch die Interaktion mit anderen, zu wenig berücksichtigt.

Es wird zweitens „Psychoanalyse der Gruppe als eines Ganzen" praktiziert. Die Gruppe wird als ein vervielfältigtes Individuum angesehen; man behandelt sie wie ein einheitliches Wesen (Argelander 1963/64). Die therapeutische Beobachtung und Interpretation wird auf die Übertragung der Gesamt-Gruppe gegenüber dem Therapeuten ausgerichtet; die Übertragung der einzelnen Mitglieder wird durch äußerste Anonymität und Abstinenz des Therapeuten und eine bestimmte Deutungstechnik im Sinne einer „sukzessiven" Regression (Lagache 1953) zur infantilen Seite hin gedrängt und somit vereinheitlicht. Als Vertreter dieser Konzeption sind, unter dem Einfluß der Theorien von M. Klein und Fairbairn, vor allem Bion (1961), Rickman (1957) und Argelander (1963/64) anzuführen. — Unseres Erachtens wird durch diese Auffassung der therapeutischen Gruppe das Faktum Pluralität mehr oder minder geleugnet. Eine multipersonale Beziehung wird per operationem in eine bipersonale umgewandelt. Die Einzigartigkeit des einzelnen und seine individuelle Funktion im Gruppenprozeß werden unterbewertet.

Es geht drittens um die Konzeption der „analytischen Gruppenpsychotherapie". Diese Auffassung berücksichtigt den Faktor Pluralität: Die Gruppe setzt sich aus einer Vielzahl von Individuen zusammen; sie bildet gleichzeitig eine Vielheit, die Gestaltcharakter hat und somit übersummativ ist und die auf das Erleben des einzelnen zurückwirkt. Die therapeutische Beobachtung und Interpretation wird sowohl auf die gemeinsame Phantasie und die gemeinsame Problematik der Gruppe wie auf den je spezifischen Anteil des einzelnen an dieser Phantasie und Problematik gerichtet. Vertreter dieser Auffassung sind u. a. Foulkes (1965), R. Schindler (1957/58 und 1964), A. Heigl-Evers (1967 und 1968), A. Heigl-Evers und Heigl (1968, 1970, 1970), Grinberg, Langer, Rodrigué (1960) sowie D. Stock Whitaker und Lieberman (1964).

Die Gruppenkonzeption ist unter den anschließend aufgeführten Faktoren wohl die stärkste Determinante für die Indikationsstellung. Wie schon gesagt (siehe S. 145), wird der Behandler je nach seiner Grundauffassung von der therapeutischen Gruppe unterschiedliche Kriterien der Indikation benutzen. Wenn man z. B. von der Konzeption der Gruppe als eines Ganzen ausgeht, die Gruppe also wie *ein* Individuum behandelt, dann wird man prinzipiell die prognostischen Kriterien der Einzelanalyse verwenden: „Nach unseren bisherigen Erfahrungen können diejenigen Patienten von einer Gruppenanalyse profitieren, die auch die Voraussetzungen zu einer Einzelanalyse erfüllen, aber sich diese aus finanziellen oder anderen Gründen nicht leisten können" (Argelander 1968). Wenn man jedoch den Aspekt der Pluralität der Gruppe einbezieht und Beobachtung und Interpretation darauf gründet, dann wird man von der Einzelanalyse deutlich unterschiedene prognostische Kriterien entwickeln. Die Art der Gruppenkonzeption wird dann auch die Art der angewandten therapeutischen Technik bestimmen.

2. Die Art der Indikationsstellung

Die Indikation kann vom Gruppentherapeuten selbst, von einem anderen Psychoanalytiker oder von einem Therapeuten-Team gestellt werden.

Im Falle der Indikationsstellung durch den Behandler selbst — wie sie vor allem dem niedergelassenen Psychotherapeuten geläufig ist — herrschen andere Voraussetzungen als bei Indikationsstellung durch einen anderen Therapeuten oder ein Team. Man denke nur an den Einfluß der Struktur des Psychoanalytikers, also seiner Eigenart und seiner Prädilektionen auf die Auswahl der Patienten für diese oder jene Therapieform (siehe dazu S. 251 f.). So wird es im ersten Fall häufiger vorkommen, daß sich der Therapeut hinsichtlich der Gruppenfähigkeit eines Patienten oder bezüglich der optimalen Zusammensetzung der Gruppe irrt — häufiger im Vergleich mit der Indikationsstellung durch ein Team —, aber er wird andererseits zur Behandlung eines Patienten eher motiviert sein, wenn er selbst nach eingehenden prognostischen Überlegungen die Indikation zur therapeutischen Gruppe gestellt hat.

Das Therapeuten-Team genießt den „Leistungsvorteil der Gruppe" (Hofstätter 1957): Zu optimistische oder zu pessimistische Beurteilungen *eines* Arztes können durch die prognostischen Einschätzungen *mehrerer* Therapeuten ausgeglichen werden.

Aus prinzipiellen Erwägungen verzichten manche Gruppentherapeuten darauf, die Indikation selbst zu stellen, sondern überlassen dies in jedem Falle einem Kollegen. Grinberg, Langer und Rodrigué (1960) sagen dazu folgendes: „Wir ziehen es im allgemeinen vor, die Patienten erst kennenzulernen, nachdem die Indikation zur Gruppenpsychotherapie bereits von einem Kollegen gestellt worden ist; d. h., wir sehen sie also zum erstenmal, wenn sie in die Gruppe eintreten ... wenn möglich, vermeiden wir eine vorherige Begegnung mit den Patienten, um zu verhindern, daß sich Übertragungsbeziehungen außerhalb der eigentlichen therapeutischen Situation, d. h. außerhalb der Gruppe anspinnen können. Wir verzichten darauf, die Lebensgeschichte unserer Patienten genauer zu kennen, um weder die Gruppe insgesamt, mit der der Patient in Wechselwirkung tritt, aus dem Blickfeld zu verlieren, noch uns zu individuellen Deutungen verleiten zu lassen."

Auch Ezriel (1952) sieht die Teilnehmer an seinen Gruppen zum erstenmal bei deren Konstituierung. Seiner Ansicht nach schälen sich Konflikte und unterschiedliche Persönlichkeitsprägungen früher in der Gruppe heraus, wenn der Therapeut den Patienten als ein Fremder gegenübertritt.

Drei Gründe sind es vornehmlich, die diese Autoren dazu bewegen, Indikationsstellung und Therapie nicht von demselben Analytiker vornehmen zu lassen: 1. Die Übertragungssituation werde quasi verunreinigt, wenn bereits vor der eigentlichen Behandlung ein Kontakt zwischen Patient und Therapeut stattfindet. — Wir sind mit Sager (1967) der Meinung, daß die Irrationalität der Übertragung und ihre Widerstandsfähigkeit gegenüber jeder Logik dafür sorgen, daß die obengenannte Gefahr gering ist. Im allgemeinen reagieren Patienten mit strukturspezifischer Übertragung, d. h. mit ihren vorgeprägten Apperzeptionen, Konzeptionen und Emotionen auf die Stimuli der therapeutischen Gruppe auch dann, wenn sie den Therapeuten schon bei der Anamnesenerhebung kennengelernt haben.

2. Bei Kenntnis der Struktur des künftigen Gruppenpatienten bestehe die Gefahr, Einzelanalyse in der Gruppe zu praktizieren und darüber die Gruppendynamik aus dem Auge zu verlieren oder zu vernachlässigen. — Wir möchten dem entgegenhalten, daß diese Gefahr nicht in der beim Therapeuten vorliegenden Kenntnis von der individuellen Struktur des Patienten liegt, sondern vielmehr auf die Gruppenkonzeption des Analytikers zurückzuführen ist. Wer nicht gruppendynamisch zu denken und zu beobachten gelernt hat, der wird

Einzelanalyse in der Gruppe betreiben, ob er den Patienten vor der Therapie kennengelernt hat oder nicht.

3. Durch vorherigen Kontakt von Patient und Therapeut werde es dem Patienten erschwert, sich seiner Übertragung mit den ihr innewohnenden Konflikten zu überlassen; die Übertragung stelle sich dann erst später ein. — Auch dieses Argument berücksichtigt u. E. den irrationalen starren Charakter der Übertragung zu wenig.

3. Die Art der Vorbereitung und die Einleitung der Gruppentherapie

Es geht um die Frage, ob man den Patienten auf die Gruppenpsychotherapie vorbereiten solle oder nicht.

Grinberg et al. (1960) vertreten dazu die Ansicht, daß vorweg gegebene Belehrungen nur die Intellektualisierungsneigung des Patienten begünstigten und seine spontane emotionale Äußerung einschränkten. Vorangehende Einzelbesprechungen führen sie nur dann durch, wenn der Patient selbst oder der überweisende Arzt ausdrücklich darum bittet oder wenn es zur Klärung von Diagnose und Indikation unbedingt erforderlich erscheint. Ezriel (1952) steht auf demselben Standpunkt.

Powdermaker und Frank (1953) dagegen beginnen im allgemeinen mit vorbereitenden Einzelbesprechungen, und zwar werden diese vom späteren Gruppentherapeuten durchgeführt. Sie sehen darin folgende Vorteile für den Patienten: Er gewinnt eine gewisse Vorstellung von der therapeutischen Gruppe, was seine Angst und Beunruhigung gegenüber dieser neuen Situation verringert. Vorteile für den Therapeuten: Die Reaktionen des Patienten auf seine Informationen geben ihm oft wertvolle Aufschlüsse und helfen ihm, die initialen Schwierigkeiten des Patienten genauer vorauszusehen.

D. Stock Whitaker und Lieberman (1964) beginnen die erste Gruppensitzung mit einem allgemeinen Kommentar des Inhalts, daß die Gruppensituation dazu dienen solle, den Patienten zu helfen, und daß die Diskussion sich auf alles erstrecken könne, was ihnen wichtig sei. Das schließt die folgende Instruktion ein: Die therapeutische

Gruppe ist ein wichtiges Unternehmen mit einem Ziel, das auf die Bedürfnisse der Patienten abgestimmt ist und das sich der Methode der freien Diskussion bedient. D. Stock Whitaker und Lieberman verfolgen, ebenso wie es in T-Gruppen eines gruppendynamischen Seminars geschieht (Heigl 1970), die Strategie der minimalen Strukturierung in bezug auf den interpersonellen Umgang in der Gruppe.

Wir sind im Verlauf unserer Erfahrungen mit therapeutischen Gruppen ebenfalls zu dieser Methode der Minimalstrukturierung übergegangen, allerdings einer relativen. Wir versuchen, dem Patienten vor Beginn der Therapie nahezubringen, daß ihm zur Aufdeckung und Verarbeitung seiner Konflikte vor allem zwei „Instrumente" zur Verfügung stünden:

1. die Gruppe selbst mit ihren vielfältigen Möglichkeiten wechselseitiger Beziehungsbildung und
2. die freie Interaktionsregel (F. Heigl), die Empfehlung, sich so freimütig wie jeweils möglich in der Gruppe zu äußern. Durch die Benutzung des zweiten Instrumentes gelange das zuvor genannte erst zur vollen Wirksamkeit.

Ein allgemein gültiges Vorgehen hinsichtlich Vorbereitung und Einleitung der therapeutischen Gruppe wird es nicht geben. Es wird jeweils von der Struktur des Patienten, der Zusammensetzung der Gruppe und der Konzeption des Therapeuten abhängig sein. Allerdings halten wir das Konzept der (relativen) Minimalstrukturierung bei analytischen Gruppen für besonders indiziert.

4. Zur Handhabung der Kontaktabstinenz

Freud hat die Abstinenzregel 1915 in seinen „Bemerkungen über die Übertragungsliebe" (Bd. X, S. 306—321) in die Psychoanalyse eingeführt. Er stellte damit den Grundsatz auf, die Bedürfnisse und Sehnsüchte des Patienten in der Analyse nicht zu befriedigen, sie vielmehr als zur Veränderung treibende Kräfte bestehen zu lassen. Gemeint sind wohl die illusionären Erwartungen des Patienten, d. h. jene Bedürfnisse und Sehnsüchte, die als Dennochdurchsetzung des Impulses oder als Wiederkehr des Verdrängten auf der Basis von Gehemmtheiten aufzufassen sind (siehe Strukturschema S. 105).

Hinsichtlich dieser Art Abstinenz sind sich wohl alle Gruppentherapeuten einig: Illusionäre Erwartungen und Ansprüche des Patienten sollten nicht befriedigt werden. Anders steht es mit der Frage, ob Abstinenz in bezug auf die gruppenexternen Kommunikationen der Gruppenmitglieder erforderlich sei. Derbolowski (1968) empfiehlt unbedingt, den Patienten vor Beginn der Gruppentherapie zum verbindlichen Verzicht auf jeden Kontakt mit den anderen Gruppenteilnehmern außerhalb der Sitzungen zu verpflichten, um eine Anonymität entsprechend der des Einzelanalytikers herzustellen; deshalb führt er auch die Anonymitätsregel ein, wonach sich Patienten einer Gruppe nur beim Vornamen kennen und nennen.

D. Stock Whitaker und Lieberman (1964) meinen zu diesem Thema, daß viele Therapeuten die gruppenexternen Kontakte von Patienten aus folgenden Gründen als therapiehinderlich ansähen: Es handle sich dabei um Agieren; Gefühle würden durch Verhalten ausgedrückt und dadurch für den therapeutischen Prozeß unzugänglich. Nach dem Fokal-Konflikt-Modell der Autoren bedeuten solche Kontakte oft den Versuch der Lösung eines Gruppen-Fokal-Konfliktes, so wenn z. B. zwei Patienten sexuellen Kontakt zueinander aufnehmen; die Mehrheit der Gruppe delegiert gleichsam sexuelle Probleme an die beiden und vermeidet somit die Konfrontation mit solchen Gefühlen. D. Stock Whitaker und Lieberman verbieten jedoch gruppenexternen Kontakt nicht, da er erfahrungsgemäß nicht lange anhalte — nur solange, als sich der assoziierte Gruppen-Fokal-Konflikt nicht verändert — und da man ihn nach D. Stock Whitaker (persönl. Mitteilung) doch nicht unterbinden könne.

Auch wir verpflichten die Gruppenpatienten nicht zur Kontaktabstinenz. Wir empfehlen sie ihnen nicht einmal. Das Material aus den gruppenexternen Kommunikationen taucht meist ohnehin assoziativ in den freiflottierenden Diskussionen während der Sitzungen auf. Außerdem können solche Kontakte die Frustrationstoleranz der Beteiligten steigern: „Es gibt zwar oft sehr starke Spannungen, aber hinterher geht man wieder miteinander; man merkt dann, der andere ist einem gar nicht so böse.“ Und schließlich teilen wir die Ansicht von D. Stock Whitaker, daß diese Kommunikation kaum zu unterbinden ist.

5. Die Anzahl der Therapeuten

Mangels ausreichender eigener Erfahrung stützen wir uns im folgenden vornehmlich auf die Studie von B. MacLennan (1965), die zugleich eine Literatur-Übersicht gibt:

a) Behandlung durch ein *Zweierteam*: Co-Therapeuten sind im Gegensatz zu Beobachtern aktive Gruppenteilnehmer und teilen die therapeutische Verantwortlichkeit. Vornehmlich aus drei Gründen werden Co-Therapeuten eingesetzt:

1. Zur Verstärkung der Behandlungsintensität: Drei zusätzliche Faktoren kommen durch Einführung eines zweiten Therapeuten ins Spiel: Die Patienten reagieren unterschiedlich auf jeden der beiden Therapeuten; die Patienten erleben die beiden Therapeuten als ein Paar; die beiden Behandler entwickeln reale und Übertragungsbeziehungen zueinander. Den unterschiedlichen Reaktionsmöglichkeiten der Patienten auf ein Zweierteam von Therapeuten wird in folgender Weise Rechnung getragen: Ein weiblicher und ein männlicher Therapeut arbeiten zusammen, um die therapeutische Gruppe dem Familienmodell anzunähern; die Behandler teilen sich in die Rollen des „guten“ und des „bösen“ Therapeuten; Gruppenleiter aus verschiedenen Disziplinen (z. B. Arzt und Sozialfürsorger) üben z. B. in Elterngruppen in child-guidance Kliniken verschiedene Funktionen aus.

Die Zusammenarbeit eines weiblichen und eines männlichen Therapeuten wird als indiziert angesehen bei der Behandlung von verwahrlosten Jugendlichen, von Schizophrenen und bei Patienten aus den höheren Altersklassen. Dem liegt folgende Überlegung zugrunde: Es soll eine Zweiteilung in die Rollen eines weiblichen und eines männlichen oder in die Funktionen eines „guten“ und eines „bösen“ Therapeuten angeboten werden. Ersteres sei häufig wichtig bei der Behandlung von dissozialen Jugendlichen und bei älteren Patienten. Viele Patienten täten sich außerdem leichter, ihre feindseligen Gefühle durch Projektion und Verschiebung auf den *einen* Therapeuten zu übertragen, während sie vom *anderen* Hilfe annehmen können.

2. Heranziehung eines Co-Therapeuten zur Unterstützung des Therapeuten: Anfänger in der Gruppenpsychotherapie wünschen sich nicht selten ein Zweier-Team, weil sie glauben, dadurch eher mit ihren Ängsten fertig zu werden. B. MacLennan gibt dem gegenüber zu bedenken, daß die Einführung eines zweiten Behandlers im allgemeinen die Führung einer Gruppe eher kompliziere. Zur Unterstützung des Therapeuten werden Co-Therapeuten vor allem zur Gruppentherapie von psychotischen Patienten und in der Ehe- und Familien-Therapie herangezogen.

3. Einführung eines Co-Therapeuten zu Ausbildungszwekken: Aus diesem Grund wird Co-Therapie am häufigsten ausgeübt. Aber auch hier gelte, daß die realistischen Probleme zwischen den beiden Therapeuten wie auch ihre Gegenübertragungsschwierigkeiten meist unterschätzt werden.

b) Einsatz von *Beobachtern:* B. MacLennan nennt folgende Aufgaben von Beobachtern: Intensivierung der Beobachtung, Unterstützung und Bestätigung des Therapeuten, Datensammlung für Behandlungs- oder Forschungszwecke, Feedback an die Gruppe, Kontrolle des Therapeuten, Lernen aus Beobachtung und aus den Diskussionen mit dem Therapeuten nach der Gruppensitzung.

Folgende Arrangements sind u. W. bisher ausprobiert worden: Der Beobachter sitzt innerhalb oder außerhalb der Gruppe und im letzteren Fall entweder sichtbar oder unsichtbar (one-way mirror) — es handelt sich um einen Beobachter oder eine Beobachter-Gruppe wie oft bei sogenannten Demonstrationsgruppen — der Beobachter macht Notizen — die Beobachtung geschieht mittels Tonbandgerät oder Fernsehanlage.

MacLennan kommt zu dem abschließenden Urteil, daß Co-Therapie schwieriger sei als Gruppentherapie durch *einen* Behandler. Sie empfiehlt, sie nur bei spezifischer Indikation und zu Forschungszwecken anzuwenden und sie nur durch erfahrene Gruppenpsychotherapeuten ausüben zu lassen. Das gleiche gelte, wenn auch im schwächeren Ausmaß, für den Einsatz von Beobachtern.

6. Handhabung von Übertragung und Gegenübertragung

Nicht die Technik der Handhabung von Übertragung und Gegenübertragung ist an dieser Stelle zu erörtern, vielmehr ist der Zusammenhang von Übertragung und Gegenübertragung einerseits und Prognose andererseits wenigstens anzudeuten. Hinsichtlich der folgenden Punkte scheint uns Übereinstimmung unter den analytischen Gruppenpsychotherapeuten zu herrschen (Foulkes und Anthony 1965; Ezriel 1959; Grinberg et al. 1960; Bion 1961; A. Heigl-Evers 1967 und 1968):

a) Die Übertragungsäußerungen der Gruppenmitglieder sind im hic et nunc der Gruppensituation zu interpretieren. Interpretationen in Hinsicht auf gruppenexternes Erleben der Patienten coupieren die Übertragungsdynamik, verändern dadurch die Wirksamkeit der Gruppentherapie und modifizieren damit die Prognose.

b) Die Interpretation des Therapeuten hat immer auch auf die gemeinsame Problematik, den gemeinsamen Belang der Gruppe einzugehen. Streng genommen läßt sich nur dann eine Differentialindikation zwischen Einzelanalyse und Gruppentherapie stellen, wenn man nicht Einzelanalyse in der Gruppe praktiziert, sondern die spezielle Gruppendynamik hinsichtlich ihrer Wirksamkeit berücksichtigt.

c) Die Gegenübertragung ist ein besonders brauchbares Instrument, um bislang latente Prozesse in der Gruppe aufzuspüren und zu erfassen. Mit dem Begriff Gegenübertragung werden nach der vorliegenden Literatur unterschiedlich breite Spektren von Phänomenen erfaßt. Die Empfehlungen verschiedener Autoren, die sich im Zusammenhang der individuellen Analyse mit den Phänomenen und technischen Problemen der Gegenübertragung befaßt haben, gehen dahin, Gegenübertragung als ein Instrument zur Erfassung der Übertragung des Patienten zu benutzen und auch die Gegenübertragung im engeren Sinne (komplementäre Gegenübertragung nach Rakker, unbewußte analysenbeeinträchtigende Abläufe im Analytiker nach Kemper, Wiederholung habitueller, mehr oder weniger rigider Einstellungs- und Verhaltensweisen gegenüber dem Patienten nach Heigl) kontrolliert oder gesteuert in diesem Sinne einzusetzen (siehe Heimann 1950, Kemper 1953/54, Racker 1957, Heigl 1960, 1963, 1966).

In der Gruppenpsychotherapie hält Argelander (1963/64) jene Gegenübertragung für therapeutisch handhabbar, die aus reaktiven Prozessen im Analytiker besteht, die auf die Wirkung der Übertragung der Gruppe zurückzuführen sind (Vollzug einer vorübergehenden Identifikation mit dem Übertragungsobjekt des Patienten und der Realisierung der in diesem Objekt entstehenden Reaktionen). Grinberg et al. (1960) klammern aus der in der Gruppe therapeutisch nutzbar zu machenden Gegenübertragung die aus ungelösten Konflikten beim Therapeuten resultierenden Störungen ebenso wie Argelander (1963/64) aus. Sie stützen sich auf ihre Gegenübertragungsgefühle, um die unbewußten Phantasien der Gruppen in ihren vielfachen Ausdrucksformen und in bezug auf die jeweils vorherrschenden Spannungen spezifisch zu erfassen und zu deuten.

Soweit wir die Literatur überblicken, sind sich alle analytisch vorgehenden Gruppenpsychotherapeuten darin einig, daß die emotionalen Reaktionen des Therapeuten auf die Überragung der Patienten in der Gruppe und deren Auswertung durch therapeutische Intervention für die Wirksamkeit einer analytischen Gruppenpsychotherapie von entscheidender Bedeutung sind.

Abweichende Meinungen werden hinsichtlich folgender Punkte vertreten:

Entsprechend den beiden gruppenzentrierten Konzeptionen — Psychoanalyse der Gruppe als eines Ganzen oder analytische Gruppenpsychotherapie — gibt es zwei differente Arten, mit der Übertragung der Gruppenmitglieder umzugehen. Man kann einmal, zumindest vorwiegend, die *gemeinsame* Übertragung der Gruppe auf den Therapeuten interpretieren, wie dies z. B. Argelander (1963/64) und Bion (1961) tun. Man kann außerdem interpretieren in bezug auf die gemeinsame Übertragung der Gruppe — z. B. dem Therapeuten, einem einzelnen Gruppenmitglied, oder einer Minorität gegenüber — *und* in Hinsicht auf die spezifische Beteiligung des einzelnen an der jeweiligen Übertragungsproblematik; so gehen Ezriel (1950), Grinberg et al. (1960), Foulkes (1965), A. Heigl-Evers (1968), D. Stock Whitaker und Lieberman (1964), R. Schindler (1960/61 und 1961) u. a. vor.

Im ersten Fall werden sich die Indikationskriterien der Gruppe nicht sehr von denen der Einzelanalyse unterscheiden (siehe S. 163); im zweiten Fall wird sich eine deutliche Differentialindikation zwischen Einzel- und Gruppenanalyse ergeben (siehe auch A. Heigl-Evers und Heigl 1968 u. S. 164, Grinberg et al. 1960).

III. Faktoren, die in der Formation der Gruppe liegen

In einer weiteren Gruppe von Faktoren, die die Wirksamkeit der Gruppenpsychotherapie und damit die Indikation beeinflußt, ist die Dauer der Behandlung, die Struktur der Gruppe und ihre Zusammensetzung anzuführen.

1. Dauer der Gruppenpsychotherapie

A. Gesamtdauer der Therapie: Gruppenpsychotherapie wird in zeitlich-limitierter wie in unlimitierter Form durchgeführt. Die erste Form wird vorzugsweise in der Klinik angewandt, die letztere in der Poliklinik und in der ambulanten psychoanalytischen Praxis.

Die Wirksamkeit der Gruppentherapie ist wie bei der Einzelanalyse im allgemeinen proportional der Dauer. Foulkes (1968) spricht von einer durchschnittlichen Dauer der Gruppentherapie von 2—3 Jahren, mehr 3 als 2 Jahren. Grinberg et al. (1960) rechnen mit 1—2 Jahren Therapiedauer bis zu einer tatsächlichen Zustandsbesserung der Patienten. Die Zahlen sind nicht miteinander zu vergleichen, da der Bezug zur Schwere der Neurose und zum Grad der Symptombesserung fehlt.

Die obenerwähnte Relation von Therapie-Dauer und -Wirksamkeit kehrt sich nahezu um, wenn die Dauer der Therapie vom Patienten in den Dienst eines vom Behandler übersehenen Übertragungswiderstandes gestellt wird. Dies kann der Fall sein bei den sog. „Ausnahmen" (Freud Bd. X, S. 365—370), d. h. jenen Persönlichkeiten, die sich als von früh an unbehebbar geschädigt vorkommen und die sich deswegen zu lebenslänglichen Wiedergutmachungsansprüchen legitimiert fühlen. Je länger in solchen Fällen eine Behandlung dauert, desto nachdrücklicher scheint den Betreffenden mit der Unwirksamkeit der Therapie die Unbehebbarkeit ihrer Schädigung bewiesen zu sein und desto stärker werden die Berechtigungsgefühle für die Wiedergutmachungsansprüche.

B. Sitzungsdauer und Sitzungsfrequenz: Grinberg et al. (1960) benutzen eine Frequenz von einer Sitzung pro Woche bei einer Sitzungsdauer von einer Stunde. Sie halten jedoch eigentlich eine Frequenz von zwei Sitzungen für wünschenswert und stellen auch die Frage, ob nicht 1 1/2 Stunden Sitzungsdauer zweckmäßiger wären. Foulkes (1968) kommt mit seinen Gruppenpatienten zweimal die Woche für je 1 1/2 Stunden zusammen. Wir bevorzugen ebenfalls eine Frequenz von 2 Sitzungen von je 1 1/2stündiger Dauer in der ambulanten Praxis. Kadis et al. (1963) berichten von einem 1960 an die Mitglieder der American Group Psychotherapy Association verschickten Fragebogen, wonach 81 % der Gruppen sich einmal, 15 % zweimal pro Woche trafen. Es scheint sich jedoch eine Frequenz von 2 Sitzungen pro Woche immer mehr durchzusetzen.

In der Klinik hat sich unseres Wissens eine Routine von drei Sitzungen von je 1 1/2 Stunden ausgebildet.

Außer den realen Begrenzungen von Sitzungsdauer und Sitzungsfrequenz z. B. durch Zeitknappheit der Patienten ist in diesem Zusammenhang vor allem die therapeutische Verträglichkeit, die Toleranzgrenze (Heigl 1965) der Patienten zu beachten. Mehr als 3 Sitzungen in der Woche führen gelegentlich zu Überdosierungserscheinungen wie stärkerer innerer Unruhe und Symptomintensivierung, Signalen einer übermäßigen Angstmobilisierung.

Auch Sitzungsdauer und Sitzungsfrequenz können in den Dienst eines Übertragungswiderstandes treten. So wünschen sich Scheingefügige — z. B. Agoraphobe und Patienten mit einer Till-Eulenspiegel-Übertragung (Heigl 1963) — u. U. möglichst häufige und möglichst lange Sitzungen um einer möglichst intensiven Therapie willen. Scheingefügig, d. h. vordergründig mitarbeitsbereit bei hintergründig erheblicher reservatio mentalis übernehmen solche Patienten die „Meinung" von Gruppe oder Therapeut hinsichtlich adäquaten Verhaltens und richten sich auch gruppenextern danach. Der Augenblick kommt, wo sie, mit einem gewissen Triumph, der Gruppe oder dem Therapeuten zu verstehen geben, daß deren „Empfehlungen" nicht geholfen haben, daß die Krankheitserscheinungen trotz geänderten Verhaltens unvermindert fortbestehen.

2. Struktur der Gruppe

A. Konstanz in der Zusammensetzung (die sogenannte geschlossene Gruppe): Der Patientenkreis bleibt von Anfang bis Ende der Therapie derselbe. Dieses Verfahren wird vor allem bei der zeitlich-limitierten klinischen Psychotherapie, gelegentlich auch in der Ambulanz, z. B. in einer studentischen Beratungsstelle (Sperling 1968) angewandt.

B. Inkonstanz in der Zusammensetzung (die sogenannte offene Gruppe): Der Patientenkreis wechselt im Verlauf der Therapie, die Gruppe ist also offen für Veränderungen in der Zusammensetzung der Mitglieder. Foulkes (1968) unterscheidet außerdem noch die halboffene Gruppe, bei der neue Mitglieder in relativ großen Abständen (ca. 1/2 Jahr) in die Gruppe eingeführt werden. Die offene (und halboffene) Gruppe findet vor allem in der Poliklinik und in der ambulanten Praxis Verwendung.

Betrachtet man die den beiden Gruppenstrukturen inhärenten spezifischen Versuchungs- und Versagungssituationen (Schultz-Hencke 1951), so werden Unterschiede in ihrer Wirksamkeit deutlich. Die Unterschiedlichkeit zwischen der konstellierenden Situation von offenen und von geschlossenen Gruppen läßt sich z. B. an den Reaktionen und Antworten der Mitglieder einer offenen Gruppe auf den Eintritt eines neuen Gruppenmitglieds ermessen. Vornehmlich zwei Einstellungsweisen sind bei den „alten" Teilnehmern zu beobachten: Entweder wird der Neuankömmling als unwillkommenes Geschwister erlebt; man schließt sich gegen ihn zusammen. Oder aber man (eine Majorität oder eine Minorität der Gruppe) ist froh über den Neuen, weil er als willkommene Verstärkung eigener Positionen erlebt wird. Jedenfalls wirft das neue Gruppenmitglied für die alten Teilnehmer neue Fragen auf und stellt dadurch bisherige Lösungen von Gruppenkonflikten in Frage.

Im Vergleich zur geschlossenen schließt die *offene Gruppe* folgende spezifische Faktoren ein:

a) Der Einbruch von Neuem und Unbekanntem in Gestalt eines hinzukommenden Gruppenmitgliedes — eine Situation, die vor allem für schizoide Patienten eine ausgesprochene Versagungssituation in bezug auf latente Wünsche nach vertrauensvoller Geborgenheit darstellt.

b) Eine Besitz- (orale und retentive) Problematik dadurch, daß ein neuer Mit-Esser in die „Tischrunde" der Gruppe eintritt; dies löst gegenüber einem sehr bedürftig und „ausgehungert" wirkenden Nachkömmling Befürchtungen aus, selbst zu kurz zu kommen und zu „verhungern". In der Übertragung auf den Therapeuten kann es zu oraler Konkurrenz um dessen Person und dessen Zuwendung kommen. Diese Konstellation wird besonders für depressive Patienten zur Versuchungs- und Versagungssituation.

c) Eine verstärkte Rivalitätssituation durch das Auftreten eines Gruppen-Neulings: Ist er noch völlig therapieunerfahren, so wird er bei den anderen eventuell Bemächtigungs- und Manipulationstendenzen mobilisieren. Ist er aufgrund von vorangegangener Einzelanalyse oder Gruppentherapie bereits therapieerfahren, so kann er kompetitive Tendenzen wachrufen. Der neue „Bewerber" bildet vor allem für zwangsneurotische und hysterische Patienten eine Versuchung und Versagung hinsichtlich Tendenzen nach Prestige, Geltung und Wettbewerb.

d) Die Struktur der offenen Gruppe mobilisiert Konflikte um das Thema Lieben und Geliebtwerden. Der Gruppen-Neuling kann bei den alten Mitgliedern die Furcht auslösen, als „Nesthäkchen" von den anderen oder vom Therapeuten mehr geliebt zu werden und mehr Hilfe zu bekommen. Verfügt er über eine größere Therapieerfahrenheit, so kann er in die

Rolle des älteren Geschwisters geraten, das als möglicher Favorit des Therapeuten gefürchtet wird. In dieser Hinsicht stellt die offene Gruppe vor allem für hysterische Patienten eine Versuchungs- und Versagungssituation dar.

Die Wirkfaktoren der geschlossenen Gruppe scheinen uns im Vergleich mit der offenen Gruppe wegen der Konstanz ihrer Zusammensetzung und dem damit verbundenen größeren Gleichgewicht vor allem in einer stärkeren Kohäsion, d. h. einem intensiveren Zusammengehörigkeitsgefühl der Patienten zu bestehen. Bei Anwendung der geschlossenen Gruppe im Rahmen einer stationären Gruppenpsychotherapie wird der Zusammenschluß der Gruppen-Mitglieder noch durch folgende Momente verstärkt:

a) Durch räumliche Distanzierung der Patienten von ihren sonstigen face-to-face-, Primär- und Bezugsgruppen. Es resultiert nicht selten eine Art gemeinsamer Frontstellung gegen die (teils projizierten, teils realen) Normen der sozialen Umwelt, wobei (zunächst) Konkurrenz-Konflikte und Interessen-Kollisionen innerhalb der Gruppe zurücktreten bzw. geleugnet werden. Vielleicht ist dies *ein* Grund für die „Initialzündung" in geschlossenen stationären Gruppen, d. h. für die Tatsache, daß es in stationärer psychotherapeutischer Behandlung bei den Patienten oft erstaunlich schnell zum Zweifel an bisher gültigen Wertsystemen und zu einem Versuch des Umdenkens kommt (A. Heigl-Evers 1969).

b) Durch Konfrontation mit der antriebsfreundlicheren, weniger repressiven Atmosphäre einer Neuroseklinik, die den Unterschied zu den Normen der sozialen Umwelt um so stärker hervortreten läßt.

c) Durch den suggestiven Effekt der „Autorität Klinik", der ebenfalls zur stärkeren Kohäsion in geschlossenen stationären Gruppen beiträgt. Von den meisten Patienten wird, wenigstens in unserer Kultur, die Klinik als Autorität mehr oder weniger kritiklos anerkannt; dies bedeutet für die Gruppenpatienten das gemeinsame Erleben eines meist illusionär getönten Glaubens an die therapeutische Einflußmöglichkeit der Klinik. — Das Thema der „Autorität Klinik" als eines prognostischen Faktors wird uns im Kapitel über die Indikation zur klinischen Psychotherapie (siehe S. 221f.) noch beschäftigen.

d) Ein weiterer Grund für die stärkere Kohäsion in geschlossenen stationären Gruppen ist darin zu sehen, daß sich bei den Gruppenpatienten eine Art Elitebewußtsein entwickeln kann; sie werden für die therapeutische Gruppe ausgewählt und fühlen sich deswegen gegenüber den übrigen Klinikpatienten als „Erwählte": Jene sind noch nicht „reif" für eine Gruppe und bedürfen daher noch der Einzeltherapie.

Die geschlossene Gruppe, insbesondere in der Klinik, scheint uns im Vergleich zur offenen Gruppe mehr den Charakter einer Not- und Schicksalsgemeinschaft zu haben, vergleichbar etwa der Besatzung eines Segelschiffes. Das in solchen Gruppen entstehende starke Zusammengehörigkeitsgefühl ist vor allem für schizoid-strukturierte Patienten oft von entscheidender initialer Bedeutung.

Auch bei Patienten mit psychosomatischen Störungen, die zur Leugnung der Psychogenese (siehe S. 32f.) tendieren, ist die geschlossene stationäre Gruppe oft indiziert. Sie erleben in dieser Therapie häufig zum erstenmal: Ich bin nicht der einzige Mensch mit ungelösten seelischen Konflikten; die Kränkung, seelisch nicht völlig gesund, nicht völlig souverän zu sein, wird dadurch gemildert.

Beide Arten von Gruppen, die offene wie die geschlossene, haben spezielle Wirkungsmöglichkeiten; keine ist der anderen generell überlegen. Allerdings ist die offene Gruppe nach Ansicht mancher Autoren (Ackerman 1954; A. Heigl-Evers und Heigl 1968) mehr ein Abbild der sozialen und politischen Wirklichkeit als die geschlossene und bietet insofern dem Patienten mehr Möglichkeiten, sich mit den Aspekten dieser Realität auseinanderzusetzen; aber eben deshalb ist sie auch konfliktreicher und belastender, belastender vor allem durch die deutlichere Ausprägung der Rivalitätssituation.

Die geschlossene Gruppe, besonders in ihrer stationären Anwendung, hat mehr den Charakter der schützenden Abgeschlossenheit, fördert vergleichsweise mehr die Kohäsion und damit gleichzeitig die Abgrenzung gegen „die anderen". Auch Grinberg et al. (1960) meinen, daß das Erlebnis des Wir als einer vereinten Vielzahl kennzeichnend für die geschlossene Gruppe sei, obwohl auch viele offene Gruppen in bestimmten Phasen das Bild einer geschlossenen böten, d. h. u. a., sich der Aufnahme neuer Mitglieder widersetzten. In Zeiten der Bedrohung haben sich übrigens Menschen schon immer „instinktiv" in kleinen geschlossenen Gruppen miteinander verbunden, haben sich die angstentlastende Wirkung einer solchen kohäsiven Kleingruppe zunutze gemacht. Eine geschlossene Gruppe erlebt „die anderen" mehr als Gegner (R. Schindler 1957/58 und 1959; A. Heigl-Evers 1966 und 1968), was umgekehrt wieder die Kohäsion fördert; andererseits treten Konkurrenz-Konflikte und Interessen-Kollisionen der Gruppenmitglieder in den Hintergrund, oder sie werden mit Hilfe von Leugnungsmechanismen abgewehrt und somit zum Erleben nicht zugelassen. Daher scheint uns die geschlossene Gruppe vor allem in der Initialphase der Therapie für Patienten mit niedriger Frustrationstoleranz indiziert zu sein. Unter Frustrationstoleranz (Waldhorn 1960) wird die Fähigkeit des Patienten verstanden, frustrierende Umstände, also etwa die stärkere Rivalitätssituation einer offenen Gruppe, ohne Desintegration, d. h. ohne Symptom-Manifestation oder Symptom-Intensivierung zu ertragen.

3. Zusammensetzung der Gruppe

Es handelt sich um die Frage der Homogenität oder Heterogenität in der Zusammensetzung therapeutischer Gruppen. Der Zusammensetzung der Gruppe ist u. E. bisher in Theorie und Praxis der Gruppenpsychotherapie zu wenig Beachtung geschenkt worden. Die Wirkungsmöglichkeiten der Komposition einer Gruppe sind noch zu wenig ausgeschöpft. Die Zusammensetzung einer therapeutischen Gruppe nach homogenen oder heterogenen Gesichtspunkten je nach den aus den Strukturen der Patienten resultierenden Notwendigkeiten ist bereits eine therapeutische Applikation und von mindestens so großer Bedeutung wie die Interventionen des Analytikers während der Gruppensitzungen.

Heterogenität kann sich auf folgende Fakten beziehen:

— Geschlecht
— Alter
— Familienstand
— sozialer Status
— Intelligenzgrad
— Bildungsniveau und berufliche Ausbildung
— Geographie des Wohnortes
— Rasse
— neurotische Symptomatik bzw. psychodynamische Mechanismen

Die *Vorteile* der Heterogenität sehen wir mit Kelman (1963) in Folgendem: Eine Gruppenzusammensetzung nach diesem Prinzip bietet verschiedenartigere Interaktionsobjekte an und damit mehr Möglichkeiten der Auseinandersetzung z. B. mit Personen des anderen Geschlechtes, eines anderen sozialen Status, anderen Alters und anderer Verhaltensstile. Dies führt zu einer stärkeren Konfrontation der eigenen habituellen Verhaltensweisen mit anderen, davon abgehobenen. Konfrontation ist in diesem Kontext zweifach zu verstehen: einmal als Gegenüberstellung von unterschiedlichen Anschauungen und Wertordnungen und zum anderen als unumgängliche Auseinandersetzung mit den spontanen Gefühlsreaktionen der anderen Gruppenmitglieder auf das eigene Verhalten. Wir haben schon an anderer Stelle (siehe S. 160) auf die Bedeutung dieser feedback-Reaktionen hingewiesen (siehe dazu auch Kelman 1963; D. Stock Whitaker und Lieberman 1964; A. Heigl-Evers 1967; A. Heigl-Evers und Heigl 1970). Nach Kelman vermehren sich in einer heterogenen Gruppe die Chancen des Patienten für korrigierende Gefühlserlebnisse; die eigenen habituellen Verhaltensweisen werden durch das Zusammentreffen mit fremden, andersartigen eher evident, eigene Wertkategorien werden eher in Frage gestellt.

Unter psychoanalytischem Aspekt gilt, daß auch bei heterogener Zusammensetzung der Gruppe eine Homogenität im Sinne einer allen Gruppenmitgliedern gemeinsamen (latenten) Problematik der jeweiligen Sitzung zugrunde liegt; verschiedene Begriffe versuchen diese latente Homogenität zu erfassen: Aktion (A. Heigl-Evers 1968), Gruppen-Fokal-Konflikt (D. Stock Whitaker und Lieberman 1968), common group tension (Ezriel 1950), basic assumption culture (Bion 1961), Gemeinschaftsgefühl (Grinberg et al. 1960), „die Gruppe spricht" (Argelander 1963/64 und 1968), Matrix (Foulkes und Anthony 1965). Ein verbindendes Element ist auch dadurch gegeben, daß sich zwischen Gruppen-Majorität und -Minorität ein reziprokes Verhältnis von manifestem und latentem Erleben (A. Heigl-Evers 1967) herstellt; die Majorität aktualisiert z. B. die Abwehr eines Antriebes bzw. Antriebsgefüges, während die Minorität den betreffenden Antrieb — meist in Form der „Wiederkehr des Verdrängten" — repräsentiert oder vice versa. So besteht genau besehen auch bei vorwiegender Heterogenität in der Zusammensetzung der Gruppe immer eine Homogenität in bezug auf die Aktion der Gruppe, Aktion definiert als das gemeinsame (aus latenten Determinanten resultierende) Movens der Gruppe, ihr so begründetes gemeinsames Interesse. Gruppenbildung bedeutet definitionsgemäß (R. Schindler 1957/58; A. Heigl-Evers 1966, 1967, 1968) Herstellung von Gemeinsamkeit (Aktion), bedeutet im Falle einer therapeutischen Gruppe die Gemeinsamkeit konflikthaften Erlebens.

Den Vorteilen der Heterogenität therapeutischer Gruppen steht folgender *Nachteil* gegenüber: Die Patienten können nach Kelman (1963) das Risiko der Selbstenthüllung nur auf sich nehmen, wenn sie sich einigermaßen zur Gruppe zugehörig fühlen, wenn sie wenigstens ansatzweise erleben können, auch mit und trotz ihren Mängeln von der Gruppe oder mindestens ihrer Majorität akzeptiert zu werden, und wenn sie die Gruppenmitglieder als Vergleichs- und Bezugsgruppe benützen können. Dies zu erleben wird im allgemeinen bei zunehmender Heterogenität der Gruppe schwieriger: Die Patienten sind einander zu unähnlich, die Chance der Teilnahme an manifesten gemeinsamen Problemen ist zu gering. Vor allem der von Kelman genannte zweite Faktor — die dem Patienten gegebene Möglichkeit, die anderen Mitglieder als Vergleichs- und Bezugsgruppe, d. h. als Standard des Vergleichs zu benutzen, um sein eigenes Schicksal und seinen eigenen

Fortschritt abzuschätzen — setzt eine gewisse Homogenität voraus; ein Handwerker kann sich z. B. schwer mit einem Universitätsdozenten vergleichen, und außerdem wird er in seinem gruppenexternen Leben nur peripher mit dieser Berufsgruppe zu tun haben.

Die Vor- und Nachteile der Homogenität von Gruppen ergeben sich vice versa aus dem eben Gesagten.

Wenn dies richtig gesehen ist, so lassen sich daraus *Kriterien einer optimalen Zusammensetzung* therapeutischer Gruppen ableiten: Im allgemeinen wird es ratsam sein, die Gruppe in bezug auf Alter, Geschlecht, Rasse, Symptomatik und Struktur *heterogen* zusammenzusetzen. Allerdings ist nach D. Stock Whitaker und Lieberman (1964) darauf zu achten, bezüglich Alter, Geschlecht und Rasse keinen Minoritätenstatus zu provozieren: *eine* Frau in einer Gruppe von Männern steht in Gefahr, in stereotyper Weise gesehen und behandelt zu werden. *Ein* älterer Patient in einer Gruppe von jungen Leuten wird leicht zum weisen Senior und gerät dadurch in eine Rolle, die ihn und die Jungen blockiert. Aber die Autoren fügen selbst hinzu, daß solche Probleme in der therapeutischen Gruppe prinzipiell durchgearbeitet werden können.

Heterogenität in bezug auf Symptomatik und Struktur der Patienten ist wünschenswert, weil dadurch verschiedenartige Konflikte und unterschiedliche Konfliktbewältigungen ins Spiel kommen. Damit wird außerdem vermieden, daß *ein* Abwehrmechanismus in der Gruppe dominant wird und blockierend wirkt.

Im allgemeinen empfiehlt es sich, die Gruppe hinsichtlich des Grades der Verletzbarkeit wie des Intelligenzgrades und des Bildungsstandes *homogen* zusammenzusetzen. D. Stock Whitaker und Lieberman (1964) legen auf Homogenität in bezug auf Verletzbarkeit größten Wert: eine große Variationsbreite im Grad der Verletzbarkeit (vulnerability) der Patienten stelle die Gruppe vor schwerwiegende Probleme. Der Terminus Verletzbarkeit bezieht sich bei den Autoren vor allem auf die Fähigkeit des Patienten, Angst — und wir möchten hinzufügen: Kränkungen — zu ertragen, was weitgehend mit der Spielbreite seines Repertoires an Abwehr- und Schutzmechanismen zusammenhängt. Bei starken Unterschieden im Grad der Verletzbarkeit von Patienten besteht die Gefahr, daß die verletzlicheren Patienten, in der Denkweise des Fokal-Konfliktmodells von D. Stock Whitaker und Lieberman (1964) formuliert, nicht zur Gruppen-Lösung, d. h. zu einem Kompromiß zwischen dem störenden (disturbing) und dem reaktiven (reactive) Motiv beitragen können.

Auch sollte Homogenität in bezug auf Intelligenzgrad und Bildungsniveau herrschen. Darauf hat schon vor etwa einem Jahrzehnt W. Schindler in einer mündlichen Mitteilung hingewiesen. Auch Battegay (1967) plädiert dafür, nur intelligenzmäßig auf gleicher Stufe stehende Patienten in dieselbe Gruppe zu nehmen. Zu große Unterschiede kränken erfahrungsgemäß das Selbstwertgefühl der „Unterlegenen" zu sehr und erhöhen damit für sie das Risiko der Selbstenthüllung.

Nach Kelman (1963) sollte soviel Heterogenität wie möglich in der therapeutischen Gruppe bestehen, jedoch nur in den Grenzen des Personenkreises, mit denen der Patient in seinem täglichen Leben zu tun hat; damit ist gesagt, daß die Patienten eine einigermaßen repräsentative soziale Einheit bilden sollten, um sich intellektuell verständigen und wesentliche Probleme und Formen der Konfliktbewältigung (Frustrationstoleranz) miteinander teilen zu können.

Besondere Erfordernisse können eine spezielle Zusammenstellung von Gruppenmitgliedern entweder nach dem homogenen oder dem heterogenen Pol hin indizieren. Wenn ein besonderer Grad von Kohäsion erreicht werden soll, dann ist Homogenität z. B. hinsichtlich der Symptomatik ratsam. Dies gilt für Patienten, die sich sowohl subjektiv als outcasts fühlen wie objektiv von der Gesellschaft mehr oder minder als solche betrachtet und behandelt werden, wie z. B. homosexuelle (Hadden 1966) und süchtige Patienten (Battegay 1966), alkoholkranke (Fox 1966), verwahrloste (Heigl 1963, 1964, 1965) und schizophrene Patienten; in bezug auf letztere haben Dumont und Christ (1966) eine Literatur-Übersicht über die Anwendung von Gruppenmethoden gegeben. Für homosexuelle, süchtige und verwahrloste Patienten empfiehlt Foulkes (1965) sogar die Kombination von homogener und geschlossener Gruppe, um die Kohäsivkräfte in der Gruppe in besonderem Maße zu stärken.

Umgekehrt sollte die heterogene Zusammensetzung dominieren, wenn mehr der soziale Stimulus-Charakter der Gruppe therapeutisch wünschenswert erscheint. Dies ist notwendig bei allen „übersteuerten" Patienten, den Neurosekranken mit psychischer und/oder somatischer Symptommanifestation, bei denen die Substrukturen der Abwehr, der Kontrolle und der Steuerung relativ stabil sind, das Abwehrgefüge also relativ intakt ist. Es ist demnach ein Arrangement zu wählen, das weniger die Kohäsion der Gruppe verstärkt als mehr die Auseinandersetzung zwischen möglichst vielfältigen Interaktionsobjekten mobilisiert. Über eine spezielle phasenspezifische Indikation für eine homogene Gruppe bei Patienten mit dem psychosomatischen Symptom der Colitis ulcerosa haben Wittich und Klug berichtet (1968).

IV. Faktoren, die in der Umwelt der Gruppe liegen

Als eine weitere Gruppe von Faktoren, von der die Wirksamkeit der Gruppenpsychotherapie abhängt, ist die Umwelt anzusehen. Darunter versteht Lewin (1963) die psychologische Umwelt, den unmittelbar gegenwärtigen und wirksamen Teil der Umgebung, zu dem jeder Mensch in einem interdependenten Verhältnis steht. Für Homans (1960) beginnt die Umwelt jenseits der Gruppe, und sie kann nach drei Aspekten gegliedert werden: in eine physische, technische und eine soziale Umwelt. Unter der *physischen* Umwelt ist der Raum zu verstehen, in dem die Gruppe sich aufhält; dieser Aspekt wird hier nicht behandelt, weil er uns in diesem Kapitel nicht besonders wichtig erscheint, sofern nur die folgenden Voraussetzungen erfüllt sind: ein ruhiger, nicht zu persönlich eingerichteter Raum; genügend Platz, um Stühle im Kreis aufzustellen; die Entfernung zwischen den Stühlen so bemessen, daß sie ein natürliches Miteinander-Sprechen und Sich-Beobachten der Gruppenmitglieder ermöglicht; eventuell ein Tisch in der Mitte, der jedoch den Blick auch auf die Beine der Teilnehmer (Körpersprache) freilassen sollte. – Die *technische* Umwelt besteht darin, daß gewisse Materialien mit bestimmten Werkzeugen bearbeitet werden; dieser Aspekt ist hier irrelevant. Es kommt als wichtigster Faktor die *soziale* Umwelt hinzu: im Falle der therapeutischen Gruppe die Familien der Gruppenmitglieder, bei stationären Patienten das Krankenhaus, ferner die Nachbarschaft, die soziale Klasse, die Kirche und überhaupt die Gesamtheit der Bezugsgruppen; unter „Bezugsgruppe" versteht man jede Gruppe, mit der sich eine Person identifiziert oder vergleicht, und zwar in einem solchen Ausmaß, daß sie deren Standards als ihre eigenen anzusehen pflegt; dabei sind die Bezugsgruppen einer Person nicht unbedingt identisch mit jenen, denen sie im Sinne einer formellen Mitgliedschaft angehört (English und A. English 1958). Wir werden in diesem Kontext nur den Faktor: *soziale* Umwelt behandeln und ihn unter den Gesichtspunkten der Abschirmung der Gruppe gegen die Umwelt und der Interdependenz mit ihr betrachten. Bei diesen beiden Gesichtspunkten wird es vor allem darauf ankommen, jeweils auf den Unterschied zwischen der ambulanten und der klinischen Gruppenbehandlung hinzuweisen. Da sich diese Frage weitgehend mit der Indikationsstellung zur klinischen Psychotherapie deckt, sei auch auf das entsprechende Kapitel (siehe S. 212 f.) verwiesen.

1. Abschirmung gegen die soziale Umwelt

Die analytische Einzeltherapie bietet durch ihren extrem privaten Charakter (A. Heigl-Evers und Heigl 1968) dem Patienten die (objektive) Voraussetzung, die psychoanalytische Grundregel einzuhalten, also im freien Assoziieren alles zu sagen, was er während der Sitzung denkt, fühlt und empfindet. In der therapeutischen Gruppe ist die Grundregel in dieser Form nicht anwendbar (Ackermann 1954); wenn jeder Gruppenpatient ohne Beachtung des Verhaltens der anderen frei assoziieren würde, entstünde keine Gruppe. Man sollte statt dessen die freie Interaktionsregel (Heigl) einführen, die dem Patienten empfiehlt, sein Erleben im hic et nunc der Gruppe und seine Eindrücke von den anderen Gruppenmitgliedern so freimütig wie jeweils möglich mitzuteilen. Dadurch entsteht eine Art freier Gruppenassoziation, ein Prozeß der frei-flottierenden Diskussion, worauf u. a. Foulkes (1965) hingewiesen hat.

Die Einhaltung der freien Interaktionsregel gewährt dem Gruppenpatienten insofern einen gewissen Schutz, als sie ihm empfiehlt, freimütige Äußerungen verbal und nicht per Handeln zu vollziehen. Insofern hat der Begriff Interaktion in der therapeutischen Gruppe eine besondere Note, als darunter zwar die wechselseitige Beeinflussung des Verhaltens versanden wird, jedoch möglichst unter Ausschaltung der Handlungsteile des Verhaltens. Wie für die freie Assoziationsregel in der Einzelanalyse gilt auch für die freie Interaktionsregel in der therapeutischen Gruppe, daß zum Verbalisieren und nicht zum Handeln angeregt wird. Unnötig zu sagen, daß in jeder therapeutischen Gruppe auch agiert wird.

Der Empfehlung zu freimütiger Äußerung wird der Patient jedoch nur nachkommen können, wenn seine Mitteilungen in der Gruppe gegen die Umwelt abgeschirmt sind und er die Gewähr dafür hat, daß sich die gruppeninternen Beziehungen und Auseinandersetzungen nicht nachteilig auf sein gruppenexternes Leben auswirken. Diesem Zweck dient das dem Patienten bereits in der Vorbesprechung auferlegte und eventuell zu Beginn der Gruppe wiederholte Schweigegebot, die Verpflichtung also, über die Gesprächsinhalte innerhalb der therapeutischen Gruppe nichts nach außen verlauten zu lassen.

Zu diesem Thema haben D. Stock Whitaker und Lieberman (1964) interessante Gedankengänge entwickelt. Sie meinen, daß es wohl alle Therapeuten für wünschenswert halten, wenn Diskretion außerhalb der Gruppe gewahrt werde; sie sei eine wichtige Quelle für das Sicherheitsgefühl in der Gruppe. Uneinigkeit unter den Therapeuten bestehe nur hinsichtlich der Frage, wie ein entsprechender Gruppenstandard zu erreichen sei. Der strittige Punkt ist, ob der Therapeut im Sinne der Strukturierung eine Gruppenregel für Geheimhaltung, also ein Schweigegebot einführen sollte oder ob er besser wartete, bis sich solche Standards aus der Gruppe heraus entwickeln. Die Autoren vertreten, entsprechend ihrem Fokal-Konflikt-Modell, den Standpunkt:

Damit eine Gruppenlösung oder ein Standard wirksam werden, müssen sie als Antwort auf erlebte Bedürfnisse der Gruppe entstanden sein. Mitglieder einer Gruppe befolgen nur solche Standards, die sich auf gemeinsame Sorgen und Belange beziehen und Befürchtungen hinsichtlich dieser Sorgen vermindern; dabei müssen Standards nicht immer explizit sein.

Schon in den anfänglichen Sitzungen stelle sich meist ein Gruppen-Konflikt zwischen dem Wunsch nach Selbstenthüllung und der Furcht vor Spott und Kritik heraus. Daraus erwache dann oft der implizite Standard, innerhalb der Gruppe die Empfindlichkeiten der anderen zu schonen und im gruppenexternen Leben Diskretion zu wahren. Explizit werde das Schweigegebot oft erst als Antwort auf den Bruch einer impliziten Abmachung, eines stillschweigend angenommenen Standards der Diskretion. Nach D. Stock Whitaker und Lieberman (1964) ist es so unnötig wie unwirksam, wenn der Therapeut ein Schweigegebot erläßt, solange nicht die Gruppe selbst einen solchen impliziten oder expliziten Standard entwickelt.

Abgesehen vom arztrechtlichen Gesichtspunkt leuchtet uns diese Überlegung der Autoren sehr ein; ist es doch irgendwie inkonsequent, wenn man in allen sonstigen interpersonellen Auseinandersetzungen der Gruppe als Therapeut keine Regeln, Gebote und Verbote aufstellt und nur im Falle der gruppenexternen Geheimhaltung eine Ausnahme macht.

Obwohl wir ebenfalls das Konzept der relativen Minimalstrukturierung vertreten, haben wir es bisher, außer in T-Gruppen innerhalb eines gruppendynamischen Seminars (Heigl 1970) und in analytischen Selbsterfahrungsgruppen von Ausbildungsteilnehmern (siehe dazu weiter unten), noch nicht gewagt, ohne die Setzung dieses Schweigegebotes unsererseits eine therapeutische Gruppe zu beginnen bzw. einen neuen Patienten in eine offene Gruppe einzuführen. Abgesehen von der ärztlichen Verpflichtung, für den Schutz der Intimsphäre des Patienten zu sorgen, schien es uns bisher zu riskant, der Gruppe den Zeitpunkt der Aufstellung einer solchen Norm zu überlassen. Aber zweifelsohne stellt sich der Therapeut dadurch stärker als normsetzende Instanz der Gruppe dar, mit allen Nachteilen, die daraus für eine analytische Gruppe resultieren.

Einen weiteren Schutz gegen die mit einer Indiskretion verbundenen Gefahren stellt das Verfahren dar, nur solche Patienten in die Gruppe aufzunehmen, die keine realen Beziehungen zueinander haben, also weder Freunde noch Verwandte, noch Nachbarn oder Arbeitskollegen sind. Foulkes (1968) legt gerade darauf den größten Wert. Es sollte demnach bei der Zusammenstellung der Gruppe darauf gesehen werden — soweit dies praktisch möglich ist —, daß nun Patienten in die eintreten, die sich noch nicht kennen. Wir halten es in dieser Gruppe eintreten, die sich noch nicht kennen. Wir halten es in dieser Hinsicht nicht so streng wie Foulkes, achten nur darauf, daß zwischen Gruppenpatienten keine *realen* Interessenkollisionen wie z. B. in einem beruflichen Konkurrenzverhältnis oder einer hierarchischen Beziehung im Beruf bestehen.

Das gleiche Kriterium: Ausschluß realer Interessenkollisionen zur Abschirmung gegen die soziale Umwelt — gilt auch bei der Auswahl von Mitgliedern für die Selbsterfahrungsgruppen von Kandidaten eines psychoanalytischen Ausbildungsinstitutes oder die fraktionierten Selbsterfahrungsgruppen (W. Schindler 1969) für Ärzte und Psychologen. In diesem Falle ist die Forderung, die Teilnehmer sollten miteinander vor Eintritt in die Gruppe nicht bekannt gewesen sein, nicht zu realisieren. Weitgehend zu verwirklichen ist jedoch die Empfehlung, es möchten zwischen den Teilnehmern einer Selbsterfahrungsgruppe keine *realen* Konkurrenz-Antinomien vorhanden sein; dies ist bei Selbsterfahrungsgruppen im Rahmen eines psychotherapeutischen Ausbildungsinstitutes deshalb nicht unwichtig, weil sie vornehmlich Ausbildungsziele verfolgen und daher die Konkurrenz ohnehin schon situationsimmanent ist. Vielleicht kann man das Problem u. a. durch Selbstselektion der Teilnehmer lösen: Die Kandidaten eines Ausbildungsinstitutes stellen sich selbst ihre Selbsterfahrungsgruppen zusammen, nachdem sie sich Gedanken darüber gemacht haben, mit welchen Kollegen sie das Wagnis der Selbstenthüllung eingehen wollen und mit welchen nicht.

In den hinsichtlich Beruf oder Berufsziel relativ homogenen Gruppen können sogar Mitglieder derselben Institution oder Klinik eine Selbsterfahrungsgruppe bilden, wie z. B. Battegay (1967) mitteilt und beschreibt.

2. Interdependenz mit der sozialen Umwelt

Unter diesem Gesichtspunkt stellt sich der Unterschied zwischen der ambulanten und der klinischen Form der Gruppenpsychotherapie besonders deutlich dar. In der ambulanten Gruppe finden Interaktionen der Mitglieder mit ihren Primär- und Bezugsgruppen im Gesamtzeitraum der Behandlung in weitaus größerem Ausmaß statt. Dies hat den Vorteil, daß die Patienten ihre realen Schwierigkeiten intensiver spüren und ihr Verhalten in der therapeutischen Gruppe unmittelbarer, realistischer mit dem in ihren Primär- und Bezugsgruppen vergleichen können.

Demgegenüber hat die stationäre therapeutische Gruppe den Vorteil, daß man den Patienten in unterschiedlichem Maße von seinen Primär- und Bezugsgruppen trennen und ihm so auch inneren Abstand zu den Normen und Standards seiner externen Gruppen vermitteln kann (siehe das Kapitel über die Indikation zur klinischen Psychotherapie).

Psychotherapeutische Kliniken unterscheiden sich u. a. darin, daß sie ihren (Gruppen-)Patienten einen unterschiedlichen Grad an Interaktion mit ihren Primär- und Bezugsgruppen erlauben oder anders ausgedrückt: Die Patienten werden mehr oder wenig streng von ihren äußeren Gruppen geschieden, je nach dem therapeutischen Modell, das die Klinik vertritt. So hat Knobloch (1967) eine bestimmte Differenzierung der Gruppentherapie in der Klinik beschrieben. Zu seinem sechsstufigen psychotherapeutischen System gehört als dritte Stufe die Aufnahme des Patienten in das landschaftlich einsam gelegene Rehabilitationszentrum Lobec bei Prag. Knobloch und Mitarbeiter legen größten Wert gerade darauf, ein quasigeschlossenes System herzustellen, das den Patienten nur ein Minimum an Austausch mit ihren sonstigen Gruppen erlaubt. Die Patienten sind in Lobec von der Außenwelt fast völlig abgeschnitten und so während der Dauer ihres Aufenthaltes extrem aufeinander angewiesen. Dadurch werden nach

Knobloch die Patienten besonders intensiv mit dem feedback der anderen Patienten konfrontiert, d. h. also mit den Reaktionen der anderen Gruppenmitglieder auf ihr eigenes Verhalten. Auf diese Weise seien die neurotischen circuli vitiosi besonders deutlich sichtbar zu machen, sei dem Patienten mit besonderer Evidenz nahezubringen, wie er durch sein Verhalten eine neurotische Interaktion in Gang bringt und unterhält.

Als „eine spezifische Behandlungsform des Patienten *in Zusammenhang mit seiner Familie*" (Hervorhebung v. d. Verf.) ist R. Schindlers (1959) bifokale Gruppentherapie anzusehen. Sie wird allerdings nur zur Behandlung von schizophrenen Patienten angewandt. „Etwa 7 Patienten werden zu einer geschlossenen Gruppe vereinigt, parallel dazu in einer getrennt geführten Gruppe ihre Eltern. Die Entwicklung beider Gruppen ist aber aufeinander abgestimmt." Dabei wird in der ersten Phase der Therapie eine Besuchssperre „verhängt", die in der dritten Phase wieder aufgehoben wird.

Nach A. Heigl-Evers (1969) ist der soziale Effekt klinischer analytischer Gruppenpsychotherapie im Sinne einer Zunahme von Selbstvertrauen und Selbstsicherheit der Neurosekranken u. a. auf den Faktor der räumlichen Distanzierung der Patienten von ihrer sonstigen Umwelt und den sonstigen Beziehungspersonen zurückzuführen. Wegen des überregionalen Einzugsbereichs der betreffenden Klinik (Tiefenbrunn) sind zwischenzeitliche Kontakte mit Angehörigen oder Berufskollegen durch Besuch oder dergleichen erschwert. Außerdem wird den Patienten von ärztlicher Seite empfohlen, solchen Kontakt möglichst zu beschränken, wenn auch kein Kommunikationsverbot ausgesprochen wird. Durch diese räumliche Distanzierung wird auch eine Distanzierung von den bisherigen Denk-, Orientierungs- und Wertungssystemen und deren personalen Repräsentanten bewerkstelligt. Außerdem bedeutet ein solches Arrangement einen Schutz des Patienten vor Ostrazismus, d. h. vor der Gefahr, schon bei den ersten, oft noch sozial inadäquaten Versuchen der Umorientierung, impliziten oder expliziten Sanktionen seitens der Angehörigen oder Berufskollegen ausgesetzt zu werden.

Im Kontext der Indikation zur Gruppentherapie in ihrer ambulanten oder klinischen Form scheint uns jeweils die Beantwortung der Frage wichtig: Ist es therapeutisch ratsam, den Patienten in der Interaktion mit seinen üblichen Gruppen zu belassen oder soll er wenigstens vorübergehend von seinen sonstigen Gruppenbezügen mehr oder weniger getrennt werden (siehe dazu auch S. 189)?

*V. Indikation zur kombinierten Einzel- und Gruppenpsychotherapie**

In der deutschsprachigen Literatur und auf deutschsprachigen Fachtagungen wurde die kombinierte Einzel-Gruppentherapie bisher kaum erwähnt. Sehr zu Unrecht, wie wir meinen! Es handelt sich bei ihr um eine Therapieform sui generis mit einer spezifischen Indikationsbreite, um eine Behandlungsform, die in den USA schon seit geraumer Zeit praktische Anwendung und theoretisches Interesse gefunden hat.

1

Wir werden von „kombinierter Therapie" sprechen und verwenden diese Bezeichnung, in Anlehnung an die vorliegende Literatur, im folgenden Sinne:

Im strengen Sinn wird darunter die parallele Anwendung von analytischer Einzel- und Gruppenbehandlung über einen längeren Zeitraum durch denselben Therapeuten verstanden (Wolf und Schwartz 1962). Manche Autoren (A. Kadis et al. 1963) grenzen gegen diese kombinierte Therapie (combined therapy) die conjoint therapy ab, i. e. die bei zwei verschiedenen Therapeuten durchgeführte, parallel laufende Einzel- und Gruppenpsychotherapie.

In einem erweiterten Sinn wird von kombinierter Therapie gesprochen, wenn es sich um eine kontinuierliche Gruppenpsychotherapie mit nur gelegentlichen, in regelmäßigen oder unregelmäßigen Intervallen stattfindenden, Einzelsitzungen handelt (Powdermaker und Frank 1953; Foulkes 1964). Schließlich wird die Bezeichnung kombinierte

* Ersterscheinen des 3. Kapitels, Abschn. V u. d. Titel „Gesichtspunkte zur Indikation für die kombinierte Einzel- und Gruppenpsychotherapie". In: Gruppenpsychotherapie u. Gruppendynamik 4, 82–99 (1970).

Therapie auch dann verwandt, wenn beide Therapieformen einander ablösen, wenn z. B. die Gruppentherapie der Einzeltherapie vorangeht oder ihr nachfolgt (Aronson 1964).

Diese weitgefaßte Begriffsbestimmung, also die Verwendung der Bezeichnung „kombinierte Therapie" in einem strengen, einem erweiterten und einem ganz weiten Sinne, weist auf Unklarheiten bei den Autoren und auf zwischen ihnen bestehende Meinungsverschiedenheiten hin. Tatsächlich bestehen erhebliche Differenzen in der Beurteilung der Brauchbarkeit, Anwendungsbreite und technischen Handhabung der kombinierten Therapie.

Alle mit den Fragestellungen der kombinierten Therapie befaßten Autoren sind sich darüber einig, daß zwischen den beiden Behandlungsformen erhebliche Unterschiede bestehen (Sager 1964; Stein 1964; Aronson 1964; Dorothy Stock Whitaker und Lieberman 1964; Wolf und Schwartz 1962).

Es gibt eigentlich nur zwei Grundanwendungsformen der analytischen Psychotherapie, eben die Einzelanalyse und die analytisch therapierte Gruppe (Ackerman 1961). Alle anderen Therapieformen sind als Abkömmlinge dieser beiden zu betrachten und einzuordnen.

2

Die Annahme, die zum Konzept einer kombinierten Therapie führte, ist folgende: Die kombinierte Therapie verspricht mehr therapeutische Wirkung als jede der in ihr zusammengefaßten Behandlungsformen für sich allein*). Um diese Annahme nachprüfen und den Grundgedanken der kombinierten Therapie verstehen zu können, wollen wir im folgenden die Unterschiede zwischen den beiden Therapieformen unter verschiedenen Gesichtswinkeln näher beleuchten.

Wir bedienen uns dabei zunächst eines auf der Reiz-Reaktions-Theorie beruhenden Sequenzen-Schemas, das von Aronson (1964) zur Erfassung neurotischer Interaktionen

* In einer Diskussion zu diesem Thema an der Psychosomatischen Klinik der Universität Gießen wiesen die Kollegen darauf hin, daß bei der kombinierten Therapie jede der beiden Therapieformen per se verändert werde.

im Prozeß der analytischen Einzel- und Gruppenpsychotherapie entwickelt wurde.

Es handelt sich um die Sequenz S - s - r - R, wobei S eine Abbreviatur für stimulus i. e. Reiz und R eine Abbreviatur für response i. e. Antwort ist. S löst s aus, s ruft r hervor, und die Sequenz endet mit R. Dabei bedeutet S die externen interpersonellen Reizkonfigurationen, d. h. unter tiefenpsychologischem Aspekt: die Versuchungs- und Versagungssituation, die das jeweilige therapeutische Arrangement darstellt.

Mit s werden die verdrängten, affektgeladenen Imagines bezeichnet, also die unbewußten Elterninstanzen, die (meist) in Form der Übertragung auf den Therapeuten projiziert werden.

r ist die Benennung für die automatischen und unbewußten Reaktionen, die zwecks Verminderung oder Bindung von Angst entwickelt werden, jener Angst, die entsteht, wenn dem Patienten die unbewußten Determinanten seines Erlebens und Verhaltens allmählich bewußter werden. Die r sind also gleichbedeutend mit den für den betreffenden Patienten charakteristischen Abwehrmechanismen.

R meint die externen interpersonellen Antworten auf die initiierenden Reize (S) der therapeutischen Situation oder auf die der weiteren aktuellen Situation des Patienten entstammenden Reize. Es handelt sich dabei um eine Mischung von Abwehrmechanismen und den verfügbaren gesunden Verhaltensmöglichkeiten.

Dieses Sequenzen-Schema, das sich, wie gesagt, der Begriffe der Reiz-Reaktions-Theorie bedient (Durkin 1964) wird der Theoretiker in uns als Mittel zur Klärung der Abläufe im psychotherapeutischen Prozeß begrüßen. Dem Therapeuten in uns wird es vielleicht wegen der damit vollzogenen Abstraktion von der unmittelbar erlebten Patient-Therapeut-Beziehung mißliebig sein. Wir wollen sehen, was es bei der Herausstellung der Unterschiede zwischen individueller und Gruppenpsychotherapie zu leisten vermag.

Bei einem Vergleich der beiden therapeutischen Modi mit Hilfe dieses Schemas ergibt sich nach Aronson (1964) für die Struktur der therapeutischen Gruppe folgendes:

1. Der einzelne Patient erhält in der Gruppe mehr externe Reize (S); er wird vielfältigeren Versuchungs- und Versagungssituationen ausgesetzt. Dadurch werden vielfältige neurotische Interaktionen ausgelöst, in denen die Struktur des Patienten zur Darstellung kommt. In der Einzelanalyse werden die von dem betreffenden Therapeuten ausgesandten, für seine Persönlichkeit spezifischen Reize bei Anwendung der klassischen Technik weitgehend eingeschränkt. Sie werden mittels der räumlichen Anordnung, die den Therapeuten aus dem Blickfeld des Analysanden rückt, und mittels des Abstinenzprinzips sowie der analytischen Grundregel gleichsam homogenisiert im Sinne einer „Spiegelplatte“, wie es Freud in den „Ratschlägen für den Arzt bei der psychoanalytischen Behandlung“ (Bd. VIII, S. 384) beschrieben hat; dieses Arrangement dient als starker unspezifischer Reiz für die im Patienten bereitliegenden latenten Übertragungen.

Das ist für Patienten mit sogenannten Übertragungsneurosen ein Vorteil, für Patienten mit sogenannten narzißtischen Neurosen jedoch oft ein Nachteil, der sich wegen der Gefahr der regressiven Ich-Dysfunktion im Sinne stärkerer Angstmobilisierung und Abwehrintensivierung auswirken kann. Diesem Nachteil ist in der einzelanalytischen Technik durch Entwicklung entsprechender Modifikationen und Parameter Rechnung getragen worden (Eissler 1958; Nacht 1958; Quint 1961; Heigl 1966).

Demnach bietet die Struktur der therapeutischen Gruppe ein Mehr an externen Reizkonstellationen, die geeignet sind, die neurotischen Interaktionen, die dem betreffenden Patienten eigentümlich sind, hervorzulocken. Wegen der Vielzahl von Reizkonfigurationen und den dadurch ausgelösten intrapsychischen Reizen und Reizantworten sowie externen interpersonellen Reaktionen wird auch die Darstellung der Familienkonstellation des Patienten durch die Gruppe besonders begünstigt (Aronson 1964).

2. Der Patient hat nach Aronson in der Gruppe ein größeres Repertoire von externen Reizantworten zur Verfügung; es wird nicht gefordert, daß er alle seine Gedanken und Gefühle in der direkten verbalen Kommunikation mit dem Therapeuten kanalisiert. So gibt es für die Manifestation der

Übertragung verschiedene, gleichsam abgestufte Möglichkeiten: die Übertragung kann sich in anonymem Schweigen verbergen, sie kann sich non-verbal darstellen, sie kann indirekt in der Identifikation mit anderen Gruppenmitgliedern zum Ausdruck kommen, d. h., der Patient kann die gruppendynamische Position des identifikatorisch-partizipierenden Gammas einnehmen (A. Heigl-Evers 1966). Der Patient kann z. B. bei starker latenter Feindseligkeit gegenüber dem Therapeuten, etwa in Reaktion auf die Frustration von regressiven Abhängigkeitswünschen, diese sogenannte negative Übertragung auf Mitglieder der Gruppe verschieben und kann auf den Therapeuten zunächst im Sinne der angstfreien positiven Übertragung bezogen bleiben, kann auf ihn weiterhin die gewährende gute Mutter projizieren. Der Patient kann in der Gruppe ferner leichter sogenannte Nebenübertragungen (subsidiary transferences), d. h. Derivate seiner Beziehungen zu Geschwistern und anderen wesentlichen Personen seiner frühen Kindheit entwickeln (Aronson 1964).

3. Die Struktur der therapeutischen Gruppe ist nach Aronson ferner dadurch charakterisiert, daß sie dem Behandler ein größeres Repertoire an Techniken anbietet; er braucht sich nicht in dem Maße auf interpretative Techniken zu beschränken, wie es die Einzelanalyse erfordert. Zwar ist auch in der analytisch behandelten Gruppe das Wahrnehmen der diagnostischen Funktion die vornehmste Aufgabe des Therapeuten; doch kann er seinen Interpretationsstil vielfältiger variieren als in der Einzeltherapie. Er kann z. B. auf das Erleben und Verhalten der Majorität der Gruppe oder der Minorität oder aber einzelner Gruppenmitglieder zentrieren und dadurch Reizkonstellationen unterschiedlicher Wirkung auf die Gesamtgruppe schaffen. Außerdem enthüllt sich die Person des Analytikers in der Gruppensituation unvermeidbar mehr als in der Einzelanalyse, auch wenn der Therapeut um Einhaltung von Neutralität und Abstinenz strikt bemüht ist. „In der relativen Öffentlichkeit der Gruppe erscheint der Therapeut vor den anderen, er stellt sich ihnen von Angesicht zu Angesicht, von jedem gehört und gesehen" (A. Heigl-Evers und Heigl 1968). Dadurch bietet er unvermeidbar mehr *nonverbale* Kommunikation an, zum Teil auch im Sinn non-ver-

baler feedbacks, als in der Einzeltherapie. Falls die Gruppenmitglieder auf seine non-verbalen feedbacks reagieren, ergibt sich für den Therapeuten die Möglichkeit, sie ihnen zu verbalisieren und nun auf diese Weise (über verbale feedbacks) auf die Gruppe einzuwirken.

3

Wir wollen jetzt die Struktur der Einzelanalyse unter Anwendung des von Aronson angegebenen Schemas für neurotische Interaktionen betrachten:

1. In der dyadischen Beziehung kann, nach Aronson, der Therapeut besser als in der Gruppe die durch externe interpersonelle Reize ausgelösten intrapsychischen unbewußten Reizkonfigurationen und die zwecks Bindung der dadurch mobilisierten Ängste entwickelten intrapsychischen Reizantworten, d. h. die unbewußten Abwehrmechanismen, im Detail beobachten. Diese Beobachtung wird einmal durch die unilaterale Entwicklung der Übertragungsprojektionen des Patienten begünstigt. Sie wird ferner dadurch erleichtert, daß die Aufmerksamkeit des beobachtenden Therapeuten nicht auf eine Mehrzahl von Personen verteilt, daß nicht eine Vielzahl interpersoneller Reize von ihm erfaßt werden muß.

Die Zweierbeziehung der Psychoanalyse eignet sich also im allgemeinen besser zu detaillierter Erfassung der unbewußten intrapsychischen Aspekte (s und r) einer neurotischen Interaktion, während die Pluralitätsbeziehung der Gruppe als Ausgangspunkte für die analytische Annäherung an das Erleben des Patienten die interpersonellen Aspekte (S und R) der neurotischen Interaktion anbietet.

2. Damit hängt nach Aronson ein weiterer Vorteil der Struktur der einzelanalytischen Dyade zusammen: Sie erlaubt dem Therapeuten, eben wegen der besseren Erfaßbarkeit der intrapsychischen Abläufe, eine genauere Kontrolle über die Dosierung seiner therapeutischen Interventionen (Aronson 1964). Diese exquisitere Kontrolle über die Dosierung der therapeutischen Interventionen bedeutet, und darauf beruht ein wichtiger Faktor der Differential-Indikation, daß die Dual-Beziehung einen verläßlicheren Kränkungsschutz bietet als die

Pluralität der Gruppe. Die therapeutische Gruppe bietet den in Alpha-, Gamma- und Beta-Positionen befindlichen Teilnehmern, also denjenigen, die sich dem jeweiligen gemeinsamen Gruppenbelang (der Aktion) verbunden fühlen (R. Schindler 1957/58; A. Heigl-Evers 1967, 1968) gleichfalls einen wirksamen Kränkungsschutz. Den Omega dagegen, den gruppeninternen Repräsentanten des jeweiligen Gruppengegners, gibt sie der Kränkung und anderen Alterationen preis.

Die Einzelanalyse erlaubt nach Aronson also eine detailliertere Analyse der intrapsychischen Mechanismen und eine genauere Dosierung der therapeutischen Interventionen und, so möchten wir folgern, gewährt infolgedessen dem einzelnen Patienten einen relativ verläßlichen Kränkungsschutz. Die therapeutische Gruppe gestattet eine genauere Beobachtung der interpersonellen Prozesse. Sie bietet eine größere Anzahl und Variabilität externer interpersoneller Reize für latente Übertragungsbereitschaften und bietet dem Patienten eine größere Variationsbreite externer interpersoneller Reaktionen.

Um dem Grundansatz der kombinierten Therapie und um ihrem Anwendungsbereich noch näher zu kommen, wollen wir die beiden involvierten Behandlungsformen unter dem Aspekt der zum corrective emotional experience, zur korrigierenden emotionalen Neuerfahrung (Alexander) führenden Informationsvermittlung betrachten. Wir knüpfen dabei an Überlegungen von D. Stock Whitaker und Lieberman (1964) an. Diese Autoren unterscheiden vier Arten der Informationsvermittlung über die Gefühle, Verhaltensweisen und Beziehungen eines Patienten, die geeignet sind, ihm zu einer neuen Perspektive und zu einem korrigierenden emotionalen Erleben zu verhelfen:

Es handelt sich dabei einmal um die *Interpretation,* die dem anderen Information über die *Bedeutung* seiner Erlebens- und Verhaltensweisen gibt. Die therapeutische Dual- und Pluralsituation unterscheiden sich in dieser Hinsicht einmal durch die Zahl der Interpreten. Manche Autoren, wie z. B. Grotjahn (1958) schreiben der Co-Therapeuten-Funktion der Gruppenmitglieder eine große Bedeutung zu. Dabei ist wichtig, und für die Gruppe spezifisch, daß der einzelne Patient von seinen Mitpatienten nützliche Interpretationen erhält, ohne daß er direkt-gezielt angesprochen wird. Vor allem Interpretationen, die sich auf die latenten Anteile des gemeinsamen Gruppenbelangs, der Aktion (A. Heigl-Evers 1967, 1968) oder auf den gemeinsamen Fokalkonflikt (D. Stock Whitaker und Lieberman 1964) der Gruppe beziehen, vermitteln dem einzelnen wertvolle Informationen, also etwa Kommentare des Musters: Wir sind wohl alle so gereizt, weil ... Oder: Ich glaube, wir haben jetzt alle Angst, weil ...

Besonders wenn das Verhalten von Patienten durch counterdependence (Schutz 1955) bestimmt ist, durch die Abwehr von regressiven Abhängigkeitswünschen, werden indirekte Interpretationen solcher Art noch am ehesten akzeptiert, um so mehr, wenn sie von seiten der peers, der Gleichgestellten erfolgen, und nicht von seiten einer als Autorität erlebten Person, wie sie der Therapeut in solchen Zusammenhängen oft darstellt.

Dagegen werden in der Gruppe auf den Omega gerichtete Interpretationen, seien sie direkter oder indirekter Art, von diesem zunächst nicht akzeptiert. Anders gewendet: die Omega-Position einzunehmen, die gruppeninterne Repräsentanz des jeweiligen Gruppengegners zu übernehmen, etwa im Sinne der Rolle des Sündenbocks, des Prügelknaben, des Hofnarren (Merl 1968), das bedeutet, für die von seiten der Gruppe gegebenen Interpretationen nicht zugänglich zu sein. Das ist für die Frage der Kontraindikation zur alleinigen Gruppentherapie bedeutsam: Für Patienten, bei denen etwa auf Grund eines ausgeprägten egozentrischen Verhaltens zu erwarten ist, daß sie in einer Gruppe zunächst für längere Zeit, gleichsam habituell, in die Omega-Position geraten werden, eignet sich die therapeutische Gruppe als alleinige Behandlungsform nicht.

Eine weitere Quelle der Information über eigenes Verhalten ist das *feedback* der anderen, d. h. die verbalen und nonverbalen Reaktionen der anderen auf das eigene Verhalten. Das feedback vermittelt eine andere Art von Information als die Interpretation. Die Interpretation folgt dem Muster: Das, was du jetzt ausdrückst, anstrebst, tust, bedeutet das und das.

Oder: Du verhältst dich jetzt so, weil . . . Interpretationen können richtig oder falsch sein. Für das feedback gelten diese Kategorien nicht. Es folgt dem Muster: Ich fühle so und so in Antwort auf dein Verhalten oder deine Kommentare. Ein feedback ist quasi immer richtig; es ist die reale, die wahre Reaktion auf das Verhalten eines anderen. — Sbandi (1970) hat, unter Bezug auf Powers, Clark und McFarland (1960), auf die Kontrollfunktion des feedbacks hingewiesen, d. h. auf das Faktum, daß die Rückmeldung dem Empfänger die Möglichkeit der Kontrolle und entsprechender Änderung gibt. Er unterscheidet zwischen feedback-Signal und feedback-Kontrollfunktion. Battegay (1970) spricht in diesem Zusammenhang von der Reflektorfunktion der Gruppe: „Die Behandlungsgruppe reflektiert das Verhalten des einzelnen, so daß er sich und sein Fehlverhalten im Spiegel der Gruppe (Foulkes) oft erstmals erkennt."

Hinsichtlich der Informationsquelle des feedback besteht ein entscheidender Unterschied zwischen Einzelanalyse und Gruppentherapie. Wenn wir zuvor davon sprachen, daß die Gruppe mehr interpersonelle Reize (S) anbietet, so ist dies hauptsächlich auf ein Mehr an feedbacks zu beziehen. Die Pluralität der Gruppe vermittelt weit mehr feedback als die analytische Dualbeziehung. Die zentrale Technik der Einzelanalyse ist die Interpretation, d. h. die Mitteilung einer reflektierten Beobachtung. Die Mitteilung einer spontanen gefühlshaften Reaktion des Analytikers auf den Patienten ist keine regelhafte Technik der Einzelanalyse, sondern geschieht nur bei spezieller Indikation. Wir müssen es uns an dieser Stelle versagen, auf die Indikation und Art der feedback-Technik in der Einzelanalyse näher einzugehen.

Information durch feedback kann deswegen therapeutisch nützlich sein, weil sie dem Patienten Aufschluß über die Wirkung seines Verhaltens auf andere gibt und dadurch die Möglichkeit öffnet, habituelle interpersonelle patterns zu registrieren und zu erfassen. Dem feedback geben eigentlich nur therapeutische und Selbsterfahrungsgruppen breiten Raum. In den Primärgruppen und Bezugsgruppen werden unmittelbare Gefühlsreaktionen auf das Verhalten des anderen eher selten geäußert, da sie den Geboten der Konvention, des Taktes und der Klugheit widersprechen. Auch in der Einzelanalyse teilt der Analytiker seine unmittelbare Gefühlsantwort, wie bereits gesagt, selten mit.

Die durch feedback vermittelte Information ist für alle jene Patienten therapeutisch wichtig, vielleicht unentbehrlich, die sich wegen ihrer Egozentrizität und ihres Narzißmus ihrer Wirkung auf andere überhaupt nicht bewußt sind, ja zunächst auch gar nicht bewußt werden wollen.

Die dritte Quelle für Informationen über sich selbst und das eigene Verhalten ist die *Selbstbeobachtung*. Die Einzelanalyse bietet den Vorteil, daß sich der Patient, ohne Unterbrechung durch andere, in Ruhe beobachtend seiner Innenwelt zuwenden kann; die Gruppensituation bietet dem Patienten die Chance, seine eigenen Reaktionen in einer spezifischen Konfliktsituation mit denen der anderen Gruppenmitglieder zu vergleichen und so Selbstbeobachtung und Fremdbeobachtung miteinander zu verbinden.

Die Selbstbeobachtung im Vergleich mit dem Verhalten anderer ist für alle jene Patienten vordringlich, die sich mit der Introspektion, die in der Einzelanalyse das hauptsächliche Mittel der Annäherung an das Unbewußte darstellt, ausgesprochen schwer tun. Die von Freedman und Sweet (1954) sogenannten emotionalen Analphabeten, wozu u. a. viele psychosomatisch Erkrankte gehören, sind hierher zu rechnen.

Eine weitere Information über sich selbst als Mittel einer korrigierenden emotionalen Neuerfahrung wird durch *Fremdbeobachtung* vermittelt. Der Gruppenpatient sieht, wie andere Mitglieder über Verhaltensweisen und Konfliktlösungen verfügen, die in seinem eigenen Repertoire fehlen. Die Gruppe versieht den Patienten mit einer speziellen Information im Sinne von: „Diese Aktivität, dieses Verhalten, die dir bisher nie begegnet sind, sind möglich und akzeptabel" (D. Stock Whitaker und Lieberman 1964; eigene Übersetzung). Auch diese Art Information fehlt in der dyadischen Beziehung weitgehend.

Zusammenfassend können wir hinsichtlich der neue Perspektiven vermittelnden Informationen sagen:

Die Einzelanalyse versorgt den Patienten durch die Person des Therapeuten mit relativ gezielten und dosierten Interpretationen; die Gruppentherapie bietet eine Vielzahl von Interpreten an und verringert die Bedeutung des interpretierenden Analytikers. Die Information durch feedback wird vornehmlich in der Gruppe gegeben. Die Introspektion, also die Information durch die Selbstbeobachtung, hat ihre Domäne in der Einzelanalyse. Die im Vergleich mit anderen vollzogene Selbstbeobachtung wird dagegen in der Gruppe angeboten; und die Information durch Fremdbeobachtung ist gleichfalls eine der Gruppe eigentümliche Informationsquelle.

Die Indikation zur kombinierten Therapie ist demnach dann gegeben, wenn der Patient beides braucht: die gezielte und dosierte Interpretation des Therapeuten und die Introspektion als vorwiegende Informationsvermittlung einerseits, also die Hauptwirkfaktoren der Einzelanalyse, und die Information durch feedback, die vergleichende Selbstbeobachtung sowie die Fremdbeobachtung andererseits, also die der therapeutischen Gruppe eigentümlichen Wirkfaktoren. Anders gewendet: eine kombinierte Therapie ist dann indiziert, wenn der betreffende Patient einerseits den Schutz von seiten des dosiert interpretierenden und auf spontane Reaktionen verzichtenden Einzeltherapeuten benötigt und wenn er andererseits die Konfrontation mit dem feedback der anderen in der Gruppe braucht.

4

Wir können jetzt das Grundkonzept für die Indikation zur kombinierten Therapie folgendermaßen formulieren. Eine Indikation zur kombinierten Therapie ist unter folgenden Voraussetzungen gegeben:

Auf der einen Seite bedarf der Narzißmus und die Egozentrizität des Patienten der therapeutischen Beeinflussung durch Information per feedback („Die Gruppe ist der unversöhnliche Feind des Narzißmus", sagt Klapman 1945). Und auf der anderen Seite braucht der betreffende Patient den durch die genauere Dosierbarkeit der Interventionen und die breitere Introspektionsmöglichkeiten gewährleisteten Kränkungsschutz der Einzelanalyse. Eine Indikation zur kombinierten Therapie ist ferner dann gegeben, wenn der Patient wegen der ichsyntonen Art seiner Abwehr auf beides angewiesen ist: einmal auf die stärkeren interpersonellen Reize der Gruppe und zweitens auf die Intimität, die Nicht-Öffentlichkeit der Einzelanalyse, weil er zunächst nur hier, wo Gesichtsverlust und ähnliches nicht in dem Maße zu befürchten ist, seine Abwehr öffnen kann.

In Parenthese sei eingefügt, was unter ego-syntonic, ichsyntoner Abwehr zu verstehen ist: Eine solche Abwehr ist konsistent, d. h. ohne Widerspruch mit den bewußt vertretenen Idealen oder Ich-Idealen des betreffenden Patienten; ich-synton bezeichnet einen Zustand, in dem Ich und Über-Ich in Übereinstimmung sind (English und English 1958).

5

Das wichtigste Kriterium für die Indikation zur kombinierten Therapie scheint uns eine Art Gruppenzugehörigkeits-„test" zu sein, d. h. das Studium der tatsächlichen Gruppenzugehörigkeit des Patienten. Wir möchten dazu in Anlehnung an die sozialpsychologische und soziologische Terminologie (English und English 1958) folgende Gruppenformationen unterscheiden:

1. Die *face-to-face-Gruppe,* bei der zwei oder mehr Personen von Angesicht zu Angesicht miteinander umgehen, so daß jedes Mitglied auf die Reize und Signale der anderen antworten kann, wie z. B. in Nachbarschaftsbeziehungen oder in einer therapeutischen oder Selbsterfahrungs-Gruppe.
2. Ferner die *Primär-Gruppe* als eine spezielle face-to-face Formation. Sie ist dadurch gekennzeichnet, daß ihre Mitglieder auf gemeinsame Ziele hin zusammenarbeiten, viele Ideale und Verhaltensweisen miteinander teilen, einen gewissen Grad von Zuneigung füreinander entwickeln und sich ihrer Verbundenheit bewußt sind. Hierzu zählen die Familie, der Clan (Sippe, Verwandtschaft, Stamm), der kleine Club, die Spielgemeinschaft, die Clique im Betrieb. Cooly (1955) nennt die Primärgruppe eine intime face-to-face-Gruppe mit Kooperation.

3. Schließlich die *Bezugsgruppe,* d. h. jene Gruppe, mit der sich eine Person in solchem Ausmaß indentifiziert oder vergleicht, daß sie gewöhnlich deren Standards und Verhaltensmuster übernimmt und sich zu eigen macht. Hierher gehört z. B. die Berufsgruppe.

Die Art der Beziehung eines Patienten zu den genannten Gruppen, das Maß an Zugehörigkeit oder Nichtzugehörigkeit, stellt ein wichtiges Kriterium für die Indikation oder Kontraindikation dar, für die Wahl des Modus der anzuwendenden Psychotherapie, einer Einzel-, einer Gruppen- oder einer kombinierten Therapie.

a) Wer praktisch keiner face-to-face-Gruppe angehört, wer nicht, relativ kontinuierlich, in einer Gruppe Umgang mit anderen hat, für den ist weder die alleinige Psychotherapie noch die kombinierte Therapie geeignet. Dadurch, daß er keiner face-to-face-Gruppe angehört oder daß es ihm nicht gelungen ist, Zugang zu solchen Gruppen zu finden, signalisiert er ein größeres Maß an Ich-Schwäche; er zeigt an, daß er sich zu einem Austausch von Wahrnehmungen und Signalen nicht ausreichend fähig fühlt. Für solche Patienten erscheint die dyadische analytische Therapieform mit ihrem privaten Charakter und dem von ihr gewährleisteten größeren Kränkungsschutz indiziert.

b) Wer bislang ausschließlich in der Primärgruppe der Familie lebte und andere Gruppen mied, bekundet damit ein größeres Maß an infantiler Abhängigkeit und Angst vor der Zugehörigkeit zu peer-groups. In diesen Fällen ist die Kombination von stimulierender Pluralitätssituation und der privaten, mehr Kränkungsschutz gewährenden Dualbeziehung die Methode der Wahl. Nach Maßgabe der Abhängigkeit und Kränkbarkeit kann es indiziert sein, der kombinierten Therapie in solchen Fällen eine einzelanalytische Phase vorzuschalten, ein procedere, das Aronson (1964) generell empfiehlt.

c) Wer nur Bezugsgruppen angehört, d. h. z. B. über seinen beruflichen Status die Standards und Verhaltensmuster seiner Berufsgruppe teilt, nicht aber Mitglied einer Primärgruppe mit emotionalen Bindungen und gemeinsamen Zielen ist, bekundet dadurch folgendes: Er kann eine Gruppenzugehörigkeit nur durch Leistung erreichen und fürchtet die gefühlshaften interpersonellen Beziehungen einer Primärgruppe. Auch für diese Patienten ist die kombinierte Therapie die Methode der Wahl; in der therapeutischen Gruppe können sie erfahren, daß und warum sie gefühlshaften Kontakt mit anderen meiden; in der Einzeltherapie können sie die in der Gruppe erfahrenen und dort zunächst nicht verbalisierbaren Ängste, vor Spontanreaktionen (feedback) der anderen geschützt, sich verstehbar machen.

d) Wer weder in der Primärgruppe der Familie lebt noch Bezugsgruppen angehört, jedoch, wie z. B. viele Studenten, in eine politische bzw. politisch orientierte Primärgruppe mit engeren Bindungen und gemeinsamen stark verpflichtenden Zielen eingeordnet ist, läßt dadurch eine Indikation zu alleiniger Gruppenpsychotherapie erkennen. Eine ausschließliche Einzeltherapie ist wegen der bei solchen Persönlichkeiten häufig bestehenden ausgeprägten counter-dependence und der damit verbundenen Abneigung, von Autoritätspersonen Hilfe zu akzeptieren, meist kontraindiziert. Auch die kombinierte Therapie ist für diese Patienten wegen der Gefahr, in den Einzelsitzungen von ihren latenten Abhängigkeitssehnsüchten überwältigt zu werden, oft nicht verträglich. Sie können ihre Abhängigkeitswünsche und passiven Erwartungen auf vorbehaltlose Hingabe am ehesten in einer Gruppe gemeinsam mit den peers, den Gleichgestellten, zum Erleben zulassen und allmählich in reflektierte Erfahrung umwandeln.

6

Unter Berücksichtigung dieser Art Gruppenzugehörigkeits-„tests“ lassen sich folgende konkrete Indikationen zur kombinierten Therapie formulieren.

Kombinierte Therapie ist indiziert bei schizoiden Patienten in einer Phase, in der sie beides nebeneinander brauchen, das einseitige Aufmerksamkeits- und Zuwendungsgefälle von seiten des Einzeltherapeuten und den Anreiz für eigene intentionale Aktivität, für die Entfaltung sensorischer Hinwendung zum anderen von seiten der Gruppe.

Sie ist ferner indiziert bei depressiven und zwangsneurotischen Kontaktvermeidern, die, bei einer rigiden Abwehr, doch (gleichzeitig) unter ihrem Kontaktmangel leiden. Sie müssen die Gründe für ihre Vermeiderhaltung mit Hilfe der feedbacks der anderen in der Gruppe erfahren können; die Gründe liegen in ihrer latenten destruktiven Kritik an den anderen und den mit Recht zu fürchtenden Reaktionen der anderen, die erfolgen würden, wenn sie diese Kritik äußerten. Sie brauchen deswegen daneben als eine Art „Zuflucht" das uneingeschränkte Akzeptiertwerden durch den Einzeltherapeuten.

Eine Indikation zur kombinierten Therapie ist ferner gegeben bei hysterisch strukturierten Patienten mit planlos-propulsivem Verhalten und der Tendenz, die Konsequenzen ihres Verhaltens nicht wahrzuhaben, und einer in diesem Sinne wirksamen massiven Abwehr (Nicht-ernst-Nehmen, A. Heigl-Evers 1967). Sie müssen diese Konsequenzen über deren Wirkung auf andere, durch Rückspiegelung, erfahren können und brauchen dabei den Kränkungsschutz der Einzeltherapie.

Schließlich sind in diesem Zusammenhang Patienten mit Charaktersymptomen zu nennen, also mit Verhaltensstörungen ohne eigentlichen Leidensdruck, vor allem, wenn sie über die ich-syntonen Abwehrmechanismen der Isolierung und der Reaktionsbildung verfügen. Ihnen ist, auch nach Stein (1964) und Durkin (1964), mit alleiniger Einzeltherapie, d. h. mit einer vornehmlichen Analyse intrapsychischer Prozesse, keine ausreichende therapeutische Hilfe zu vermitteln. Die alleinige Gruppentherapie dagegen mit ihrer Unterbetonung der Analyse der genetischen Bedingungen kann diesen Patienten oft nicht das ihnen notwendige Verständnis für ihr eigenes Gewordensein vermitteln. Klüwer und Künzel (1968) praktizieren bei dissozialen Jugendlichen regelhaft die kombinierte Therapie. Das Maß an Agieren konnte dadurch gegenüber einer alleinigen Gruppenpsychotherapie herabgesetzt werden. Der Gruppenprozeß sei zwar verlangsamt worden; aber die Gruppen dekompensierten nicht mehr so leicht. Stein (1964) und Durkin (1964) halten ferner borderline-Patienten mit Ich- und Charakterdefekten für einer kombinierten Therapie bedürftig. Durkin (1964) erwähnt in diesem Zusammenhang zudem ambulatorische Psychotiker, die in einer alleinigen Einzeltherapie in die Gefahr völliger Regression geraten würden.

H. Durkin (1964) hält die Indikation für eine kombinierte Therapie außerdem bei allen Patienten mit ausgeprägter Autoritätsproblematik für gegeben, die sich durch Interpretationen von seiten der peers, der Gleichgestellten, weniger bedroht fühlen als durch die des Einzeltherapeuten, der von ihnen als omnipotenter Elternteil erlebt wird. Die gleiche Indikation gilt auch für jene zwangsneurotisch strukturierten Patienten, die sich in Abwehr des Therapeuten und seines Einflusses quasi einmauern, um ihn so zu besiegen, freilich im Sinne eines Pyrrhus-Sieges (Durkin 1964).

Wir halten bei Patienten mit der eben genannten Autoritätsproblematik wie zuvor (unter d) bereits erwähnt, eher eine alleinige Gruppenpsychotherapie für indiziert — aus folgenden Gründen:

Es handelt sich bei diesen Patienten um die Problematik der counter-dependence. Unter counter-dependence ist ein Gefüge von Abwehrmechanismen zu verstehen, die sich gegen latente (passiv-orale und/oder passiv-aggressive) Abhängigkeitswünsche richten. Der Therapeut in der Gruppe, von allen gehört und gesehen und in bezug auf seine Identität weitaus mehr enthüllt als in der Einzeltherapie, stellt im Vergleich zur letzteren eine geringere Versuchung und Verführung für die latenten Abhängigkeitswünsche des Patienten dar, d. h. er mobilisiert deswegen auch die gegen Abhängigkeit gerichtete Abwehr der counterdependence nicht in dem Maße; mit anderen Worten: er mobilisiert weniger Angst und vermindert damit auch die konsekutive Stabilisierung der Abwehr durch counter-dependence. Der Patient kann sich in der Gruppe, im Schutze seiner counter-dependence, seine Abhängigkeit eher eingestehen. Er kann im Verein mit anderen seine (latenten) regressiven Abhängigkeitswünsche zum Erleben zulassen, ohne sich in dem Maße gedemütigt zu fühlen wie in der Einzelanalyse, wo er als der allein Abhängige dem allein mächtigen Analytiker gegenüberstünde. Die auf seine Abhängigkeitswünsche zielenden Interpretationen von peers, von Gleichgestellten in der Gruppe, kann er eher akzeptieren als die von dem alleinigen Interpreten in der Einzelanalyse, der gleichzeitig derjenige ist, auf den er seine regressiven Abhängigkeitswünsche richtet.

In summa läßt sich demnach sagen, daß die Gruppe für Patienten mit der Einstellung der counter-dependence in zweifacher Hinsicht von der Einzeltherapie abweichende Momente anbietet:

1. Der Therapeut provoziert die Abhängigkeitswünsche des Patienten nicht in dem Maße wie in der Einzeltherapie; infolgedessen entwickelt sich auch ein geringeres Maß an dazugehöriger Angst und ein geringeres Maß an dagegengerichteter Abwehr.
2. Das gemeinsame Erleben von Abhängigkeit zusammen mit den peers erlaubt es eher, diese regressiven Wünsche zum Erleben zuzulassen und sich zuzugeben.

Nach Aronson (1964) ist eine kombinierte Therapie für all jene Patienten indiziert, die den Zusammenhang ihrer externen interpersonellen Antworten und Reaktionen mit deren unbewußten Determinanten nicht sehen können; Patienten, die, wie wir meinen, zum Rationalisieren und Intellektualisieren neigen, zum Sprechen *über* ihr Erleben anstatt zur unmittelbaren emotionalen Erfahrung.

7

Das waren die Indikationen zur kombinierten Therapie im engeren Sinne, d. h. zur routinemäßigen parallelen Anwendung von Einzel- und Gruppenpsychotherapie. Im folgenden möchten wir noch kurz die Indikation für gelegentliche Einzelsitzungen bei kontinuierlicher Gruppenpsychotherapie erörtern:

Streng genommen gibt es dafür nur zwei gültige Indikationen: Eine solche Indikation ist einmal gegeben, wenn beim Patienten akute Angst wegen des Andrängens neuer Impulse oder wegen des Zusammenbruchs alter Wertkategorien auftritt. Sie ist ferner gegeben, wenn eine intensive akute Feindseligkeit die Beziehung zu anderen Gruppenmitgliedern gefährdet (siehe auch Powdermaker und Frank 1953).

Freilich wird es sich nicht vermeiden lassen, Gruppenpatienten gelegentliche Einzelsitzungen einzuräumen, ohne daß eine der genannten Voraussetzungen gegeben wäre. Es handelt sich bei solchen Patienten dann oft, worauf D. Stock Whitaker und Lieberman (1964) hinweisen, um Tendenzen, zum Liebling des Therapeuten zu werden oder einen sonstigen speziellen Status in der Gruppe zu gewinnen. In einem solchen Fall ist die Analyse des Inhalts der Einzelsitzung relativ unwichtig; therapeutisch fruchtbar ist dagegen die Analyse der *Funktion* dieser Einzelsitzung für die Beziehung des Patienten zur Gruppe. Die Einzelanalyse soll dann zumeist dazu dienen, den Therapeuten zu veranlassen, daß er den betreffenden Patienten gleichsam die Legitimation für einen bestimmten Sonderstatus in der Gruppe erteilt.

8

Wir möchten, in Parenthese, zur therapeutischen Technik bei gelegentlichen Einzelsitzungen auf folgendes hinweisen: Wir sind mit D. Stock Whitaker und Lieberman (1964) wie auch mit Wolf und Schwartz (1962) der Ansicht, daß man in solchen Einzelsitzungen grundsätzlich gruppenzentriert interpretieren sollte, d. h. daß man das Verhalten des Patienten in der Einzelsitzung unter dem Aspekt der Funktion dieser Sitzung für die Gruppe betrachtet. Es genügt nicht, wenn z. B. einer depressiven Patientin in der Einzelsitzung klarer würde, daß sie sich gegenüber anderen Frauen in diesen und jenen realen Lebenssituationen und auch in der therapeutischen Gruppe nicht durchsetzen kann. Es sollte vielmehr eine Analyse der gruppendynamischen Funktion dieser speziellen Einzelsitzung erfolgen. In einem solchen Fall ergab sich uns, daß die betreffende Patientin deswegen vom Therapeuten schwer enttäuscht war, weil er ihr in der Gruppe nicht gegen die anderen Frauen beistand. Ferner wurde deutlich, daß ihr Wunsch nach einer Einzelsitzung weitgehend den halbbewußten Zweck verfolgte, dem Therapeuten ihre Hilflosigkeit gegenüber Frauen zu demonstrieren und ihn in altbewährter Weise, auf Grund einer bestimmten Vaterprojektion, als Protektor aufzurufen und sich auf diese

Weise mit der Hilflosigkeit gegenüber Frauen *nicht* auseinanderzusetzen.

Die Frage, wie ein Therapeut auf den Wunsch eines Gruppenpatienten nach einer Einzelsitzung reagieren könnte, ist nicht generell zu beantworten. Entscheidend ist die Motivation, die den Patienten zu diesem Wunsch veranlaßt. Es ist auch zu beachten, wann der Patient diesen Wunsch äußert, *vor* der Gruppensitzung, *während* der Gruppensitzung oder *hernach*. Wichtig ist die Frage, warum sucht der Gruppenpatient jetzt Zuflucht in der relativen Privatheit einer Einzelsitzung (D. Stock Whitaker und Lieberman 1964); entscheidend ist auch das Wissen des Therapeuten darum, daß jeder Mensch, der in irgendeiner Weise in Gruppen lebt, ab und an das Bedürfnis verspüren wird, in einer privaten Zweierbeziehung Zuflucht zu suchen.

9

Zum Schluß möchten wir noch auf einige Einwände eingehen, die nach der vorliegenden Literatur gegen die Anwendung der kombinierten Therapie entwickelt wurden:

D. Stock Whitaker und Lieberman (1964) beobachteten bei unkritischer Anwendung der kombinierten Therapie bei den betreffenden Therapeuten die Einstellung, daß die therapeutische Gruppe als alleinige Behandlungsform zur Erreichung der therapeutischen Ziele auf keinen Fall genüge, daß die Einzelanalyse eben doch die eigentlich wirksame Heilmethode sei. Die Gruppe sei höchstens dazu geeignet, Affekte zu stimulieren; eine wirkliche korrigierende emotionale Neuerfahrung vollzöge sich nur in der Einzelanalyse. Eine solche Einstellung berechtigt nach Meinung der Autoren nicht, die Indikation für eine kombinierte Therapie zu stellen.

Einer der häufigsten Einwände (Wolf und Schwartz 1962; A. Kadis et al. 1963; Powdermaker und Frank 1953) bezieht sich auf die Gefahr, daß der Patient Material aussondert und für eine der beiden verwandten Behandlungsformen reserviert, daß er z. B. Material, das bei ihm in der Gruppe auftauchte, in die Einzelsitzung umleitet und durch dieses Affektventil eine fruchtbare Gruppenspannung verringert. Diese Gefahr besteht vor allem bei der eingangs erwähnten conjoint therapy, also einer parallelen Einzel- und Gruppenpsychotherapie bei zwei *verschiedenen* Therapeuten. Diese Schwierigkeit ist nicht zu leugnen und fordert von den beteiligten Therapeuten eine spezielle, auf solche Abwehrmanöver gerichtete Aufmerksamkeit. Kemper (1964/65) weist auf zwei Komplikationen bei Anwendung einer solchen Therapie hin: Die eine bestehe darin, daß sich einer der beiden Analytiker einfangen läßt und, ohne es zu bemerken, der unbewußten Tendenz des Patienten Vorschub leistet, sich mit der einen Analyse gegen die Wirksamkeit der anderen abzusichern und dabei den einen Analytiker gegen den anderen auszuspielen. Die andere Komplikation trete ein, wenn der Analytiker selbst, in unbewußter Rivalität mit dem Kollegen, noch weiter verwirrend in das Übertragungsspiel zu dritt einsteigt.

Eine ganz spezifische Indikation zur conjoint therapy wollen wir nicht unerwähnt lassen: Sie ist bei allen jenen schizoid-depressiv strukturierten Patienten indiziert, denen es zunächst lange Zeit nicht möglich ist, Kritik und Enttäuschungsaggressionen bei *dem* Therapeuten zu äußern, gegen den sie sich richten. Sie sind wegen dadurch mobilisierter massiver Ängste nicht fähig, die Person, auf deren Hilfe sie sich total angewiesen fühlen, kritisch in Frage zu stellen und sich damit gleichzeitig der Hoffnung auf diese Hilfe zu berauben. Die Aufarbeitung dieser Ängste gelingt ihnen besser, wenn die bei ihnen angewandte Gruppen- und Einzelpsychotherapie in verschiedenen Händen liegen.

Der stärkste Einwand gegen die kombinierte Therapie lautet dahin, daß es sich bei Einzelanalyse und Gruppenpsychotherapie um zwei inkompatible Therapieformen (Slavson 1954) handele. Die Einzelanalyse fordere ihrer Natur nach mehr die regressive Übertragung auf den Therapeuten und die Entwicklung einer Übertragungsneurose; in der therapeutischen Gruppe sei die Übertragung nicht allein auf den Analytiker zentriert, werde vielmehr zum Teil auf die Gruppenmitglieder verschoben; die Gruppenmitglieder fungierten als multiple Übertragungsobjekte. Wir meinen gezeigt zu haben, daß eben diese Unterschiedlichkeit der beiden therapeutischen Situationen für bestimmte Patienten notwendig und fruchtbar ist.

10

Nach unseren Erfahrungen ist die kombinierte Einzel-Gruppenpsychotherapie bei bestimmten Patientengruppen die Methode der Wahl und stellt eine wichtige Form der angewandten Psychoanalyse dar. Sie erscheint uns bei all jenen neurosekranken Patienten indiziert, die sowohl den Kränkungsschutz der Einzelanalyse wie die Konfrontation mit dem feedback der anderen in der Gruppe brauchen. –

Die Psychotherapie in der und durch die Gruppe hat ihren festen Platz in der Psychoanalyse gefunden. Ursprünglich auch aus ökonomischen Gründen entstanden — um mehr Patienten analytisch behandeln zu können—,hat sie sich zu einer Therapieform mit spezifischer Indikation, eigenen Techniken und besonderen Konzepten entwickelt. Sie ist besonders dazu geeignet, ja macht es, ähnlich wie Ehe- und Familientherapie, nötig, sich mit den unmittelbar benachbarten Wissenschaftszweigen auseinander zu setzen. Im Falle der Gruppenpsychotherapie bietet sich vor allem die aus der Sozialpsychologie stammende Gruppendynamik mit ihren Konzepten und Begriffen zur Ergänzung an.

Wir glauben nicht, daß die psychoanalytische Theorie, im wesentlichen entstanden aus der dyadischen analytischen Situation und nicht aus einer Pluralitätskonstellation (siehe auch Heigl 1969), allein ausreicht, um Gruppenprozesse zu konzeptualisieren.

Die weitere praktische Anwendung von analytischer Gruppenpsychotherapie und kombinierter Einzel-Gruppenpsychotherapie und die theoretische Beschäftigung mit diesen beiden Therapieformen werden unserer Ansicht nach dazu beitragen, die Theorie der Psychoanalyse in einigen Punkten in Frage zu stellen und zu modifizieren.

VIERTES KAPITEL

Indikation zur klinischen Psychotherapie

Unter klinischer Psychotherapie soll hier stationäre Psychotherapie in einem Krankenhaus im Gegensatz zur ambulanten Psychotherapie verstanden werden. Dabei wird die Indikationsstellung je nach Art der Praxis des einweisenden Arztes (ob praktischer Arzt oder Psychoanalytiker und Psychotherapeut) und je nach Struktur der aufnehmenden Klinik (ob psychosomatische und Neuroseklinik oder psychotherapeutische Abteilung einer psychiatrischen Universitätsklinik) verschieden ausfallen. Der praktische Arzt wird die Indikation zur klinischen Psychotherapie öfter stellen als der frei praktizierende Psychoanalytiker und Psychotherapeut. Die Neuroseklinik wird vornehmlich psychoanalytische Therapie in allen ihren Formen (Kurztherapie, Gruppentherapie, psychoanalytisch-orientiertes Gespräch, psychoanalytisch-orientierte Visite) anwenden, die psychotherapeutische Abteilung einer Psychiatrischen Klinik wird im allgemeinen Pharmakotherapie, pragmatische Psychotherapie (Autogenes Training, Bewegungs- und Atemtherapie, Musiktherapie, die suggestiven Verfahren wie Hypnose, Protreptik u. a.) — also mehr zudeckende Methoden — und Psychotherapie mit Halluzinogenen, die je nach Handhabung mehr zudeckend oder mehr aufdeckend sein kann (Leuner und Holfeld 1962; Kilian 1965), bevorzugen. — Nach dem therapeutischen Trend einer Klinik wird sich die Indikationsstellung des einweisenden Arztes richten müssen, je nachdem, ob ein mehr aufdeckendes (analytisches) oder ein mehr zudeckendes (pragmatisches) Verfahren der Psychotherapie indiziert erscheint.

An dieser Stelle werde ich vor allem die Indikation zur *analytischen* Psychotherapie, und zwar unter den Aspekten sowohl des frei praktizierenden Arztes wie auch des frei praktizierenden Psychotherapeuten, darzustellen versuchen.

1. Ambulante Psychotherapie als Norm

Historisch gesehen ist die Psychoanalyse eine *ambulante* (dyadische) psychotherapeutische Methode. Alle Entdeckungen des Begründers der Psychoanalyse wurden an ambulanten Patienten gemacht; alle therapeutischen Erfahrungen und daraus abgeleiteten technischen Regeln und Empfehlungen bezogen sich auf Patienten der freien Praxis. Es wird der Satz bei Psychoanalytikern wohl kaum auf Widerspruch stoßen, daß die „normale" und bewährte Methode der aufdeckenden Psychotherapie auch heute noch die ambulante Behandlung ist; darauf haben neben anderen Autoren z. B. Elhardt (1965) und Schwidder (1962) hingewiesen.

Warum ist das so, warum gilt prinzipiell, daß der Patient in seinem häuslichen Milieu bleiben und deshalb ambulant die Praxis des Psychotherapeuten aufsuchen solle? Es muß für die psychoanalytische Therapie Vorteile haben, wenn der seelisch Kranke während der Behandlung in seinen Alltagsverhältnissen, in seiner üblichen Umwelt bleibt.

Der Patient soll konfrontiert bleiben mit der Situation, die ihn in Konflikte gestürzt und Symptome bei ihm ausgelöst hat, wie auch Wiegmann (1968) sagt. Nur durch den Verbleib des Patienten in der alltäglichen konflikthaften, symptomauslösenden Umwelt ist gewährleistet, daß er hinreichend an seinen seelischen Problemen leidet und zum anderen genügend relevantes, d. h. seine Konflikte betreffendes Erlebnismaterial in die analytische Sitzung bringt. Nimmt man den Patienten aus seinem Milieu heraus, so entfernt man ihn damit aus seiner symptomauslösenden Umwelt; die äußere Konfliktsituation wird beseitigt, nicht aber der intrapsychische Konflikt des Patienten; von daher sind die häufigen Angaben von Patienten nach Kuraufenthalten zu erklären: „Es ging mir so gut während der Kur, leider hat aber die Besserung hinterher nicht lange angehalten." Das ist (bei psychogen erkrankten Patienten) nicht verwunderlich, wenn man um die Relationen zwischen Konfliktsituation und Symptomauslösung (siehe S. 44) weiß.

Nach diesem Exkurs mag es fast so aussehen, als ob es überhaupt keine Indikation zur klinischen Psychotherapie gäbe. Das wäre zweifellos ein falscher Schluß, der nicht berücksichtigte, daß es noch andere, übergeordnete Gesichtspunkte der Klinikeinweisung gibt als die eben genannten rein psychoanalytischen —, Aspekte, die mit den Eigentümlichkeiten der Klinik zusammenhängen.

2. *Die Charakteristiken der Klinik und die daraus abgeleitete Indikation*

Langen (1966)*) unterscheidet vier Wesensmerkmale der stationären Psychotherapie:

Die zeitliche Gebundenheit der Therapie in der Klinik,
das seelische Schonklima,
die Möglichkeit der ständigen ärztlichen Überwachung des Patienten in der Gruppensituation auf der Station,
die Chance der Anwendung *vielfältiger* psychotherapeutischer Methoden.

Von diesen Eigentümlichkeiten einer Psychotherapie in der Klinik her bestimmt sich die Indikation zur Einweisung oder anders ausgedrückt: „Wird klinische Psychotherapie getrieben, dann müßte hierzu eine klare Indikation vorliegen, d. h., sie müßte aufweisbare Vorteile bieten" (Elhardt 1965).

a) Die zeitliche Gebundenheit der Therapie (größere Effektivität zeitlich limitierter Therapie in der Klinik)

Da z. B. bei den psychosomatischen und psychotherapeutischen Kliniken ein Aufenthalt des Patienten von 6—8 Wochen die Regel ist, dürfte unmittelbar einleuchten, daß in den allermeisten Fällen nur Kurztherapie in Betracht kommt (Kühnel 1952); dabei wurde die Bedeutung der analytischen Gruppentherapie gerade für die Klinik schon hervorgehoben (siehe S. 38). Aus dieser zeitlichen Gebundenheit geht hervor, daß die stationäre Therapie nur begrenzte Erfolge haben kann. Mir scheint bisweilen, daß dies noch nicht allen einweisenden Ärzten bekannt ist; manche Kollegen glauben, ein Aufenthalt von 6—8 Wochen in einer psychosomatischen

* Und nach Mitschrift seines Referats auf dem Kongreß der Deutschen Gesellschaft für Tiefenpsychologie und Psychotherapie und der Allgemeinen Ärztlichen Gesellschaft für Psychotherapie im Oktober 1965 in Bad Nauheim.

oder psychotherapeutischen Klinik sei eine genügend lange Behandlungsdauer, um auch Patienten mit chronischer neurotischer Symptomatik zu heilen. Im übrigen gelten für die Indikation zur (klinischen) analytischen Einzeltherapie und (klinischen) analytischen Gruppentherapie die Kriterien, welche im Kapitel über die Kurztherapie (siehe S. 227 f.) angegeben werden.

Die Indikation zur Kurztherapie in der Klinik ist *eine* Folgerung aus dem Faktum der zeitlichen Gebundenheit der Behandlung. Es gibt noch eine weitere: den Klinikaufenthalt als Vorbehandlung und Vorbereitung des Patienten auf eine Langanalyse, sei es Einzel- oder Gruppentherapie. Es kommen dafür entweder Patienten in Betracht, deren Allgemeinzustand eine ambulante Therapie unverantwortlich erscheinen läßt — darüber später mehr — oder solche, die für die Analyse noch gar nicht ansprechbar sind. Diese Indikation zur psychotherapeutischen Vorbehandlung des Patienten in der Klinik zwecks Vorbereitung auf eine lange Analyse wird häufiger von frei praktizierenden Analytikern als vom praktischen Arzt gestellt werden. Riemann (1965) und Elhardt (1965) haben auf diese eben geschilderte Funktion der psychosomatischen oder psychotherapeutischen Klinik hingewiesen.

Die dritte Indikation in diesem Zusammenhang besteht in der gerade für den freipraktizierenden Arzt wichtigen Chance, Patienten mit psychogenen Symptomen im Sinne eines Behandlungsversuches in die psychotherapeutische Klinik einzuweisen. Der praktische Arzt wird oft nicht die Kenntnisse und die Zeit haben, um bei einem neurotischen Patienten die Prognose zu eruieren. Er wird daher gern die Möglichkeit aufgreifen, die prognostische Klärung von einer Fachklinik vornehmen zu lassen.

b) Das seelische Schonklima

Den gleichen Sachverhalt bezeichnen Formulierungen wie: die Klinik als Gehäuse, ihre Mutterfunktion, Klinik als Hort der Geborgenheit, das Krankenhaus als Rahmen und Halt. Hierher gehören auch zwei Vorteile, auf die Elhardt hingewiesen hat (1965): Entlastung des Patienten vom Alltag mit seinen Pflichten und seiner Routine und dadurch die

Chance zur Besinnung auf sich selbst und zum In-Frage-Stellen der bisherigen Lebensgestaltung. Ich halte diese Funktion der Klinik als Initiator einer seelischen Umorientierung des Patienten für sehr wichtig.

Ist dieser Vorteil einer (psychotherapeutischen) Klinik richtig gesehen, dann ergibt sich daraus unmittelbar die Indikation zur stationären Psychotherapie: Wenn diese Schutzfunktion der Klinik für einen psychogen erkrankten Patienten erforderlich ist, dann ist seine Klinikeinweisung angezeigt.

Vier nicht ganz scharf zu trennende Indikationsbereiche scheinen mir gegeben:

Der Schutz für den Patienten oder der Krisenschutz des Patienten im Verlauf einer ambulanten psychotherapeutischen oder psychoanalytischen Behandlung. Diese Indikation interessiert vor allem den frei praktizierenden Psychotherapeuten und Analytiker; sie ist immer dann zu erwägen, wenn die Analyse allein das Krankheitsgeschehen nicht mehr aufhalten kann, wenn — in einem Bild von Riemann (1965) — im Wettlauf zwischen Therapie und Krankheitsprozeß der letztere zu siegen droht. Dabei gibt es nach Riemann folgende Möglichkeiten der Zusammenarbeit zwischen der Klinik und dem ambulanten Psychotherapeuten:

die Weiterbehandlung des Patienten in der Klinik durch den bisherigen Therapeuten;

die Unterstützung der ambulanten Therapie durch die Klinik, d. h. eine interimistische Therapie, welche auf die Fortführung der ambulanten Behandlung ausgerichtet ist, dabei aber die Übertragung des Patienten und deren Handhabung weniger berücksichtigt;

die vorübergehende Fortsetzung der Analyse (Einzel-, Gruppen- oder kombinierte Therapie) durch einen Therapeuten der Klinik;

die gänzliche Übernahme des Patienten durch einen Behandler des Krankenhauses, also ein Wechsel des Therapeuten; dies kann sich manchmal erst während des Klinikaufenthaltes des Patienten als notwendig erweisen und sollte mit dem Patienten und dem bisherigen Therapeuten besprochen werden. —

Riemann (1965) schildert ferner folgende strukturspezifische Gefährdungen von Patienten während der analytischen Behandlung:

Bei *schizoiden* Patienten kommen präpsychotische Grenzfälle vor, die vielleicht erst während der Therapie deutlicher zu erkennen sind. Die Gefahr der Psychose kann sich u. a. in wiederkehrenden Träumen von existentieller Bedrohung und Gefährdung oder von völliger Isolierung des Patienten, in Landschaftsträumen von archaischem Charakter oder in Träumen mit sonstigen archetypischen oder grob inzestuösen Inhalten zeigen. Oder es kommt auf längere Zeit hin keine erkennbare emotionale Übertragung zustande, oder aber der Therapeut wird so ambivalent oder negativ erlebt, daß er nicht mehr als Helfer angenommen werden kann.

Bei *depressiven* Patienten ist in diesem Zusammenhang an die Suizidgefahr zu denken. Dabei sind nach Riemann die asthenischen Patienten, die oft längere Zeit in larmoyanter Weise von ihren Selbstmordimpulsen sprechen, weniger akut gefährdet als die sthenischen, die ihre Suizidneigung gar nicht erwähnen; Hinweise darauf kann das Fehlen von Affekten, von Forderungen und Haßgefühlen gegenüber dem Therapeuten geben. Auch häufiges Versäumen der Behandlungsstunde stellt bei depressiven Patienten eventuell eine Indikation zur Klinikeinweisung dar, da der Therapeut dann zu wenig Übersicht über das Erleben des Patienten hat; außerdem ist das Fortbleiben oft Ausdruck selbstzerstörerischer Tendenzen. Ebenso ist bei depressiv-süchtigen Patienten häufig eine Klinikeinweisung — eventuell verbunden mit einer Entziehungskur — erforderlich. Bei schwer depressiven Patienten ist es auch ratsam, sie während des Urlaubs des Therapeuten in einer Klinik betreuen zu lassen — dies gilt natürlich für alle gefährdeten Patienten, gleich welcher Struktur.

Bei *zwangsneurotischen* Patienten kommt die Klinik als Krisenschutz dann in Frage, wenn die Symptome lebensbedrohend sind. Oder aber der Patient wird präpsychotisch, wozu es kommen kann, wenn die Sicherungen durch Zwänge in der analytischen Arbeit gelockert worden sind und dann eventuell massive Angst frei wird.

Starkes Agieren bei *hysterischen* Patienten kann ebenfalls

eine Klinikeinweisung indiziert erscheinen lassen. Der stationäre Aufenthalt an sich unterbricht oder beschränkt meist dieses Agieren, da die Appellfunktion, die das Agieren immer auch hat, im fremden Milieu an Wirksamkeit verliert; allein mit den ambulanten Behandlungsstunden und den Mitteln der Analyse erscheint ein solches Agieren oft nicht genügend angehbar. Daß unter diesem Agieren gelegentlich auch die Beziehungspersonen leiden können und deshalb eine Klinikeinweisung nötig ist, leitet über zu dem zweiten Bereich der Indikation, der sich auf die Schutzfunktion der Klinik bezieht.

Es geht dabei um den Schutz für die Beziehungspersonen, bei Untragbarkeit des Patienten im häuslichen oder beruflichen Milieu. Dabei wäre zu denken an Charakterneurosen, depressive Unruhe- und Verwirrtheitszustände, Willkürdurchbrüche bei zwangsneurotischen Patienten und das oben erwähnte Agieren bei hysterischen Patienten. Kranke mit psychotischen Erscheinungen kommen wohl nur zur Einweisung in eigens dafür eingerichtete Kliniken oder Abteilungen und nicht für die übliche psychosomatische oder psychotherapeutische Klinik in Frage. Der Fall schwerer Ehekrisen mit beiderseitigem Agieren der Partner und Abreagieren der eigenen Konflikte aneinander kann ebenfalls die Klinikeinweisung eines der beiden Partner notwendig machen, um ihr oder ihm durch Distanzierung überhaupt erst einmal eine Chance der Selbstbesinnung zu geben; diese kann sowohl aus Gründen des Schutzes für die Beziehungspersonen wie auch — das führt zum nächsten Punkt — zwecks Schutz *vor* dem häuslichen Milieu angebracht sein.

Es geht um den Schutz des Patienten vor dem häuslichen Milieu, vor dem negativen Einfluß der Umgebung. Jeder Arzt kennt Milieus, in denen es zumindest phasenweise dem Patienten nahezu unmöglich gemacht wird, die zur Symptomaufhebung nötige Umorientierung vorzunehmen. Die Umwelt verhindert therapeutische Fortschritte, worauf u. a. Schwidder (1962) und Wiegmann (1968) hingewiesen haben; die Beziehungspersonen können so sehr gegen eine Wandlung des Patienten eingestellt sein, der Patient ist noch so stark an sein Milieu fixiert, daß erst die Herausnahme des Patienten aus seiner gewohnten Umgebung ihn in den Stand setzt, sich innerlich von seiner Umwelt abzugrenzen; die räumliche Distanz erleichtert die innere Abgrenzung und damit die Umorientierung.

Als weiterer Indikationsbereich, der sich aus dem Schonklima der Klinik ergibt, ist schließlich die symptombedingte Unmöglichkeit zu nennen, eine ambulante Behandlung beim Patienten durchzuführen. Schwidder (1962) hat in diesem Zusammenhang schwere Platzangst und ähnliche Phobien, gewisse Zwangssymptome — zu denken wäre an einen ausgeprägten Waschzwang —, schwere Angstneurosen, hysterische Symptome (z. B. Gangstörungen) und bestimmte in der Sozietät kaum tragbare Tic-Erscheinungen (Bell-Tic) genannt.

c) Die Möglichkeit der ständigen ärztlichen Überwachung

Eine Indikation zur Klinikeinweisung besteht, wenn aus internistischen oder psychiatrischen Gründen eine ständige ärztliche Überwachung des Patienten nötig ist, worauf auch Wiegmann (1968) hinweist. Daran ist zu denken bei Patienten mit Anorexia nervosa, mit sonstigen schwer beeinträchtigenden psychosomatischen Symptomen (Asthma, Colitis ulcerosa, Ulcus ventriculi) oder anderen seelisch-bedingten ausgeprägten Funktionseinschränkungen, die u. U. ein schnelles therapeutisches Eingreifen erforderlich machen. Ferner kommen natürlich psychotische Patienten, suizidgefährdete depressive oder süchtige Patienten aus dem oben erwähnten Grund für die Aufnahme in eine (dafür eingerichtete) psychosomatische oder psychotherapeutische Klinik in Betracht. Bei den Suchtkranken trifft Wiegmann (1968) eine interessante Unterscheidung: Er empfiehlt, sich bei der stationären Aufnahme von Suchtkranken auf die Patienten zu beschränken, „bei denen die Süchtigkeit nicht das Primärsymptom darstellt, sondern als Reaktion auf eine überdurchschnittlich gewichtige Belastung angesehen werden kann, auf Fälle, bei denen bisher keine Vorbehandlung, insbesondere keine stationäre Entziehung, durchgeführt worden war".

F. Fromm-Reichmann (1950) unterscheidet bei den „borderline states" zwei Gruppen von Patienten hinsichtlich der Indikation zur stationären Aufnahme. Die erste Gruppe ist so gestört, daß sie die „Freiheit" einer ambulanten psychoanalytischen Behandlung nur als schwere, unerträgliche Last erleben würde; diese Patienten müssen in die Klinik aufgenommen werden. Für eine zweite Gruppe von Patienten gilt, daß sie die Hospitalisierung als Kränkung, zusätzlich zur Belastung der seelischen Krankheit, erleben; aus diesem Grund ist eine Klinikeinweisung möglichst zu vermeiden. Eine weitere Gruppe von Patienten drängt zwar zur Hospitalisierung, ohne jedoch einen entsprechenden Befund zu haben. Sie sehnen sich nach Aufgabe ihrer Verantwortlichkeiten oder nach Abhängigkeit. In solchen Fällen habe der Therapeut zu entscheiden, ob — bei schwer Kranken — die stationäre Aufnahme zu einer Erleichterung oder Kränkung des Patienten führt und ob — bei den leichter Gestörten — die Klinik einen mehr stimulierenden oder aber mehr verwöhnenden Effekt haben wird.

Folgender Vorteil gegenüber der ambulanten Therapie soll noch erwähnt werden: In der Klinik ist eine viel breitere und detailliertere Beobachtung nicht nur durch die Ärzte, sondern auch durch die Schwestern und das sonstige Haus- und Pflegepersonal möglich. Man erfährt oft mehr über das Verhalten des Patienten in den Klinikgruppen (in den Zimmer-, Spiel- und Sportgemeinschaften, informellen Freizeitgruppen, Cliquenbildungen), als dies in der ambulanten psychoanalytischen Praxis der Fall ist. Der Arzt hört auch Meinungen, Ansichten und Urteile, die Patienten auf Gegenseitigkeit übereinander äußern. Es läßt sich also der Kontakt- und Verhaltensstil eines Patienten in der Klinik oft genauer erfassen, mithilfe der genannten zusätzlichen aktuellen Informationen, als es üblicherweise in der ambulanten psychoanalytischen Behandlung geschieht. All dies ermöglicht es dem Psychotherapeuten in der Klinik, z. B. den Patienten in gewissen Fällen relativ bald und gezielt auf Verkennungen der Realität hinzuweisen, was bei jeder Kurztherapie wichtig ist. Auf diesen Vorteil hat Wiegmann bereits früh (1952) hingewiesen.

Dem scheint ein gewisser Nachteil der psychotherapeutischen Klinik gegenüberzustehen, auf die u. a. Enke (1965) hingewiesen hat. Die Übertragung des Patienten verteilt sich auf mehr Personen, wird gleichsam aufgespalten, und es entstehen dadurch schwerer überschaubare Verhältnisse (hinsichtlich der unbewußten Dynamik). Aber ich bin wie Enke der Meinung, daß die klinikspezifische Konstellation der Gruppensituation mit den multilateralen Übertragungen des Patienten dann kein Nachteil zu sein braucht, wenn der Analytiker gelernt hat, auch gruppendynamisch zu denken und nicht nur bipersonal; außerdem kennt der Behandler die Übertragungsobjekte seiner Patienten und kann sich daher, wie oben schon angedeutet, einen klareren Begriff von den Übertragungsverzerrungen seines Analysanden machen.

d) Die Chance vielfältiger psychotherapeutischer Methoden

Eng verwandt mit dem vorhergehenden Merkmal ist das folgende: die Breite der psychotherapeutischen Möglichkeiten als ein weiteres Charakteristikum der Klinik. Daraus ist eine Indikation zur klinischen Psychotherapie in *den* Fällen abzuleiten, die *mehr* als *eine* psychotherapeutische Behandlungsmethode brauchen.

So hat Schwidder (1962) die Vorbeugung drohender Invalidität als eine Indikation zur klinischen Psychotherapie bezeichnet; dabei erweist sich oft eine aktive Resozialisierung durch Anwendung übender psychotherapeutischer Verfahren und durch Arbeitsumschulung als notwendig. Im allgemeinen wird dieser Indikationsbereich schmal sein, zumindest in bezug auf eine psychoanalytisch orientierte Klinik. Ich stimme mit Elhardt (1965) überein, daß es oft nicht ratsam sei, analytische Verfahren mit pragmatischen zu kombinieren; die Ziele einer analytisch-aufdeckenden und einer pragmatisch-zudeckenden Therapie sind so verschieden, ja widersprechend, daß ihre Kombination den Patienten verwirrt und die Wirksamkeit einer solchen Behandlung eher vermindert.

e) Die Autorität der Klinik

Über die vier von Langen (1966) genannten Wesensmerkmale der stationären Psychotherapie hinaus ist noch ein fünftes Charakteristikum zu erwähnen, auf das bereits Elhardt (1965) hingewiesen hat: ich meine die Autorität einer

Klinik und damit einen suggestiven Faktor, der sich — zumindest zu Beginn einer seelischen Behandlung — günstig auswirken *kann;* die Lehrmeinung einer Klinik rangiert für den Laien im allgemeinen höher als die eines praktischen Arztes oder freipraktizierenden Psychotherapeuten.

Eine Indikation zur klinischen Psychotherapie kann demnach auch gegeben sein, wenn dieser suggestive Faktor, mit anderen Worten eine eher direktive Methode wünschenswert ist. Das kann für den Patienten mit einer Fixierung auf organogenen Vorstellungen gelten oder allgemein für solche, die für die Notwendigkeit einer seelischen Behandlung noch kaum ansprechbar sind. Diese Indikation deckt sich zum Teil mit der zuvor (siehe S. 215) genannten der Vorbereitung des Patienten auf eine Langanalyse und dem Behandlungsversuch; letzterer wird in der Klinik vor allem auch in Form einer Gruppenpsychotherapie durchgeführt.

Eben war die Rede davon, daß der Suggestivfaktor einer Klinik zu Anfang einer psychotherapeutischen Behandlung günstig sein könne. Ergänzend muß jedoch Folgendes hinzugefügt werden: Dem suggestiven Faktor der Klinik entspricht (im Falle seiner Wirksamkeit) die Suggestibilität des Patienten oder mit anderen Worten: dessen gläubige Hinnahme der Lehrmeinung der Klinik und dessen kritiklose Vertrauensseligkeit. Regelhaft wird diese je nachdem magische oder Kind-Eltern-Übertragung des Patienten (siehe S. 119 f.) in der späteren ambulanten Psychotherapie zum Problem, das analysiert werden muß. Recht häufig stellt sich in der ambulanten Therapie heraus, daß der Patient sich gegen eigene Bedenken und Zweifel von der Psychogenese seiner Krankheit oder von der Notwendigkeit der psychoanalytischen Behandlung „überzeugen" ließ, daß er sich also (allzu willig) vom Therapeuten der Klinik als Repräsentanten einer „allmächtigen und allwissenden" Institution zur Behandlung überreden ließ und dabei gleichzeitig die Verantwortung für sein Wohlergehen völlig auf Arzt und Klinik abschob. Später, wenn sich der Heilerfolg nicht so schnell wie erwartet einstellt, entwickeln sich Enttäuschungsaggressionen.

Trotzdem muß es nach meiner Meinung als therapeutisch positiv bewertet werden, daß nicht wenige Patienten ohne eine solche Beeinflussung durch die Autorität der Klinik gar nicht die Möglichkeit und Notwendigkeit einer psychotherapeutischen Behandlung sehen würden. —

Zu den aufgezählten Charakteristiken einer psychotherapeutischen Klinik käme auch noch das psychosoziale Milieu der Klinik, dessen Besonderheit weitgehend die Indikationsstellung bedingt (Hau 1968, Beese 1971). Auf die therapeutische Valenz der sogenannten therapeutischen Gemeinschaft (Clark 1964 und Jones 1968) sei nur beiläufig verwiesen; sie ist nicht Gegenstand dieses Buches. Auch wurde sie bisher vornehmlich in psychiatrischen Krankenhäusern angewandt.

3. *Indikation aus nicht primär-ärztlichen Gründen*

Letztlich ist noch eine Indikation zur Einweisung in eine Klinik zu erwähnen, die primär weder mit ärztlichen noch mit psychoanalytischen Gesichtspunkten zu tun hat. Diese „unsauberen Indikationen" (Enke 1965) oder, wie Kühnel sie nennt (1952), „sozialen Indikationen" betreffen einmal Patienten, für die kein Kostenträger gefunden werden kann — was immer seltener wird —, und zum zweiten solche seelisch Kranken, die sich deshalb nicht ambulant behandeln lassen können, weil es an ihrem Wohnort keinen Psychotherapeuten gibt. Die Zahl der Patienten, die vor allem aus dem zuletzt genannten Grund in eine psychotherapeutische Klinik eingewiesen werden müssen, ist ziemlich groß; das ist nicht verwunderlich, wenn man weiß, daß es in der Bundesrepublik nur etwa 500 psychoanalytisch ausgebildete Psychotherapeuten gibt, die wiederum nicht alle frei praktizieren. — Im sechsten Kapitel wird darauf nochmals (siehe S. 259/60) einzugehen sein.

4. *Die Spezifität der prognostischen Kriterien für die Indikation zur klinischen Psychotherapie*

Überblickt man noch einmal die angeführten prognostischen Kriterien, so fällt das Fehlen *struktureller* prognostischer Merkmale für die Indikation zu einer Psychoanalyse in der Klinik auf. Das hat einen guten Grund: eine strukturspezifische Indikation zur stationären Psychoanalyse gibt es im allgemeinen nicht (siehe auch Kühnel 1952), kann es nicht geben, da, wie eingangs erwähnt, die psychoanalytische Behandlung dann optimal ist, wenn der Patient in seinem alltäglichen Milieu mit dessen spezifischen Problemen und Konflikten verbleibt. Auch die eingangs (siehe S. 214 u. 215) genannte Indikation, Einweisung in die Klinik zwecks analytischer Kurztherapie, ist keine aus den spezifischen Notwendigkeiten der Therapie resultierende Indikation, da diese Kurztherapie prinzipiell auch in einer ambulanten psychotherapeutischen Praxis durchgeführt werden könnte.

Eine Ausnahme von dieser Regel bilden nur die Patienten, für die das Schonklima einer Klinik aus strukturspezifischen Gründen notwendig ist, wie ich es zu schildern versucht habe. Hierher gehören Patienten mit den von Riemann angeführten strukturspezifischen Krisen (siehe S. 216 f.). Sonst gelten für die Indikation zur klinischen Psychotherapie primär allgemein-ärztliche und soziale Gründe und erst sekundär neurosenpsychologische, auf die spezielle Charakterstruktur des Patienten bezogene. Das soll nicht heißen, daß der klinischen Psychotherapie ein minderer Rang zugewiesen wird: die psychosomatische oder psychotherapeutische Klinik wird ihren Platz in all den Fällen behaupten, wo die spezifisch-ärztlichen Vorteile der Klinik gegenüber der ambulanten Psychotherapie — Schonklima, Möglichkeit ständiger ärztlicher Überwachung, Breite der psychotherapeutischen Möglichkeiten — im Interesse des Patienten wahrgenommen werden müssen, d. h. also bei den schweren und schwersten Neuroseformen.

5. Zusammenfassende Übersicht über die Indikation zur klinischen Psychotherapie

Abschließend zu diesem Kapitel sollen die Indikationen zur stationären Psychotherapie nochmals in einem Schema zusammengestellt werden. Die Anordnung erfolgt nach den verschiedenen therapeutischen Notwendigkeiten, die eine Klinikeinweisung erforderlich erscheinen lassen. Die Reihenfolge ist etwas anders gewählt als im Text, es wurde nach der ärztlichen Dringlichkeit der psychotherapeutischen Klinikbehandlung eingeteilt.

A. 1. Die ständige ärztliche Überwachung in der Klinik

Indikation aus internistischen Gründen: Magersucht, beeinträchtigende psychosomatische Symptome wie Asthma bronchiale, Ulcus ventriculi, sonstige Funktionseinschränkungen

Indikation aus psychiatrischen Gründen: Psychosen, Suicidgefahr, Süchte

2. Das Schonklima der Klinik

a) Schutz für den Patienten: Krisenschutz während laufender ambulanter Analyse bei schizoiden Patienten

präpsychotische Grenzfälle

bei depressiven Patienten

Suicidgefahr, häufiges Nicht-Erscheinen des Patienten in der Analyse, Entziehungskur

bei zwangsneurotischen Patienten

lebensbedrohende Symptome, präpsychotische Zustände

bei hysterischen Patienten

Agieren

b) Schutz für die Beziehungspersonen bei

Charakterneurosen, Unruhe- und Verwirrtheitszuständen, Willkürdurchbrüchen, Agieren, psychotischen Erscheinungen

c) Symptombedingte Unmöglichkeit der ambulanten Therapie bei

Agoraphobie, sonstigen Phobien, gewissen Zwangssymptomen, Angstneurosen, Gangstörungen, sozial untragbaren Tics

d) Schutz vor dem negativen Einfluß der Umgebung bei

Ehekrisen, Fixierung an das häusliche Milieu

3. Die größere Effektivität zeitlich limitierter Therapie in der Klinik
   - Indikation zur Kurztherapie (Gruppentherapie, Einzeltherapie, analytisch orientiertes Gespräch)
     - zur Vorbehandlung und als Vorbereitung einer Langanalyse
     - zum Behandlungsversuch mit gleichzeitiger prognostischer Klärung

4. Die Breite der psychotherapeutischen Möglichkeiten in der Klinik
   - Indikation zur Anwendung mehrerer psychotherapeutischer Methoden
     - zur Vorbeugung von Invalidität
     - zur Anwendung pragmatischer Verfahren

5. Der suggestive Charakter der Klinik
   - Indikation bei Patienten mit Fixierung auf organogene Vorstellungen
     - zur Vorbehandlung und zum Behandlungsversuch

B. Indikation aus äußeren, nicht ärztlichen Gründen
   - fehlender Kostenträger
   - Fehlen von Psychotherapeuten am Wohnort des Patienten

FÜNFTES KAPITEL

Indikation zur analytischen Kurztherapie

1. *Definition des Verfahrens*

Immer schwingt bei Verwendung des Begriffes „Kurztherapie" sein Gegensatz „Langtherapie" mit. Die Grenze zwischen beiden ist schwer zu ziehen und wird immer etwas willkürlich gesetzt sein, noch dazu, da der Begriff „*Kurz*therapie" einmal auf den Zeitraum der Behandlung, ein andermal auf die Zahl der analytischen Sitzungen bezogen wird.

Alexander und French (1946) sowie Malan (1965) haben sich wohl am eingehendsten mit dem Problem der Kurztherapie auseinandergesetzt. Die bei den erstgenannten Autoren geschilderten Behandlungsverläufe umfassen einen Zeitraum von 1 Tag bis zu 17 Monaten mit 1 bis 65 Sitzungen; bei Malan wird eine Behandlungsdauer von 1 bis 15 Monaten und eine Stundenzahl von 5 bis 40 angegeben. Soll man eine Behandlungsdauer von 15 oder 17 Monaten noch als kurz bezeichnen? Nach den üblichen medizinischen Maßstäben sicher nicht. Verglichen jedoch mit der Standard-Psychoanalyse und bezogen auf die Zahl der Sitzungen handelt es sich wirklich um eine kurze Therapie; sind doch 150 bis 300 Sitzungen für die Behandlung chronischer psychoneurotischer und psychosomatischer Beschwerden und gar von Charakterstörungen eher die Regel als die Ausnahme.

Der Ausdruck analytische Kurztherapie ist also einmal in Relation zur Lang- oder Standard-Analyse zu verstehen, die auch heute noch die Methode der Wahl für die meisten neurotischen Störungen darstellt. Der Begriff ist ferner in bezug darauf zu sehen, daß es sich bei dieser Behandlungsform um eine von vornherein *kurzfristig geplante* Art von Therapie handelt. Die Tatsache der zeitlichen Begrenzung der Therapie von seiten des Analytikers trifft das Wesen des mit dem Begriff „Kurztherapie" bezeichneten Sachverhaltes am genauesten. Daß diese zeitliche Begrenzung eng mit der Begrenzung des Zieles der Therapie und mit der Anwendung einer speziellen Behandlungstechnik zusammenhängt, soll hernach erörtert werden.

2. *Indikationsbereich der Kurztherapie*

Auf Grund der bisher beschriebenen Kriterien darf gefolgert werden, daß sich die analytische Kurztherapie nur für Patienten mit leichterer neurotischer Struktur eignet, bei denen es insbesondere noch nicht zur Ausbildung ausgeprägter Folgeerscheinungen der Gehemmtheiten (Ideologien, Arbeitsstörungen u. a.), von circuli vitiosi und von chronifizierenden exogenen Faktoren gekommen ist; Kurztherapie wird demnach auch nur dann in Frage kommen, wenn die für die Symptomatik auslösende Situation nicht länger als ein Jahr zurückliegt, d. h. mit anderen Worten bei relativ akuten Symptomen. Diese Schlußfolgerung, wonach analytische Kurztherapie nur bei leichteren Neuroseformen indiziert ist, deckt sich mit den vorliegenden klinischen Erfahrungen; nur bei leichteren Neuroseformen ist mit dieser Therapie eine völlige oder weitgehende Beseitigung eines neurotischen Symptoms zu erreichen.

Die Indikation ist jedoch immer auch eine Funktion des Behandlungszieles. Beschränkt man das Ziel, so erweitert sich auch automatisch der Bereich der Indikation. Beschränkt man sich darauf, das Fortschreiten einer bereits bestehenden Neurose zu verhindern oder der Manifestation einer latenten Neurose vorzubeugen, worin Alexander und French (1946) das Ziel der Kurztherapie sehen, oder soll nur *ein* bestimmter aktueller Konflikt des Patienten therapeutisch angegangen werden, wie Malan (1965) das Ziel der Kurztherapie definiert, dann kommt diese analytische Therapieform auch für schwerere Neuroseformen in Frage. Damit ist implizit ausgedrückt, daß mit der analytischen Kurztherapie nur eine begrenzte Veränderung der neurotischen Einstellungen und Verhaltensweisen des Patienten angestrebt wird.

Der Modifikation des Zieles entspricht ein modifiziertes therapeutisches Vorgehen, das ich in diesem Zusammenhang nur insoweit zu schildern brauche, als es sich auf die Indikationsstellung auswirkt. Alexander und French sprechen von einer flexiblen Technik bei der Kurztherapie und unterscheiden folgende Änderungen gegenüber der Standard-Technik:

1. Schon die ersten Interviews werden viel direkter und aktiver geführt, es wird mehr mit Reizdeutungen gearbeitet. Hoch (1965) sieht ebenfalls in den Graden der Aktivität des Therapeuten den wichtigsten methodischen Unterschied zwischen Kurz- und Langanalyse.
2. Die Frequenz der analytischen Sitzungen wird je nach Struktur des Patienten und je nach seiner Entwicklungsphase verändert.
3. Es werden dem Patienten auch Direktiven hinsichtlich seiner Lebensführung gegeben.
4. Es werden kürzere oder längere Unterbrechungen der Behandlung zur Vorbereitung der Beendigung der Therapie empfohlen.
5. Es erfolgt eine stärkere Regulierung der Übertragungsbeziehung.
6. Die realen außeranalytischen Lebenserfahrungen des Patienten werden in ausgedehnterem Maß für die Therapie verwandt.

Diese Technik resultiert aus folgendem Konzept: Neurose bedeutet das Scheitern eines Individuums, seine subjektiven Bedürfnisse unter den gegebenen realen Umständen in sozial akzeptabler Form zu befriedigen. Konstitutionelle Faktoren und frühkindliche Erfahrungen auf der einen Seite und traumatische Erfahrungen im späteren Leben auf der anderen spielen in der Verursachung einer Neurose eine wichtige Rolle. Damit ein Patient von seinem neurotischen Fühlen und Handeln befreit wird, muß er neue emotionale Erfahrungen machen, die die pathogenen emotionalen Erfahrungen seines früheren Lebens aufheben. Demgegenüber tritt die therapeutische Bedeutung der Herstellung einer Übertragungsneurose weitgehend zurück. Alexander und French halten das therapeutische Ziel einer emotionalen Neuerfahrung für vorrangig gegenüber technischen Festlegungen; die therapeutische Technik sollte flexibel gehandhabt werden. —

Auch Malan (1965) spricht von der Begrenzung des Zieles in der analytischen Kurztherapie und sieht dieses Ziel in der Charakterveränderung des Patienten in einem *begrenzten* Erlebnisbereich. Die entsprechende spezifische Technik bezeichnet er nach einem Vorschlag von Balint als Fokaltechnik, ein Terminus, der auch auf das Fokalkonflikt-Konzept von French (1952) hinweist. Bereits zu Beginn der Behandlung wird dem Patienten die Behandlungsdauer (von 5 bis zu 40 Sitzungen) mitgeteilt: Der Fokus, d. h. ein bestimmter aktueller Konflikt des Patienten, wird im Sinne einer Deutung vom Arzt formuliert; der Therapeut orientiert sich dann mit seinen Interpretationen relativ eingleisig an diesem Fokus und läßt sonstiges Material möglichst unbeachtet; dabei interpretiert der Analytiker relativ aktiv. Bei dieser Technik sitzt der Patient dem Arzt gegenüber; die Therapie findet nur etwa ein- bis zweimal pro Woche statt. Begrenzung des therapeutischen Zieles und Anwendung der Fokaltechnik machen nach Malan das Wesen der analytischen Kurztherapie aus; es wird damit jedoch nicht nur eine Symptombeseitigung (ohne Strukturveränderung) angestrebt, sondern es sollen Hemmungen und Einschränkungen aufgehoben werden und neue Einstellungen und Verhaltensweisen an deren Stelle treten. — In seiner m. W. letzten Veröffentlichung zur analytischen Kurztherapie hebt Alexander (1965) das Zeitlimit als eigenen therapeutischen Faktor hervor. Einer der größten Fehler der Analytiker sei es, dem Patienten von vornherein zu sagen, daß er sich auf einen langen Prozeß gefaßt machen müsse, oder daß er sich um die Dauer der Behandlung keine Sorgen machen solle. Eine solche Einstellung von seiten des Analytikers züchte geradezu die regressiven Neigungen des Patienten, seine Tendenz, ein hilfloses Kind zu werden und die Hilfe nur vom anderen zu erwarten. Wenn dagegen der Therapeut die Haltung einnehme: wir werden die Behandlung so schnell wie möglich beenden — wozu die Beschränkung der Stundenzahl gehört —, dann fördere er die integrative Ichfunktion des Patienten. Diese Worte Alexanders sind natürlich cum grano salis zu lesen, mit dem Wissen darum, daß es Patienten gibt, bei denen es unmöglich ist, vor vornherein ein Zeitlimit zu setzen.

Als wichtigstes Auswahlkriterium für die Indikation zur analytischen Kurztherapie ist nach Malan die Fokalisierbarkeit anzusehen, d. h. die Möglichkeit von Therapeut *und* Patient, rasch den Fokus i. e. den aktuellen Konfliktherd zu finden. Im Unterschied zu Malan bin ich der Meinung, daß im allgemeinen der Patient nur dann den die Symptomatik unterhaltenden Konflikt erkennen wird, wenn die auslösende Versuchungs- und Versagungssituation nicht zu weit zurückliegt (siehe S. 44f. u. 228).

Im Rückblick lassen sich als wesentliche Charakteristika der analytischen Kurztherapie anführen:

1. Die genaue psychodynamische Formulierung der Konflikte des Patienten,
2. das Zeitlimit,
3. die begrenzte Zielsetzung,
4. die Aufstellung eines Therapieplanes,
5. die Anwendung einer Behandlungsart, die entweder im Sinne der Fokaltechnik oder der flexiblen Technik eine tiefere Regression des Patienten verhindern soll, ohne daß dabei jedoch Übertragungsdeutungen vernachlässigt werden.

3. *Die prognostischen Merkmale für die Indikation zur Kurztherapie*

Aus obiger Zielsetzung und der beschriebenen Technik lassen sich für die analytische Kurztherapie folgende prognostische Kriterien ableiten. Ich stütze mich dabei vor allem auf die Ausführungen Malans.

a) Die Motivation zur Behandlung; darunter verstehe ich hauptsächlich die Frage nach dem echten oder dem neurotischen Leidensgefühl.
b) Die introspektive Fähigkeit des Patienten.
c) Seine Mitarbeitsbereitschaft, die nach Malan an der Bereitwilligkeit abzulesen ist, sich auf die Interpretationen des Analytikers einzulassen.
d) Die schon erwähnte Fokalisierbarkeit, die, soweit sie die Einsicht des *Patienten* in seinen aktuellen Konfliktherd

betrifft, die unter Punkt a) bis c) genannten Merkmale in sich begreift.

e) Der günstige Zeitpunkt der Therapie nach Malan oder, in unserer Formulierung, eine relativ aktuelle und für den Patienten erinnerbare Versuchungs- und Versagungssituation.

f) Das Vorliegen einer gesunden Persönlichkeitsgrundlage oder größerer intakter Lebensbereiche beim Patienten, was eine schwere neurotische Struktur mit ausgeprägten Folgeerscheinungen ausschließt.

g) Die erhaltene Arbeitsfähigkeit des Patienten.

h) Dührssen (1969) weist darauf hin, daß die „Mobilität und Beweglichkeit in der Struktur des Patienten", seine Umstellungsfähigkeit, für die Durchführung erfolgreicher Kurztherapien wichtiger sei als die Qualität einzelner Strukturelemente. Ich glaube, daß die Frage nach dieser Art von Veränderbarkeit der erkrankten Persönlichkeit auf die Beantwortung der Fragen nach der introspektiven Fähigkeit des Patienten, nach seiner Mitarbeitsbereitschaft, nach dem Vorliegen einer gesunden Persönlichkeitsgrundlage und intakter Lebensbereiche und nach dem Fehlen ausgeprägter Folgeerscheinungen hinausläuft.

Als Grundvoraussetzung für die Indikation zur analytischen Kurztherapie ist m. E. zu fordern, daß der Patient von der Psychogenese seines Leidens überzeugt ist. Patienten, die auf organogenen Vorstellungen fixiert sind, kommen für eine analytische Kurztherapie sicher nicht in Frage. Mir scheint, daß diese Prämisse von den Autoren zu wenig explizit gemacht wird.

Malan schlägt zur Gewinnung von Kriterien für die Indikation zur Kurztherapie folgendes Auswahlverfahren vor, das hier ob seines funktionalen Zusammenhangs mit der Indikationsstellung angeführt werden muß: Sobald sich der Analytiker über die Problematik des Patienten im klaren ist, formuliert er eine Versuchsinterpretation hinsichtlich *der* aktuellen Konfliktsituation des Patienten, die dieser seiner Meinung nach in einer begrenzten Zeit (5 bis 40 Sitzungen) bewältigen kann. Der Patient wird dann für die folgende Woche wiederbestellt; in dieser nächsten Sitzung achtet der Therapeut vor allem darauf, wie der Patient auf die Versuchsinterpretation reagiert hat und wie er sie verarbeitet hat. Hier kommt das zuvor erwähnte „Sich-Einlassen" ins Spiel, die Frage also, ob sich der Patient überhaupt mit der Versuchsinterpretation beschäftigt hat und *wie* er sich gegebenenfalls damit auseinandergesetzt hat. Ferner fragt der Therapeut den Patienten ausdrücklich, ob er in dieser Weise, d. h. in einem deutenden Verfahren mitarbeiten will; es würden keine Medikamente verabreicht, keine Ratschläge gegeben — in welch letzterem Punkt Malan von Alexanders und Frenchs Vorgehen abweicht — und keine Entscheidungen für ihn getroffen. Sagt der Patient zu, so empfehle sich folgendes weitere Vorgehen des Arztes: „Ich stelle mir vor, daß wir ein paar Monate lang eine Behandlung mit einer Wochenstunde ansetzen und sehen, wie weit wir kommen. Gegen Ende dieser Zeit ziehen wir eine Bilanz, wie die Dinge dann stehen; wenn es aber so aussieht, daß Sie doch mehr brauchen, müssen wir Sie zu einer längeren Behandlung überweisen. Wenn wir das Gefühl haben, daß wir weit genug gekommen sind, hören wir mit den *regelmäßigen* Behandlungsstunden auf. Das bedeutet aber nicht, daß Sie dann überhaupt nicht mehr kommen sollen — wir können durchaus noch eine gelegentliche Stunde vereinbaren, wenn Sie das Gefühl haben, daß Sie noch Hilfe brauchen" (Malan).

4. Ein Fallbeispiel
(Anamnese)

Zur Veranschaulichung der eben angeführten prognostischen Kriterien diene ein kasuistisches Beispiel*). Es handelt sich um eine 17jährige Patientin, die seit knapp einem Jahr unter Kopfschmerzen (mehr eine Art Kopfdruck) klagt. Sie seien konstant vorhanden und meist über der Stirn zu lokalisieren.

---

* Ich verdanke dieses Fallbeispiel Herrn Oberarzt PD Dr. med. Dieter Beck, Medizinische Universitätspoliklinik Basel, der zuvor im Nieders. Landeskrankenhaus Tiefenbrunn arbeitete und mir liebenswürdigerweise dieses Beispiel einer „klassischen" Indikation zur analytischen Kurztherapie zugänglich machte.

Außerdem besteht eine leichte Ängstlichkeit, wenn sie in der Nacht allein durch die Straßen gehen müsse.

Zur auslösenden Situation wird vermerkt: Seit 1½ Jahren arbeitet die Patientin in einer Hutfabrik, war zunächst Akkordarbeiterin, habe aber dann das rasche Arbeiten und den Lärm nicht vertragen, habe darauf mit Kopfschmerzen reagiert und sei deswegen auf eine ruhigere Abteilung versetzt worden. Das Kopfweh sei aber trotzdem geblieben. Die Patientin betont, daß sie gern in die Hutfabrik gehe, weint aber bei dieser Mitteilung. In späteren Gesprächen zeigt sich, daß sie diese Arbeit im Grunde höchst ungern tut, sich aber dazu verpflichtet fühlt. Sie gehe in die Fabrik, um sich ihre Kleider und persönliche Notwendigkeiten kaufen zu können. Die Patientin ist das zweite von acht Kindern und lebt mit ihren Geschwistern und der Mutter allein auf einem Bauernhof; der Vater ist vor ein paar Jahren gestorben. Neben der Fabrikarbeit, die von 7.30 bis 18.00 Uhr dauert, hilft die Patientin in der elterlichen Landwirtschaft mit, wo es bei 5 Milchkühen, 8 Kälbern, 40 Schweinen und 150 Hühnern neben der Feldarbeit viel zu tun gibt. Am Abend gehe sie um etwa 21.30 Uhr ins Bett und stehe um 6.30 Uhr morgens wieder auf. In den letzten Monaten habe sie wenig Entspannungsmöglichkeiten gehabt, höchstens am Sonntag 2—3 Stunden. Die Mutter sei auch überarbeitet, stehe um 5.30 Uhr auf und gehe erst um 23.00 Uhr ins Bett; und als Tochter müsse sie eben mithelfen. Manchmal ärgere sie sich über die beiden nächstjüngeren Geschwister, welche nicht so wie sie Hand anlegten und die man zum Mithelfen immer erst antreiben müsse.

Es ist noch zu erwähnen, daß die Patientin eigentlich gern den Beruf einer Bürogehilfin ergriffen hätte, darauf aber verzichtet hatte, weil sie meinte, es nicht zu schaffen; sie wurde dann in die Fabrik geschickt.

Die jetzige Symptomatik brach aus, als die Patientin auf eigenständige Impulse in beruflicher Hinsicht verzichtete und sich mit der Leistungsideologie ihrer Mutter identifizierte. Durch die an sich verhaßte Fabrikarbeit und die schwere Arbeit auf dem mütterlichen Bauernhof war sie überfordert und antwortete darauf mit reaktiven Aggressionen. Erfahrungsgemäß spielen auch immer spezifische Enttäuschungsaggressionen beim Zustandekommen von psychogenen Kopfschmerzen eine Rolle, *die* Aggressionen nämlich, die reaktiv auf die Enttäuschung oraler Riesen- und Fehlerwartungen auftreten; diese Erwartungen sind eigentlich immer an eigene Verausgabungstendenzen und leistungsmäßige Überforderung gekoppelt, d. h. mit anderen Worten: Man erwartet entsprechende Belohnungen in materieller oder emotionaler Hinsicht, wenn man sich schon *so* für andere einsetzt. — Das Problem der Organwahl soll hier nicht näher erörtert werden.

Zur Persönlichkeitsstruktur: Fast 18jähriges blondes Mädchen vom Lande, welches durch seine Brille etwas lehrerinnenhaft wirkt. Sie ist in den ersten Gesprächen sehr verhalten, äußert sich wenig spontan, ist in ihrem ganzen Verhalten brav und übergefügig. Sie sei ein Mädchen, das stets zurückgezogen lebe. Sie habe schon in der Schule nie Freundinnen gehabt, habe sich immer irgendwie ausgestoßen und übergangen gefühlt. So gehe es ihr auch jetzt im Krankenzimmer der Klinik. Sie könne zu niemandem tiefes Vertrauen haben. Sie könne nie richtig mit Menschen reden, da sie immer Angst habe, etwas Falsches zu sagen, worüber man lachen könne, oder etwas Beleidigendes auszusprechen. Einzig mit einer gleichaltrigen Kusine habe sie seit Jahren Kontakt und könne sich mit ihr aussprechen.

Es fiel bei der Patientin auf, daß sie in den ersten Gesprächen ein viel gehemmteres Bild bot als in den folgenden. Mehr und mehr wurde sichtbar, daß sich hinter der Kontaktstörung und der Übergefügigkeit des Mädchens eine Persönlichkeit mit einer im Grunde gesunden Vitalität verbarg.

Anerkennung und Geltung könne sie sich vor allem durch ihre Tüchtigkeit verschaffen. Sie sei sehr ordnungs- und sauberkeitsliebend, werde überall wegen ihres Einsatzes und ihres Pflichtbewußtseins geschätzt. In ihrem Wünschen und Wollen denkt sie immer mehr an die anderen als an sich selbst. So überlege sie sich, wenn sie mal ein bis zwei Stunden zu Hause frei habe, zuerst, ob sie nicht vielleicht der überarbeiteten und nervösen Mutter helfen solle; auf der Visite im Zimmer bietet sie dem Arzt beflissen sofort einen Stuhl an. Die Patientin ist für die Zusammenhänge, daß sie bei ihrer Verpflichtungshaltung und Leistungsideologie selbst zu kurz komme, von den Menschen ausgenützt werde und dies verständlicherweise mit Enttäuschungen als Überforderung erlebe, sehr einsichtig.

Zu ihren Plänen: Am liebsten würde sie von zu Hause weggehen und Anfang des folgenden Jahres in der Stadt eine günstige Stelle als Hausangestellte in einem Erholungsheim annehmen. Sie möchte auf diese Weise gern aus der Fabrik herauskommen und mehr Distanz von zu Hause haben. Sie habe dann sicher auch mehr Möglichkeiten, gleichaltrige Mädchen kennenzulernen. Die Patientin macht die Ausführung dieses Planes allerdings noch davon abhängig, daß die älteste Schwester in absehbarer Zeit nicht heiratet. Sie fühle sich verpflichtet, im Falle der Verheiratung der Schwester auf diesen Zukunftsplan zu verzichten und zu Hause zu bleiben. Die Patientin ist übrigens die einzige in der Familie, die keinen Beruf erlernt hat.

Die beiden jüngeren Geschwister schieben stets ihre Berufsarbeit vor, wenn sie zu Hause Hand anlegen sollen; in diesem Zusammenhang äußert die Patientin heftigen Ärger über die beiden.

Neurosenpsychologisch dürften Ansätze zu einer depressiv-zwanghaften Struktur vorhanden sein. Die ganze Persönlichkeitsstruktur ist aber — dem Alter entsprechend — noch nicht festgefügt und durch einzelne analytisch orientierte Gespräche noch relativ leicht zu beeinflussen. Insbesondere zeigten sich bereits nach einigen Wochen Klinikaufenthaltes Ansätze zu größerer Sicherheit im oral-kaptativen und retentiven Bereich sowie in der Kontaktfähigkeit der Patientin.

Prognostisch günstig dürfte auch der Plan sein, sich von der Mutter örtlich zu distanzieren, was auch mit der Tendenz nach Distanzierung von deren Leistungsideologie verbunden sein dürfte; die Mutter ist rastlos tätig und gönnt sich eigentlich nie Ruhe; selbst wenn die Umstände einmal Muße zuließen, müsse man ihr erst lange zureden, bis sie sich — vielleicht am Sonntag — etwas Ausspannung, wenn auch mit schlechtem Gewissen, zubillige. Deshalb sei die Mutter auch ständig überarbeitet und dementsprechend nervös, ruhelos und aufbrausend. Der Plan zum Wegziehen von der Mutter ist sicher auch als der Versuch zu werten, sich von dieser übertriebenen Wertigkeit von Arbeit und Pflichterfüllung zu lösen.

Auch in den frühesten Kindheitserinnerungen der Patientin kommt zunächst ihre vordergründige Leistungshaltung zum Ausdruck. Dahinter ekphoriert sie aber lebensfrohere und gesundere Erinnerungen, was ebenfalls auf ihren im Grunde gesunden Kern hinweisen dürfte.

Zusammenfassung der Anamnese: „17 1/2jährige Patientin, die seit knapp einem Jahr an Kopfdruck leidet. Dieser trat auf, als die Patientin durch Fabrikarbeit neben der Arbeit auf dem großen Bauernhof zu Hause leistungsüberfordert wurde. Ihrer sich in Richtung depressiv-zwangsneurotisch formierenden Charakterstruktur entsprechend, hatte sie zur Zeit der Berufswahl auf eigenständige Impulse verzichtet und der Leistungsideologie der Mutter gemäß eine an sich monotone und ungeliebte Fabrikarbeit übernommen. Im Zusammenhang mit dieser Versuchungs- und Versagungssituation trat das Kopfweh auf."

5. Prognostische Beurteilung anhand des Fallbeispiels

So weit die von mir verkürzt wiedergegebene Anamnese, der nun die prognostische Bewertung folgen soll. Die Grundvoraussetzung zur Indikation ist gegeben: Die Patientin glaubt selbst, daß ihre Symptome auf seelische Probleme und Konflikte zurückzuführen sind.

a) Zur Motivation oder zur Frage des echten oder neurotischen Leidensgefühls (siehe S. 39): Die Patientin leidet sicherlich vorwiegend an ihrer ziemlich quälenden Symptomatik und zum Teil sogar an ihren Behinderungen; so spürt sie selbst, daß sie in ihrer gehemmten Art nicht recht Kontakt zu anderen Menschen findet und dadurch leicht ausgeschlossen und übergangen wird. So überwiegt also nicht das Leiden daran, daß sie mit ihrem neurotischen Weltbewältigungssystem (depressiv-zwangsneurotische Struktur) keinen Erfolg hat. Stärke und Art des Leidensgefühles sprechen *für* die Indikation zur analytischen Kurztherapie. —

Malan nennt übrigens in Annäherung an Freud als Kriterium für „schlechte“ Motivationen und damit ungünstige Prognose das Agieren des Patienten hinsichtlich der Behandlungstermine: Zuspätkommen zum Erstinterview wie zu Behandlungsterminen überhaupt, Verschieben von Terminen, Versäumen von Analysestunden.

Beck (1967) weist im Zusammenhang mit Leidensdruck und Leidensgefühl noch besonders auf die prognostische Wertigkeit der Unterscheidung von Gehemmtheits- und Haltungsstrukturen (siehe S. 107f.) hin. Nach der von ihm vorgenommenen Zusammenstellung der von 10 Autoren kurztherapeutisch behandelten Patienten zeigten 50 Patienten von 76 Fällen eine überwiegend psychische Symptomatik, also eine vorherrschende Gehemmtheitsstruktur; nur 27 Patienten wiesen psychosomatische Symptome auf. Patienten mit Gehemmtheitsstruktur und psychischer Symptomatik eignen sich im allgemeinen mehr für die Kurztherapie als solche mit Haltungsstruktur und körperlicher Symptommanifestation.

Im Falle der geschilderten Patientin war es trotz körperlicher Symptomatik noch nicht zu den prognostisch so ungünstigen Folgeerscheinungen wie Ersatzbefriedigung, Überkompensation, Ideologiebildung, Rationalisierung u. a. gekommen.

b) Zur introspektiven Fähigkeit des Patienten, die an seiner Reaktion auf eine Versuchsinterpretation (siehe S. 121) abzulesen ist: Bereits während der Anamnesenerhebung hatte der Therapeut die Patientin auf ihre Verpflichtungshaltung und Leistungsideologie angesprochen, also darauf, daß sie immer und überall mehr an die anderen als an sich selbst denke, dadurch selbst zu kurz komme und außerdem überfordert und ausgenützt werde, was unweigerlich Enttäuschungen und Bitterkeit nach sich ziehen müsse. Die Patientin war für diese Zusammenhänge aufgeschlossen, ja „ließ sich auf diese Interpretation ein“, wenn sie davon sprach, ähnliche Gedanken, wenn auch nicht so klar durchdacht, schon selbst gehabt zu haben; deshalb plane sie ja auch, von zu Hause wegzugehen, und wolle versuchen, mehr ein eigenes Leben zu führen.

Beck (1967) unterscheidet übrigens zwei Arten von Versuchsinterpretationen: einmal Deutungen, die auf das Abgewehrte, das Es, den Impuls abzielen (die sogenannte Reizdeutung) und ferner solche, die auf die Abwehr zentriert sind. Dabei empfiehlt Beck hinsichtlich der Technik, den abgewehrten Impuls quasi nur zu streifen, was am besten durch die Frageform oder mit Hilfe von Fremdbeispielen geschehe.

c) Zur Mitarbeitsbereitschaft des Patienten: Dieses Kriterium ist natürlich eng mit dem eben Genannten verwandt. Der Therapeut gibt eine Versuchsinterpretation etwa der Art: Sie haben wohl nie richtig lernen dürfen, auch mal nein zu sagen, sich gegenüber Anforderungen anderer zu wehren und Grenzen zwischen Ihren Belangen und denen anderer zu ziehen. Wahrscheinlich spüren Sie Ihre Unlust gar nicht, wenn Sie gegen Ihren Wunsch und Willen etwas tun oder unternehmen. Können Sie sich vorstellen, daß man Symptome bekommt, wenn einem die Bedürfnisse der anderen stets wichtiger sind als die eigenen? — Diese Patientin war auf solche und ähnliche Deutungen interessiert und weiterfragend eingegangen und hatte damit ihre Bereitschaft gezeigt, in einem solchen Verfahren aktiv mitzuarbeiten.

Die Bereitschaft zur Mitarbeit läßt sich auch mit Hilfe des Radoschen Schemas (siehe S. 119) über die vier Stufen des Behandlungsverhaltens ablesen. Rado hat darüber selbst (1965) mit Bezug auf die Kurztherapie geschrieben. Dabei versteht Rado unter dem Behandlungsverhalten des Patienten nicht nur dessen Übertragung, sondern auch dessen realistisches Verhalten; der Terminus meint die Art der Zusammenarbeit des Patienten mit dem Therapeuten. Je mehr sich der Patient der magischen Stufe nähert, desto schwächer und desto irrealer ist seine Mitarbeitsbereitschaft, desto weniger will er lernen und reifen, und desto geringer sind demnach die Chancen einer analytischen Kurztherapie; je mehr ein Patient dem selbstvertrauenden und strebenden Niveau nahekommt, desto stärker und realistischer ist seine Mitarbeitsbereitschaft, desto mehr will er lernen und reifen, und desto größer sind auch die Aussichten einer analytischen Kurztherapie.

Beck (1967) fügt dem noch die meiner Ansicht nach wichtige Beobachtung hinzu, daß man die wahrscheinliche Cooperabilität des Patienten und die Art seiner Motivation zur

Behandlung an seinem Behandlungsauftrag an den Analytiker ablesen könne. Wenn ein Patient — so Becks Beispiel — nach drei Vorgesprächen dem Arzt den Behandlungsauftrag gibt, für seine (funktionellen) Herzbeschwerden ein besseres Medikament als die vorherigen Ärzte zu finden, dann zeigt er damit seine magische Einstellung und seinen Unwillen zur aktiven Mitarbeit; es mag trotzdem eine Indikation zu einer Langanalyse gegeben sein, sicher aber nicht zur analytischen Kurztherapie.

d) Zur psychodynamischen Formulierung: Wir sprachen von der Fokalisierbarkeit des Konfliktes, der in der Kurztherapie behandelt werden soll. Diese gemeinsame und erfolgreiche Bemühung von Arzt und Patient, einen umschriebenen und aktuellen, die Symptomatik vornehmlich unterhaltenden Konflikt des Patienten zu finden, zu formulieren und dessen Behandlung und Aufarbeitung als gemeinsames Ziel anzusteuern, lag im Falle dieser 17jährigen Patientin vor.

Voraussetzung dafür ist natürlich, daß zunächst der Arzt den die Symptomatik produzierenden Konflikt des Patienten klar sieht und für sich selbst eine psychodynamische Formulierung vornehmen kann. Um diesen Hauptkonflikt zu finden, ist die Kenntnis der auslösenden Situation nötig. Dann erst wird es möglich sein, einen Therapieplan aufzustellen, der im genannten Fall etwa folgendermaßen aussah: Ich werde bei der Patientin vornehmlich die retentive Problematik angehen, d. h. alles Material aufgreifen und breit besprechen, das mit ihrer Unfähigkeit zusammenhängt, nein zu sagen, sich gegenüber Wünschen, Erwartungen und Forderungen anderer zu wehren und überhaupt sich gegen andere abzugrenzen. Ich werde ihr zu zeigen versuchen, daß sie sich leistungsmäßig immer überfordert, und daß, auf Grund ihrer Erfahrungen zu Hause seit der Kindheit, Leistung und Selbstbejahung bei ihr eng gekoppelt sind: Sie fühlt sich nur dann bejaht und bejaht sich selbst nur dann, wenn sie den (wirklichen und eingebildeten) Leistungsanforderungen der Mitmenschen und ihren entsprechenden eigenen Idealforderungen nachkommt. Damit zusammenhängend werde ich im geringeren Umfang auch auf die orale Thematik eingehen, also versuchen, die Wünsche der Patientin zu mobilisieren. — Dabei spielt es eine untergeordnete Rolle, ob man vom libidotheoretischen Konzept ausgeht, wie Malan das tut, oder ob man auf der Antriebspsychologie Schultz-Henckes fußt, oder ob eine andere psychoanalytische Theorie dem Therapieplan zugrunde liegt; entscheidend ist in diesem Zusammenhang nur, daß die psychodynamische Formulierung den psychischen Gegebenheiten, d. h. der Struktur des Patienten gerecht wird und daß der Analytiker darauf sein technisches Vorgehen gründet.

Die Notwendigkeit einer psychodynamischen Formulierung wird von den meisten mit Kurztherapie befaßten Autoren (z. B. Alexander, Malan, Wolberg 1965) hervorgehoben. Allerdings warnt Wolberg davor, sich zu sehr auf das eigene Konzept über die spezifischen Konflikte des Patienten zu verlassen: Menschliches Verhalten sei so kapriziös, und unsere bisherigen Persönlichkeitsmodelle seien noch so unvollständig, daß man sich des hypothetischen Charakters einer psychodynamischen Formulierung immer bewußt sein solle.

e) Zum prognostischen Merkmal „günstiger Zeitpunkt": Für Malan scheint dieses Kriterium weitgehend mit dem als erstem genannten identisch zu sein, also mit der Motivation zur Behandlung, wobei er nur das Kennzeichen des Leidens*druckes* und nicht das der Unterscheidung in ein echtes und ein neurotisches Leidensgefühl kennt.

Wichtiger noch scheint mir zu sein, daß man die die Symptomatik unmittelbar auslösende Konfliktsituation erkennt (siehe S. 44) und dabei die Schwere der Versuchungs- und Versagungssituation abschätzt (siehe S. 47).

Schon zu Anfang dieses Kapitels über Kurztherapie (siehe S. 232) wurde darauf hingewiesen, daß der Patient meist nur dann den aktuellen Hauptkonflikt wenigstens in Umrissen wird erkennen können, wenn die auslösende Situation nicht lange zurückliegt. Beck (1967) fordert die Erinnerbarkeit der auslösenden Situation durch den Patienten als erste Voraussetzung für die Indikation zur analytischen Kurztherapie; dabei solle er neben den äußeren Umständen möglichst auch sein inneres Erleben erinnern können. Malan macht zwar in seinen Bewertungs- und Behandlungsformularen die Angabe „aktueller Anlaß für die Konsultation", ohne jedoch die uns für jede analytische Therapie und ganz besonders die analytische Kurztherapie so wichtige Relation zwischen äußerer auslösender Situation und innerer neurotischer Struktur zu erwähnen und prognostisch auszuwerten.

Im Falle der genannten Patientin wären meines Erachtens als prognostisch positiv anzusehen: Das Knapp-ein-Jahr-Zurückliegen der auslösenden Situation, das Fehlen von circuli vitiosi (siehe S. 26) und die für ein 16jähriges Mädchen relative Schwere der auslösenden Situation (doppelte Leistungsanforderungen durch Berufs- und Hausarbeit ausgerechnet während der Pubertät).

Ferner würde ich bei der Frage des günstigen Zeitpunktes auch noch den Faktor der Modifizierbarkeit der Lebenssituation (siehe S. 57) zur prognostischen Beurteilung heranziehen. Im Falle der Patientin liegen eigentlich keine chronifizierenden exogenen Faktoren oder gar Schicksalsmaschen vor; sie hat zudem selbst schon den Wunsch geäußert, sich von der Mutter zu lösen. Erschwerend ist allerdings die reale Situation insofern, als die Mutter einen Bauernhof zu führen hat, auf dem es zu wenig Arbeitskräfte gibt; der Weggang der Patientin würde sicher die Haus- und Hofführung der Mutter sehr erschweren. Doch ist nicht recht einzusehen, warum die Patientin als einzige von 8 Geschwistern für das Funktionieren des Hofes verantwortlich sein sollte.

f) Zur Frage der gesunden Persönlichkeitsgrundlage: D. h. mit anderen Worten, nur wenn der Patient keine schwerere neurotische Struktur hat, kommt die analytische Kurztherapie für ihn in Frage. Von unserer Patientin hatte der Therapeut berichtet, wie er hinter ihrer vordergründigen Gehemmtheit und übergefügigen Art die im Grunde ungebrochene Vitalität herausspürte. Bei größerer Vertrautheit mit dem Arzt wurde sie bereits etwas ungehemmter und lockerer. Ein relativ sicheres Mittel, um die Persönlichkeitsgrundlage des Patienten abzuwägen, ist der Leistungstest des Lebens (siehe S. 52); er sagt allerdings bei jungen Patienten weniger aus.

g) Zur Frage der Berufstätigkeit: Alle von Malan und Mitarbeitern mit analytischer Kurztherapie behandelten Patienten waren berufstätig bzw. im Haushalt beschäftigt. Dieser

Faktor ist sicher wichtig und wurde auch schon bei der prognostischen Beurteilung nach der sozialen Situation (siehe S. 52) angeführt: Wer aus psychogenen Gründen arbeitsunfähig ist, weist erfahrungsgemäß immer schwere Behinderungen auf den drei wichtigsten Antriebsgebieten, den des Besitz-, des Geltungs- und des Liebesstrebens auf und kommt im allgemeinen für eine analytische Kurztherapie nicht in Betracht.

h) Zur Frage der intakten Lebensbereiche beim Patienten und damit zu einem Punkt, der bisher nur nebenbei erwähnt wurde: In den Bewertungs- und Behandlungsformularen von Malan gibt es eine Rubrik „intakte Lebensbereiche des Patienten". Darin werden bei den verschiedenen Patienten aufgeführt: gute Leistungen und Ausbildung im Beruf — Freude an Freizeitbeschäftigung — macht äußerlich einen sehr guten Eindruck, berufliche Laufbahn bisher tadellos — gute Beziehungen zu Männern seines Alters — Beziehung zur Ehefrau gut — tüchtiger Arbeiter — gute Beziehung zu gleichaltrigen Männern, intellektuell über dem Durchschnitt stehend — sie ist tüchtig im Beruf, fähig zu Freundschaften mit Frauen, intellektuelle Wißbegierde, verantwortungsfreudig — hat sich im äußeren Leben gut durchgesetzt — alle Examina bestanden, hat einen bezahlten Posten, den er halten kann, Ausbildung recht gut absolviert — sehr gute Beziehungen zu seiner Frau — in allen äußeren Lebensumständen gut zurechtgefunden.

In 5 von 21 Fällen fanden sich keine intakten Lebensbereiche. Bei vieren von diesen war auch keinerlei Behandlungserfolg zu erzielen.

In dieser Rubrik „intakte Lebensbereiche" begegnen wir also bei Malan Kriterien, die von mir im Zusammenhang mit der prognostischen Beurteilung nach der sozialen Situation und mit dem Faktor „Interessen des Patienten" aufgeführt wurden. Mir scheint vor allem das Merkmal „Interessen des Patienten" siehe S. 131 f.) und seine Genußfähigkeit (siehe S. 132) in Hinsicht auf Kurztherapie prognostisch relevant zu sein.

Hierher gehört auch die bereits erwähnte Frage nach der Mobilität der Struktur des Patienten (A. Dührssen

1969). Die Umstellungsfähigkeit der Patientin zeichnete sich an verschiedenen Stellen der Anamnese in den Beschreibungen der Interaktionen zwischen Patient und Therapeut ab: Die Patientin hatte sich für die bereits während der Anamnesenerhebung gegebenen Versuchsinterpretationen des Analytikers aufgeschlossen gezeigt und hatte durch ihr Weiterdenken eine gewisse Umstellungsbereitschaft bekundet. Auch die Tatsache, daß die Patientin bereits nach einigen anamnestischen Gesprächen etwas ungehemmter und lockerer wirkte, weist auf ausgeprägtere gesunde Persönlichkeitsanteile als Voraussetzung der Mobilität, der Veränderbarkeit hin. Auch fehlten stärkere sekundäre und tertiäre Folgeerscheinungen von Gehemmtheiten wie Bequemlichkeit, ideologische Fixierung, Ersatzbefriedigungen etc., die, wie auch Dührssen (1969) meint, für die Prognose und die Dauer der Behandlung wichtiger als die neurotischen Primärvorgänge sind (siehe auch phänomenale Kriterien S. 30).

Entsprechend den in diesem Fall vorwiegend günstigen Merkmalen wurde die Indikation zu einer analytischen Kurztherapie gestellt und die Behandlung (in der Klinik) mit etwa 10 analytischen Sitzungen und ebenso vielen therapeutischen Visiten (von 5- bis 15minütiger Dauer) durchgeführt. Es konnte eine weitgehende Symptombesserung durch partielle Änderung der Charakterstruktur erzielt werden.

6. *Zusammenfassung der prognostischen Kriterien*

Ich möchte zum Schluß dieses Abschnittes die meiner Ansicht nach entscheidenden prognostischen Kriterien zur Indikation für die analytische Kurztherapie nochmals zusammenstellen. Eine analytische Kurztherapie bei Patienten mit psychogenen Erkrankungen kommt in Frage, wenn

der Patient von der Psychogenese seines Leidens überzeugt ist;

ein echtes Leidensgefühl vorherrscht;

die symptomauslösende Situation nicht länger als ein Jahr zurückliegt und eine schwerere Versuchungs- und Versagungssituation darstellte;

die Lebenssituation des Patienten noch modifizierbar ist (Alter, soziale Situation, Art des Ehepartners);
der Patient mit seiner Freizeit etwas anfangen kann und einigermaßen genußfähig ist;
der Patient nicht berufs- oder erwerbsunfähig ist und die Fokalisierbarkeit, d. h. für Analytiker und Patient die Möglichkeit gegeben ist, bereits bei der Anamnesenerhebung den aktuellen Konfliktherd zu finden.

Ein weiteres sehr wichtiges prognostisches Merkmal, das aber als subjektiver Faktor nicht in den Rahmen dieser Darstellung gehört, soll nur eben erwähnt werden: die Fähigkeit des Therapeuten, mit Übertragung und Widerstand des Patienten und mit der eigenen Gegenübertragung umzugehen; darauf hat auch Dührssen (1969) hingewiesen. In einer analytischen Kurztherapie ist diese Fähigkeit prognostisch noch entscheidender als in einer Langanalyse; in letzterer kann ein technischer Fehler des Therapeuten eher korrigiert oder gar für die Behandlung fruchtbar gemacht werden (Heigl 1966).

A. Dührssen (1969) erwähnt noch folgende für die Durchführung einer Kurztherapie notwendigen Eigenschaften des Therapeuten: einen leicht zuversichtlich getönten Realismus, ein hohes Maß an innerer Präsenz, Reichtum an Einfällen und Überblick über sehr variable Lebenssituationen und (natürlich) gründliches psychoanalytisches Wissen. —

Schließlich sei noch darauf hingewiesen, daß die Chancen der analytischen Kurztherapie bislang sicher noch nicht genügend ausgenützt worden sind, wie schon Malan meinte. Aus dem Bündel von Gründen, die dafür verantwortlich zu machen sind, möchte ich drei herausgreifen:

Eine gewisse konservative Haltung der Psychoanalytiker, die sie an der (zweifellos erprobten) Methode der Langanalyse festhalten läßt.

Der Umstand, daß die Psychoanalyse lange Zeit vornehmlich in der freien Praxis ausgeübt wurde, wo die Notwendigkeit zur *Kurz*therapie nicht so groß ist wie in der Klinik. In dem Maße, wie die Psychoanalyse im letzten Jahrzehnt mehr und mehr Eingang in die Klinik und Poliklinik fand, wuchs auch die Notwendigkeit, sich mit zeitlich stärker limitierten psychotherapeutischen Verfahren zu befassen. Die Klinik hat ein größeres „Angebot" an Patienten; aus vielen Gründen ist in der Klinik keine so strenge prognostische Selektion von Patienten möglich; der interkollegiale Erfahrungsaustausch ist in der Klinik meist intensiver als zwischen den frei praktizierenden Ärzten; die zeitliche Limitierung der Therapie entspricht dem Charakter der Klinik mehr als dem der freien Praxis.

Die Tatsache, daß sowohl der freipraktizierende Analytiker wie die psychotherapeutische Klinik vorwiegend von Patienten mit chronischer Symptomatik und entsprechend ausgeprägten Folgeerscheinungen von Gehemmtheiten aufgesucht werden, bei denen die analytische Kurztherapie nicht indiziert ist.

Alexander und French (1946) betonen die enorme soziale Wichtigkeit der analytischen Kurztherapie; Patienten mit leichterer Neurose seien besonders häufig und beeinflußten deshalb das Leben der Gesellschaft mehr als die seltener vorkommenden Patienten mit schwerer Neurose.

SECHSTES KAPITEL

Exkurs über implizite prognostische Kriterien

In diesem Kapitel sollen prognostische Faktoren erwähnt werden, die primär nicht-objektiver Natur sind, also nicht vorwiegend am Patienten orientiert sind. Es handelt sich dabei um eine Patientenselektion, die zum Teil *vor* der Konsultation des Psychotherapeuten durch den Patienten selbst stattfindet und zum anderen Teil subjektiv durch den Therapeuten geschieht.

1. Implizite soziologische prognostische Kriterien

Bei genauerem Zusehen stellt sich heraus, daß das Erscheinen des Patienten beim Psychoanalytiker das Endergebnis eines komplexen sozialen Prozesses darstellt oder anders gewendet, daß die Entscheidung des Patienten für die Konsultation eines Analytikers von vielen sozialen Faktoren abhängig ist. Eine Auswahl der Patienten findet nicht erst durch den Therapeuten statt, sondern lange vorher durch die Personen und Institutionen, mit denen der Patient in nähere Berührung kommt.

Hier ist einmal an die *nächsten Beziehungspersonen* des Patienten zu denken, die ihn als erste je nach ihrer Einstellung zu seelischen Krankheiten und zur Psychotherapie bzw. Psychoanalyse beeinflussen. Ist die Einstellung der Beziehungspersonen zu seelischen Krankheiten überhaupt ablehnend, bedeuten z. B. psychische Leiden eines Familienangehörigen eine empfindliche Einbuße des Familienprestiges, dann wird der an einer solchen Krankheit Leidende oft lange Zeit überhaupt nicht in Erwägung ziehen, daß es sich in seinem Fall um ein seelisches und nicht körperliches Leiden handeln könnte. Folglich wird er den Psychotherapeuten nicht aufsuchen oder erst dann, wenn es gar nicht mehr anders geht. Nicht wenige Chronifizierungen seelisch bedingter Symptomatik kommen so zustande; der Träger solcher Symptome geht erst nach Jahr und Tag zum Psychoanalytiker, weil er fürchtet, mit diesem Gang die Familienehre zu verletzen und deshalb „ausgestoßen" zu werden (siehe auch Richter 1970).

Dabei können der Einstellung der Beziehungspersonen zur seelischen Krankheit und zur Psychotherapie verschiedene Motivationen zugrunde liegen. Der Ehemann kann seiner agoraphoben Frau durchaus die seelische Bedingtheit ihrer Störung zugestehen, ihr aber die Konsultation eines Psychotherapeuten verübeln, weil sie es selbst schaffen soll, mit der seelischen Schwierigkeit fertigzuwerden, oder aber nur *seine* Hilfe zur Überwindung ihrer Beschwerden in Anspruch nehmen darf.

Einen nicht zu unterschätzenden Einfluß auf dem Weg oder Irrweg eines Kranken zur adäquaten oder inadäquaten Therapie nehmen Personen, die vom Patienten als *Autoritäten* anerkannt sind wie Geistliche, Lehrer und eventuell Angehörige sozialfürsorgerischer Berufe. Ihre Einstellung zur seelischen Krankheit (Sünde, moralische Schuld, Schwäche u. a.) und zur Psychotherapie (Scharlatanerie, schwarze Magie, Modeerscheinung u. a.) entscheidet darüber, ob dem bei ihnen Rat Suchenden die Konsultation des Psychotherapeuten empfohlen oder ob ihm strikte davon abgeraten wird.

Eine weitere Vorwahl und Selektion der Patienten wird durch die *überweisenden Fachleute* (Ärzte, Psychiater, Psychologen, Erziehungsberatungsstellen, Sozialarbeiter u. a.) vorgenommen. Ihre (oft unbewußt motivierte) Einstellung zur psychotherapeutischen Behandlungsmethode und ihre Vorstellung vom „geeigneten" psychoanalytischen Patienten bestimmen weitgehend die Indikationsstellung. Wer die Psychotherapie als eine nicht ganz ernst zu nehmende Methode abtut, wird kaum einen Patienten zum Psychotherapeuten schicken. Wer von der Psychotherapie Wunder erwartet, wird auch dem schwer neurotischen Patienten mit chronifizierter Symptomatik alle möglichen Verheißungen auf dem Weg zum Analytiker mitgeben. Wer etwas über die Wichtigkeit des Leidensdruckes erfahren hat, wird eventuell alle Patienten mit starkem Leidensdruck als besonders psychotherapiegeeignet ansehen, ohne zu wissen, daß die Stärke des Leidens*druckes* kein sicheres Kriterium (siehe S. 44) für die Indikation zur psychoanalytischen Behandlung ist. Auch die Vorstellungen und Vorurteile des Überweisers hinsichtlich der Wirksamkeit von Einzel- oder Gruppenbehandlung, von ambulanter oder klinischer Psychotherapie werden sich in den Empfehlungen an den Patienten niederschlagen.

Vermischt mit den geschilderten Einflüssen auf die Vorauslese der Patienten vor der eigentlichen Konsultation des Analytikers ist die *Einflußnahme der Massenmedien* auf die Meinungsbildung des Patienten hinsichtlich Wirkungsbreite und Wirkungsgrad der Psychotherapie. Es ist sehr zu begrüßen, daß zunehmend mehr in Presse, Rundfunk und Fernsehen über Psychotherapie und Psychoanalyse wie auch über Kongresse der Fachgesellschaften berichtet und zum Teil gute Information gegeben wird. — Je weniger der seelisch Kranke über die Hintergründe der Neurose weiß, je weniger er über die Eigenart psychoanalytischer Behandlung, ihre Möglichkeiten und ihre Grenzen, orientiert ist, desto mehr fehlt es ihm an eigenem Urteil, und desto mehr wird er durch die Information der Massenmedien über diesen Gegenstand zu beeinflussen sein. Auch auf diese Weise kommt es zu einer Vorauslese von Patienten, lange bevor sie die Sprechstunde des Psychotherapeuten oder Psychoanalytikers aufsuchen.

In diesen Zusammenhang gehört auch *der Ruf der Psychoanalyse.* Gilt sie als etwas exklusiv und nur für die obere Mittelschicht (freie Berufe, leitende Angestellte, höhere Beamte, wohlhabende Geschäftsleute) anwendbar, oder ist sie auch für die unteren sozialen Klassen (untere Mittelschicht, obere und untere Unterschicht) als Heilmethode indiziert? Ist sie nur durch niedergelassene Therapeuten in der freien Praxis vertreten, oder gibt es auch psychotherapeutische Kliniken? Hat sie den Ruf, daß sich nur höhere soziale Klassen eine psychoanalytische Behandlung finanziell leisten können? So haben Hollingshead und Redlich (1958) für die USA gezeigt, daß Psychotherapie tatsächlich in unverhältnismäßig hohem Grade bei Patienten höherer sozialer Schichten angewandt wurde. Oder hat sich herumgesprochen, daß de facto immer mehr Versicherungsträger bereit sind, solche Behandlung als Pflichtleistung zu betrachten? Solange es Psychoanalyse nur in der freien Praxis und ohne Kassenbeteiligung gab, war sie wirklich teuer — nicht unbedingt bezüglich der Einzelsitzung, aber auf Grund der meist langen Gesamtdauer der Behandlung — und daher oft nur für Angehörige der oberen Mittelschicht und der Oberschicht finanzierbar. Einschränkend muß gesagt werden, daß die Untersuchungen von Kahn, Pollack und Finck (1960) und auch von Jaffe und Crowley (1959) noch ein anderes Bild ergeben haben. Auch unabhängig von der Höhe des Honorars bestand in den USA ein enger Zusammenhang zwischen der Sozialschichtsposition und der Art der angewandten Behandlung. Je höher die soziale Schicht, desto mehr wurde analytische Psychotherapie angewandt, je niedriger die soziale Schicht, desto mehr wurde direktive Psychotherapie benutzt.

Diese und ähnliche Befunde stellen einem die Frage, wer hier die Wahl zur Psychotherapie trifft, der Patient oder der Arzt. Auch eine psychoanalytische Klinik mit niedrigen Kosten, die ausdrücklich zum Ziel hatte, die Psychoanalyse der allgemeinen Öffentlichkeit nahezubringen, wurde hauptsächlich von Angehörigen höherer sozialer Schichten aufgesucht, wie Jaffe und Crowley (1959) zeigten. Nur 15 % der Bewerber stammten aus Gesellschaftsschichten, wie sie der frei praktizierende Analytiker im allgemeinen nicht sieht. Neben den schon erwähnten Einflüssen durch Beziehungspersonen, Massenmedien und durch die überweisenden Stellen mit ihrem Konzept vom „guten psychoanalytischen Patienten“ spielen auch *Vorlieben des Patienten* eine Rolle bei der „Wahl“ der Behandlung überhaupt und der Art der psychotherapeutischen Behandlung im besonderen. Angehörige niederer sozialer Schichten scheinen von vornherein mehr dazu zu neigen, sich körperlich behandeln zu lassen und wenn überhaupt psychotherapeutisch, dann in Form direktiver Methoden bzw. der pragmatischen Psychotherapie. Vertreter höherer sozialer Schichten scheinen von vornherein etwas mehr zu introspektiven psychotherapeutischen Methoden, also zur Psychoanalyse zu neigen. Teilweise sich überlappend, teilweise unabhängig von der Klassen- und Schichtzugehörigkeit ist die „soziale Mobilität“ als impliziter soziologischer Faktor für die Selektion von Patienten zu erwähnen; so waren es bei den obenerwähnten Low Cost Clinical Services vor allem diese „sozial Mobilen“, mobil hinsichtlich Erziehung, Religiosität, geographischer und familienmäßiger Bindung, die die psychoanalytische Klinik aufsuchten.

Jaffe und Crowley kommen zu dem Ergebnis, daß im Konzept vom „geeigneten“ Patienten vor allem dieses Kriterium der sozialen Mobilität oder genauer der Flexibilität des Patienten steckt — Flexibilität vor allem hinsichtlich des Wertsystems. Damit wären wir auf einem Umweg auf die schon erwähnten sozialen prognostischen Kriterien (siehe S. 52) zurückgekommen und vor allem auf die Frage der Modifizierbarkeit der äußeren Verhältnisse des Patienten (siehe S. 57). Die Flexibilität des Patienten hängt allerdings sicher nicht nur von seiner sozialen Mobilität ab.

Argelander (1970) faßt die eben genannten Faktoren unter dem Terminus des Vorfeldeinflusses zusammen. Er unterscheidet entsprechend diesen Einflüssen vier Typen von Patienten: den vorgeschickten oder vorgeschobenen, den anspruchsvollen, den anspruchslosen oder unergiebigen und den aufgeklärten Patienten. Nach seinen Untersuchungen gehören 30—50 % aller Patienten diesen Typen an, der Rest besteht aus Mischformen oder noch nicht bekannten Typen.

Unabhängig von der Vorliebe des Patienten für eine bestimmte Behandlungsart ist die subjektiv bedingte Selektion von Patienten durch den Psychotherapeuten anzuführen.

2. *Implizite Auswahlkriterien des Psychotherapeuten*

Hier ist einmal, und ich glaube dessen sind wir uns nicht immer bewußt, an die *Selektion durch die Wahl der Psychoanalyse als Methode* zu denken. Es besteht wohl kein Zweifel, daß sich die psychoanalytische therapeutische Methode der teilnehmenden Beobachtung, die auf Aufdeckung irrationaler unbewußter Motive mittels Handhabung von Übertragung und Gegenübertragung und der Abwehranalyse-Technik abzielt, nicht für alle Patienten, unabhängig von ihrer sozialen Schicht, ihrem Bildungsstand und ihrem Intelligenzgrad eignet. Die Psychoanalyse ist sicherlich zuständig für *all*e Charakterstrukturen — die schizoide, depressive, zwangsneurotische, hysterische und die Mischstrukturen —, ist aber beschränkt auf Patienten, die eine gewisse Bereitschaft und Fähigkeit mitbringen, bei einer introspektiven Methode mitzuarbeiten (siehe auch Waelder 1963). Insofern ist die „instinktive" Vorwahl (s. o.) mancher Patienten richtig, die sich von vornherein den pragmatischen psychotherapeutischen Verfahren zuwenden. Hier hat die Anwendung der Gruppentherapie auch in ihrer analytischen Form einen gewissen Wandel geschaffen. Wie schon früher (siehe S. 149) dargestellt, erfordert die analytische Gruppentherapie ein geringeres Maß an introspektiver Fähigkeit des Patienten, da die Interaktionen in der Gruppe auch introspektiv weniger befähigten Patienten eine Chance zu korrigierenden Gefühlserlebnissen geben. Es ist eine strittige Frage, wieweit Einsicht, also die kognitive Erfassung von unbewußten Prozessen und Mechanismen, zur Verhaltensänderung überhaupt notwendig ist. So vertreten D. Stock Whitaker und Lieberman (1964) für die Gruppenpsychotherapie die Ansicht, von zentraler Wichtigkeit sei das therapeutische Erlebnis des Patienten, das von Einsicht gefolgt sein kann; doch geschehe letzteres nicht regelhaft. Für die therapeutische Änderung des Patienten sei notwendig, daß er seinen Konflikt emotional erfährt und die alten Lösungen als unbrauchbar erlebt.

Überhaupt ist zu sagen: Je analytischer im Sinne der klassischen Psychoanalyse das therapeutische Verfahren ist, desto begrenzter ist die Indikation; im Extremfall muß sich der Patient der Technik anpassen und nicht die Technik dem Patienten. Je flexibler die analytische Technik gehandhabt wird, desto breiter ist die Indikation, desto mehr wird es möglich sein, das therapeutische Vorgehen der Eigenart des Patienten anzupassen.

Ganz im Sinne dieser Überlegungen bewegt sich die Aussage von Jaffe und Crowley (1959): „Es ist bereits verschiedenen Forschern klar geworden, daß für Patienten niederer sozialer Schichten Änderungen in der Technik notwendig sind. Kürzliche experimentelle Forschungen haben ebenfalls ergeben, daß bei konstant gehaltener Technik sehr verschiedene Arten von interpersonellen Transaktionen vorkommen, die eine Korrelation zum sozialen Hintergrund des Patienten aufweisen. Die Transaktionen der gebildeten Patienten sind von der Art, daß sie zur Analyse von Übertragungen führen. Die Art der Bezogenheit von weniger gebildeten Patienten schien direktive Psychotherapie anzubieten" (eigene Übersetzung). Dabei würde ich den Bildungsstand mit der Fähigkeit zur Introspektion korrelieren und darin den entscheidenden Faktor sehen, der über die Anwendbarkeit der psychoanalytischen Methode entscheidet, oder anders gewendet, der die Grenze des psychoanalytischen Indikationsbereiches hinsichtlich der Methode darstellt. Hierher gehören auch Untersuchungen von Lowinger und Shirley Dobie (1966), nach denen Oberschicht-Patienten besonders häufig zur ambulanten Psychotherapie empfohlen wurden; *ein* Grund hierfür war deren stärkere Fähigkeit zur Kommunikation, größere Ichstärke und ausgeprägtere Ähnlichkeit mit dem Therapeuten (im sozio-ökonomischen Status, in bezug auf Kindheitserfahrungen, Persönlichkeit und gegenwärtige Probleme).

Selbstverständlich geschieht auch eine oft unbewußte Auswahl von Patienten durch die *Art der Zielsetzung* von seiten des Analytikers; darauf wurde schon hingewiesen. Dabei braucht diese Zielsetzung nicht immer voll bewußt zu sein, und außerdem kann sie sich im Verlauf der Behandlung des Patienten ändern; wo zu Anfang eine Symptomheilung durch weitgehende Strukturänderung des Patienten vom Therapeuten ins Auge gefaßt worden war, muß im Verlauf der Analyse das Ziel eventuell niedriger gesteckt werden, der Arzt sich mit einer partiellen Strukturänderung bei Stabilisierung gewisser Abwehrmechanismen (Wiegmann 1952) zufrieden geben. Man könnte in Anlehnung an Köhler (1965) folgende Zielsetzungen der Psychotherapie unterscheiden: 1. die bloße Symptomheilung ohne das Ziel der Strukturänderung, oft mit einer Restabilisierung des prämorbiden Abwehrgefüges, wie es vielfach von der pragmatischen Psychotherapie intendiert wird. Sie kommt z. B. dadurch zustande, daß mit Hilfe des Arztes die äußeren Lebensumstände des Patienten verändert werden, so daß die die Symptomatik auslösenden (nicht verursachenden) Faktoren entfallen. Das ist natürlich ein völlig legitimes Ziel, wenn man weiß, was man tut, und sich nicht der Illusion hingibt, eine Wandlung des Patienten bewirkt zu haben. Auch ein großer Teil der sogenannten Spontanheilungen fällt in diesen Bereich: Der Fortfall der auslösenden Konfliktsituation läßt besonders bei Patienten mit Überkompensationsmechanismen die Symptomatik unter Verstärkung der prämorbiden Abwehrstruktur verschwinden. 2. die partielle Strukturänderung mit Stabilisierung gewisser Abwehrmechanismen. Dieses Ziel stellt sich für viele Patienten als das einzig realistische bei analytischem Vorgehen heraus, sei es, weil der Patient wegen seines fortgeschrittenen Alters oder überhaupt wegen seiner Konstitution (im weitesten Sinne) zu einer umfassenderen Strukturänderung gar nicht fähig ist, sei es, weil aus kassentechnischen Gründen nur eine bestimmte Stundenzahl von z. B. 150 Sitzungen bewilligt wurde, die natürlich in vielen Fällen zur Verwirklichung des „idealen" Zieles nicht ausreicht. Das „ideale" Ziel (3.) der Psychoanalyse wäre die Strukturheilung oder mit anderen Worten, die Symptombeseitigung durch weitgehende Auflösung der neurotischen Abwehrmechanismen. In kollegialen Diskussionen mit Psychoanalytikern verschiedenster Provenienz wird mehr und mehr zugegeben, daß dieses Ziel nur selten zu erreichen sei, daß vielmehr in den meisten Fällen Patient (und Analytiker) sich mit einer teilweisen Strukturänderung und dadurch bedingten Besserung oder Beseitigung der Symptomatik zufriedengäben. Coram publico wird es allerdings oft noch so hingestellt, als ob die totale Strukturheilung das einzig legitime Ziel der Psychoanalyse sei —, man trennt sich eben ungern von seinen Idealen.

Auf eine weitere subjektive Selektion von Patienten hat ebenfalls Köhler (1965) hingewiesen. Soeben wurde die partielle Strukturänderung mit Stabilisierung bestimmter Abwehrmechanismen als das am häufigsten zu erreichende Ziel einer psychoanalytischen Behandlung dargestellt. Dabei hat m. W. noch niemand systematisch untersucht, wieweit eben diese Stabilisierung gewisser Abwehr-Substrukturen auch eine Funktion der theoretisch-therapeutischen Konzeption des Behandlers ist. Es scheint so zu sein, daß die verschiedenen psychoanalytischen Richtungen entsprechend ihren theoretischen

Grundkonzeptionen verschiedene Vorstellungen von seelischer Gesundheit haben; mit anderen Worten: Es gibt wahrscheinlich *schulspezifische prognostische Kriterien* je nach den Vorstellungen von seelischer Gesundheit und vom „guten psychoanalytischen Patienten". Ob eine analytische Schule das Wesen des Menschen z. B. mehr im Expansiven oder mehr in der Verinnerlichung sieht, wird sich auch auf das der Analyse gesetzte Ziel und damit auf die Indikationsstellung auswirken. Dies könnte, wie Köhler meint, *ein* Grund für die Schwierigkeit sein, die Erfolge der einzelnen Schulen miteinander zu vergleichen: Die Erfolge wären danach *auch* schulspezifisch bedingt; der Heilerfolg wäre eine Funktion der jeweiligen theoretischen Grundkonzeption und der Vorstellung vom „guten psychoanalytischen Patienten".

Neben diesen methoden- und technikbedingten prognostischen Auswahlkriterien stehen die subjektiven, die in den *persönlichkeitsbedingten Sympathien und Antipathien des Psychotherapeuten* liegen. Jeder erfahrene Analytiker weiß von sich und anderen, daß es Unterschiede in der Geschicklichkeit des Umgangs mit bestimmten Patienten gibt, daß der eine Analytiker besonders gut mit depressiven Patienten umgehen kann, der andere sich mit hysterisch strukturierten Frauen schwer tut. Auch diese, aufgrund der Eigenart des Therapeuten subjektive Auswahl, spielt in die endgültige Indikationsstellung hinein und beeinflußt das auf objektiven prognostischen Merkmalen beruhende Urteil des Therapeuten. So stellten Lowinger und Sh. Dobie (1966) auf Grund ihrer Forschungen fest, daß die körperliche Anziehungskraft des Patienten und seine religiöse oder rassische Zugehörigkeit — weiße Patienten sind z. B. im allgemeinen aggressiver und fordernder als schwarze, die mehr passiv-abhängig eingestellt sind — eine signifikante Rolle bei der Annahme oder Ablehnung von Patienten zur Psychotherapie spielten.

Ferner ist in diesem Zusammenhang als ein weiteres prognostisches Element die *Vorliebe des Psychotherapeuten für sozial gewichtige Patienten* anzuführen. Die psychoanalytische Therapie geht sehr weitgehend vom Wert des Individuums aus; anders wäre der enorme Aufwand an Zeit, Geld, Mühe und beruflicher Ausbildung auf seiten des Therapeuten, verglichen mit der geringen Zahl der Patienten, die von ihm behandelt werden können, gar nicht zu rechtfertigen. Darauf hat eingehender Görres (1964) in der Denkschrift der Deutschen Forschungsgemeinschaft hingewiesen. Ein Psychotherapeut kann in seinem Leben, bei etwa 30jähriger Praxis, nur etwa 300—400 Patienten einzelanalytisch behandeln; anders wird das Verhältnis von Aufwand und sozialer Effektivität bei Anwendung der Gruppenpsychotherapie, die aber, wie zu zeigen versucht wurde, eine strenge Indikation voraussetzt. Wegen dieses Mißverhältnisses wird der Analytiker auch gar nicht selten der sozialen Unverantwortlichkeit im Angesicht des Gesamtproblemes der seelischen Volksgesundheit bezichtigt. Der sozial verantwortliche Analytiker gerät hier in einen Konflikt, dessen eine Lösung so aussehen kann, daß er vorwiegend Patienten in sozial verantwortlichen Stellen oder mit dementsprechenden Aussichten in die Analyse nimmt, um auf diese Weise den Erfolg der Therapie gleichsam zu multiplizieren. Auch dieses Motiv kann, wie Jaffe und Crowley (1959) meinen, dazu führen, daß besonders Angehörige der oberen Mittelschicht (freie Berufe, leitende Angestellte, höhere Beamte, wohlhabende Geschäftsleute) in analytische Behandlung genommen werden. All diese subjektiven Auswahlkriterien des Therapeuten haben solange eine besonders große Bedeutung, als die Nachfrage nach Psychotherapie das Angebot an Therapeuten übersteigt.

3. *Nichtärztliche Indikation und Gegenindikation*

Zu den impliziten Kriterien kann auch die Art der *Finanzierung* und der Bezahlungsmodus gerechnet werden. Auch sie determinieren die Behandlungsaussichten. Praktisch kommen folgende Arten der Therapiefinanzierung vor: Volle Finanzierung aus eigenen Mitteln des Patienten — volle oder teilweise Finanzierung aus familiären Mitteln ohne oder mit Selbstbeteiligung des Patienten — volle oder teilweise Finanzierung durch Versicherungsträger ohne oder mit Selbst- bzw.

familiäre Beteiligung — volle oder teilweise Finanzierung aus öffentlichen Mitteln.

Freud (Bd. VIII, S. 459) vertrat bekanntlich bereits 1913 das „Prinzip der Stundenmiete" mit den daraus resultierenden Konsequenzen bei der Honorarregelung. Er empfahl in Honorarfragen eine Einstellung „selbstverständlicher Aufrichtigkeit" in Abhebung von der „Zwiespältigkeit, Prüderie und Heuchelei", mit denen Geldangelegenheiten ähnlich wie sexuelle Dinge vom Kulturmenschen im allgemeinen behandelt würden. Gratisbehandlungen sind nach seiner Erfahrung ungünstig: das Verhältnis zum Analytiker rücke dadurch zu sehr aus der realen Welt heraus, und ein gutes Motiv, die Behandlung zu beenden, werde dadurch dem Patienten entzogen.

Lorand und Console (1958) berichten in einer Untersuchung von ähnlichen Schwierigkeiten. In den Analysen gratis behandelter Patienten erschien wenig Material zu Geld und wirtschaftlichen Problemen. Ein Patient erlebte: Da ich nichts bezahle, werde ich auch nichts bekommen. Ein anderer Patient gab nach monatelangen Äußerungen übermäßiger Dankbarkeit zu verstehen, in welche Verlegenheit es ihn versetze, Patient einer Wohlfahrtsklinik zu sein. Auch spielten häufig Tendenzen, die reale finanzielle Situation in der Analyse zu verschleiern, eine Rolle.

Andererseits kann analytische Psychotherapie einer breiten Bevölkerungsschicht nur dadurch zugänglich gemacht werden, daß Einrichtungen für eine unentgeltliche oder verbilligte analytische Behandlung geschaffen werden, und daß diese Behandlung als Pflichtleistung der Krankenkassen und sonstigen Versicherungsträger anerkannt wird, was nunmehr geschehen ist. Freud (Bd. XII, S. 192 f.) hat auf diese Entwicklung schon in „Wege der psychoanalytischen Therapie" hingewiesen; es werde sich dann den Analytikern die Aufgabe stellen, ihre Technik diesen Bedingungen anzupassen.

Früher vertraten die Analytiker weitgehend den Standpunkt, der Patient müsse selbst ein finanzielles Opfer bringen, da sonst *ein* Motor zur Gesundung fehle. Doch gilt dies sicher nicht für alle Patienten. Manche Patienten mit stärkeren masochistischen Tendenzen und daran gekoppelten Wiedergutmachungsansprüchen haben die latente Neigung, sich, auch finanziell, zu verbluten, um so ihren Wiedergutmachungsanspruch an den Therapeuten aufrechtzuerhalten. Es geht ihnen der sonst bei Patienten vorhandene Wunsch ab, sich für ihr Geld „auch etwas aus der Behandlung zu holen".

Heute ist Psychotherapie als Kassenleistung bei RVO-Kassen (seit 1967) und bei Ersatzkassen (seit 1971) eingeführt. Es liegen außerdem Erfahrungen über nicht privat finanzierte Behandlungen aus dem Bereich des britischen öffentlichen Gesundheitsdienstes vor, ebenso wie aus westdeutschen Kliniken (Heigl-Evers 1969, Zauner 1969) und Ambulatorien (Dührssen 1962) und aus der Tschechoslowakei (Knobloch 1957). Danach waren Erfolge auch bei einer nicht oder nicht vorwiegend aus eigenen Mitteln finanzierten Psychotherapie zu verzeichnen.

Doch sind wohl nach wie vor viele Analytiker darin einer Meinung, daß sich aus einer nicht oder kaum vom Patienten finanzierten Therapie bestimmte, wenn auch nicht unüberwindliche Probleme ergeben. Die Finanzierung einer psychotherapeutischen Behandlung durch familiäre oder öffentliche Mittel oder durch Versicherungsträger stellt für manche Patienten eine Versuchung zur Passivität und für regressive Tendenzen dar. Dem versucht man auf verschiedene Weise zu begegnen. So wirkt man dem „regressiven Schonklima" (Langen 1966) in Kliniken dadurch entgegen, daß man stationären Patienten in Hausgruppen bestimmte Aufgaben stellt, um so ihre Eigenverantwortlichkeit in besonderer Weise anzusprechen (Jones 1953; Enke 1965; Knobloch 1967). Poliklinischen (Köhler 1965) und ambulanten Patienten wird immer nur eine bestimmte Stundenzahl von Kasse oder Versicherung zugestanden; man versucht durch zeitliche Limitierung der regressiven Tendenz des Patienten zu begegnen.

Für den *Bezahlungsmodus* gilt: Manche Einzel- und Gruppenanalytiker folgen zum Teil noch heute einer offenbar bestehenden stillschweigenden kollegialen Übereinkunft, wonach der Patient seine Analyse bar bezahlen solle, um dadurch mit der Realität des Geldes und der Honorarforderung von seiten des Analytikers näher in Berührung zu kommen.

Wir wissen nicht, wie weit diese Übereinkunft klinisch überprüft worden ist. Nach unseren Erfahrungen hat eine bargeldlose Bezahlung keinerlei Nachteile für die Therapie, eher im Gegenteil Vorteile, weil der Therapeut dadurch mehr zum Repräsentanten der üblichen sozialen Realität wird, die Funktion die er außer seiner Katalysator-Rolle (H e i g l 1966) ebenfalls wahrzunehmen hat. Es dürfte heute allgemein üblich sein, den Arzt bargeldlos zu bezahlen. Auch scheint es uns nicht zuzutreffen, daß durch einen bargeldlosen Bezahlungsmodus die Realität des Geldes und der Honorarforderung des Analytikers aus der Analyse ausgeklammert werden. Der Therapeut hat bei dieser Art der Bezahlung genauso die Möglichkeit, diese Realitäten in die Therapie einzubringen.

Zwei weitere, nicht primär-ärztliche prognostische Merkmale wären anzuführen: Einmal die *Indikation oder Kontraindikation aus kassentechnischen Gründen,* wenn z. B. die Finanzierung bei RVO-Kassenpatienten — anders als bei jenen finanziell gering bemittelten Patientengruppen, bei denen nach dem Sozialhilfegesetz die Finanzierung durch das Sozialamt übernommen wird—von vornherein auf eine bestimmte Zahl von therapeutischen Sitzungen abgestellt ist, d. h. also Patienten mit der Notwendigkeit einer längeren Behandlungsdauer ausgeschlossen sind.

Oder es läßt sich kein Kostenträger für eine an und für sich eher indizierte ambulante Langzeit-Therapie finden, während Kasse oder Versicherung einen zeitlich begrenzten Aufenthalt in einer psychotherapeutischen Klinik zu finanzieren bereit sind.

Allerdings wird auch in einem solchen Falle stationäre Psychotherapie nur dann angewandt, wenn wegen der Schwere der Neurose die Aufnahme in die Klinik zu rechtfertigen ist.

Letztlich ist noch eine „unsaubere" Indikation bzw. Kontraindikation zu nennen, die *Kontraindikation wegen Fehlens eines Analytikers.* Es kann nicht selten deshalb eine psychotherapeutische Behandlung trotz bestehender Indikation und Bereitschaft des Patienten nicht durchgeführt werden, weil am Wohnort des Patienten und in seinem weiteren Umkreis kein Psychotherapeut praktiziert. Dieser Fall führt dann oft dazu, die Indikation zur klinischen Psychotherapie vor allem im Sinne einer stationären Intervalltherapie zu stellen, obwohl aus therapeutischen Gründen die ambulante Therapie vorzuziehen wäre. –

Nur um einen Exkurs sollte es sich bei diesem Kapitel handeln. Das Feld der soziologischen prognostischen Merkmale, der methoden- und technikbedingten Kriterien, der subjektiven Faktoren des Psychotherapeuten und der primär nichtärztlichen Indikationsstellung ist weit und bedürfte einer breiteren Untersuchung; das war nicht das Ziel dieses Buches.

Literatur

Ackerman, N. W., Some structural problems in the relations of psycho=analysis and group psychotherapy. Int. J. Gr. Psychother. 4: 131–145 (1954).

–: Sympton, defense, and growth in group process. Int. J. Gr. Psychother. 11: 131–142 (1961).

Adler, A.: Über den nervösen Charakter. Verlag J. E. Bergmann, München 1928.

Adorno, Th. W. und Dirks, W.: Soziologische Exkurse. Europäische Verlagsanstalt, Frankfurt 1956.

Alexander, F. and French, Th. M.: Psychoanalytic therapy. The Ronald Press Company, New York 1946.

Alexander, F.: Psychoanalysis and psychotherapy. Norton and Company, New York 1956.

–: Psychoanalytic contribution to shorn=term psychotherapy. In: Short=term psychotherapy hrsg. von L. R. Wolberg. Grune and Stratton, New York 1965.

Allport, G.: Personality. Constable and Co., London 1938.

Arendt, Hannah: Vita activa oder vom tätigen Leben. Kohlhammer=Verlag, München 1960.

Argelander, H.: Die Analyse psychischer Prozesse in der Gruppe. Psyche, Heidelberg, 17: 450–515 (1963/64).

–: Gruppenanalyse unter Anwendung des Strukturmodells. Psyche, Heidelberg 22: 913–933 (1968).

–: Das Erstinterview in der Psychotherapie. Wissenschaftliche Buchgesell=schaft, Darmstadt 1970.

Aronson, M. L.: Technical problems in combined therapy. Int. J. Gr. Psychother. 14: 425–432 (Diskussionen von D. Cappon und Helene Durkin, 1964),

Bach, G. R.: Observations on transference and object relations in the light of group dynamics. Int. J. Gr. Psychother. 7: 74–76 (1967).

Bales, R. F.: The equilibrium problem in small groups. In: Working papers in the theory of action, ed. T. Parsons, R. F. Bales, E. A. Shiles, Free Press 1953.

Balint, M.: Der Arzt, sein Patient und die Krankheit. Ernst=Klett=Verlag, Stuttgart 1957.

Bally, G.: Die Psychoanalyse Sigmund Freuds. In: Handbuch der Neurosenlehre und Psychotherapie, Bd. 3. Urban und Schwarzenberg, München=Berlin 1959.

Battegay, R.: Die Gruppe als Medium zur Behandlung Süchtiger. In: Analytische Gruppenpsychotherapie, hrsg. von H. Preuss. Urban und Schwarzenberg, München=Berlin=Wien 1966.

—: Der Mensch in der Gruppe. Bd. 2. Verlag Hans Huber, Bern und Stuttgart 1967.

—: Gruppenpsychotherapie und ärztliche Praxis. Die Therapiewoche (im Druck).

Baumeyer, F.: Zur Symptomatologie und Genese der Agoraphobie. Z. psychosomat. Med. 6: 231–245 (1960).

Beck, D.: Die Indikation zur psychoanalytischen Kurztherapie. Z. psychosomat. Med. 13: 257–265 (1967).

Beese, F.: Indikation zur klinischen Psychotherapie, Fortschr. Med. 89: 208–210 u. 234–238 (1971).

Bennis, W. C.: Patterns and vicissitudes in T-Group development. In: T-Group theory and laboratory method, hrsg. von Bradford, Gibbu. Benne. John Wiley and Sons, New York-London-Sidney 1964.

Beran, Marianne: Combined individual and group therapy within a hospital team set-up. Int. J. Gr. Psychother. 11: 313–318 (1961).

Bion, W. R.: Experiences in groups. Tavistock Publications 1961.

Blasius, W.: Die Klagessche Lehre als Ergänzung. In: Hestia, Erste Jahresausgabe der Klages-Gesellschaft (1963/64).

Brody, S.: Bioenergetics and growth. Reinhold Publication Corp., New York 1945.

Brody, M.: Clinical manifestations of ambivalence. Psychoanal. Quart. 25: 505–514 (1956).

Bühler, Charlotte: Der menschliche Lebenslauf als psychologisches Problem. Verlag für Psychologie Dr. Hogrefe, Göttingen 1959.

Bumke, O.: Lehrbuch der Geisteskrankheiten. Verlag J. H. Bergmann, München 1942.

Caruso, L.: Prolegomena eines Seminars über psychoanalytische Technik. Im Manuskript (1964).

Clark, D. H.: Administrative therapy. Tavistock Publications 1964.

Cooly, C. H.: Primary groups. In: Small groups hrsg. von Hare, Borgatta and Bales. Alfred Knopf, New York 1955.

Coultre, Le, R.: Probleme bei der Behandlung des Narzißmus (unveröffentlicht, übersetzt von K. Klüwer). Amsterdam 1948.

Derbolowsky, U.: Gruppenarbeit unter dem Gesichtspunkt der Freudschen Abstinenzregel. Gruppenpsychotherapie und Gruppendynamik. Bd. 2. Hrsg. von R. Battegay, H. Enke, Annelise Heigl-Evers, R. Schindler, H. Strotzka, A. Uchtenhagen. Verlag für Medizinische Psychologie, Göttingen 1968.

Dührssen, Annemarie: Psychopathie und Neurose. Psyche 3: 380–400, (1949).

—: Psychogene Erkrankungen bei Kindern und Jugendlichen, Verlag f. Medizinische Psychologie, Göttingen 1955.

–: Psychotherapie bei Kindern und Jugendlichen. Verlag f. Medizinische Psychologie, Göttingen 1960.

–: Katamnestische Ergebnisse bei 1004 Patienten nach analytischer Psychotherapie. Z. psychosomat. Med. 8: 94–113 (1962).

–: Katamnestische Untersuchungen bei 150 Kindern und Jugendlichen nach analytischer Psychotherapie. Praxis Kinderpsychol. 12: 241–255 (1964).

–: Möglichkeiten und Probleme der Kurztherapie. Z. psychosomat. Med. 15: 229–238 (1969).

Dumont, M. P. und Christ, J.: Gruppenpsychotherapie mit schizophrenen Patienten. In: Analytische Gruppenpsychotherapie, hrsg. von H. Preuss. Urban u. Schwarzenberg, München-Berlin-Wien 1966.

Durkin, Helen: combined individual and group psychotherapy. Int. J. Gr. Psychother. 14: 444–449 (1964).

Eissler, K. R.: Remarks on some variations in psychoanalytic technique. Int. J. Psychoanal. 36; 222 (1958).

Elhardt, S.: Diskussionsbeitrag zu „Möglichkeiten und Grenzen einer psychosomatischen Klinik". In: Praxis der klinischen Psychotherapie, hrsg. von H. Preuss. Urban und Schwarzenberg, München-Berlin 1965.

English, H. B. and English, Ava C.: A comprehensive dictionary of psychological and psychoanalytical terms. Longmans 1958.

Enke, H.: Möglichkeiten und Grenzen einer psychosomatischen Klinik. In: Praxis der klinischen Psychotherapie, hrsg. von H. Preuss. Urban u. Schwarzenberg, München-Berlin 1965.

–: Analytisch-orientierte, stationäre Gruppenpsychotherapie und das psychoanalytische Abstinenzprinzip. In: Gruppenpsychotherapie und Gruppendynamik, hrsg. von R. Battegay, H. Enke, Annelise Heigl-Evers, R. Schindler, H. Strotzka, A. Uchtenhagen. Bd. 1. Verlag f. Medizinische Psychologie, Göttingen 1968.

Erikson, E. H.: Insight and responsibility. Norton and Company. New York 1964.

Ernst, K., Kind, H. und Rotach-Fuchs, M.: Ergebnisse der Verlaufsforschung bei Neurosen. Springer, Berlin-Heidelberg-New York 1968.

Ezriel, H.: A psychoanalytical approach to group treatment. Brit. J. Medical Psychology 23: 59–74 (1950).

–: A psychoanalytic approach to the treatment of patients in groups. J. Mental Science 96: 774–779 (1950).

–: Notes on psychoanalytic group therapy: Interpretation and research. Psychiatry 15: 119–126 (1952).

–: Experimentation within the psychoanalytic session. Brit. J. f. Philosophy of Science 7: 29–48 (1956).

–: The role of transference in psychoanalytic and other approaches to group treatment. Acta psychother., Basel 7: 101–116 (1959).

Fenichel, O.: The psychoanalytic theory of neurosis. Routledge and Kegan Paul, London 1955.

Foulkes, S. H. and Anthony, E. J.: Therapeutic group analysis. George Allen and Unwin, London 1964.

—: Group psychotherapy. 2. Aufl. Penguin Books, 1965.

Foulkes, S. H.: On group analytic psychotherapy. In: Gruppenpsychotherapie, hrsg. von R. Schindler, P. Berner, H. Strotzka. Bd. 2. Verlag der Wiener Medizinischen Akademie, 1968.

Fox, R.: Gruppenpsychotherapie mit Alkoholikern. In: Analytische Gruppenpsychotherapie, hrsg. von H. Preuss. Urban u. Schwarzenberg, München-Berlin-Wien 1966.

Freedman, B. M. and Sweet, S. B.: Some spezific features of group psychotherapy and their implications for selection of patients. Int. J. Gr. Psychother. 4: 355–368 (1954).

French, Th. M.: The integration of behavior. Vols. I u. II. University of Chicago Press, Chicago 1952.

Freud, Anna: Das Ich und die Abwehrmechanismen. Imago Publishing Co., London 1946.

—: Einführung in die Technik der Kinderanalyse. Imago Publishing Co., London 1949.

Freud, S.: Das Ich und das Es (1923), In: Ges. Werke. Bd. 13. Imago Publishing Co., London 1940.

—: Neue Folge der Vorlesungen zur Einführung in die Psychoanalyse (1933). In: Ges. Werke, Bd. 15. Imago Publishing Co., London 1940.

—: Vorlesungen zur Einführung in die Psychoanalyse (1917). In: Ges. Werke, Bd. 11. Imago Publishing Co., London 1940.

—: Bruchstück einer Hysterie-Analyse (1905): In: Ges. Werke, Bd. 5. Imago Publishing Co., London 1942.

—: Drei Abhandlungen zur Sexualtheorie (1905). In: Ges. Werke, Bd. 5. Imago Publishing Co., London 1942.

—: Zur Einleitung der Behandlung (1913). In: Ges. Werke, Bd. 8. Imago Publishing Co., London 1943.

—: Ratschläge für den Arzt bei der psychoanalytischen Behandlung (1912). Ges. Werke, Bd. 8. Imago Publishing Co., London 1943.

—: Bemerkungen über die Übertragungsliebe (1915). In: Ges. Werke, Bd. 10. Imago Publishing Co., London 1946.

—: Einige Charaktertypen aus der psychoanalytischen Arbeit (1915). In: Ges. Werke, Bd. 10. Imago Publishing Co., London 1946.

—: Bemerkungen über einen Fall von Zwangsneurose (1909). In: Ges. Werke, Bd. 7. Imago Publishing Co., London 1947.

—: Wege der psychoanalytischen Therapie (1918). In: Ges. Werke, Bd. 12. Imago Publishing Co., London 1947.

—: Hemmung, Symptom und Angst (1926). In: Ges. Werke, Bd. 14. Imago Publishing Co., London 1948.

—: Die endliche und die unendliche Analyse (1937). In: Ges. Werke, Bd. 16. Imago Publishing Co., London 1950.

Fromm, E.: Man for himself. Routledge and Kegan Paul, London 1950.
—: The art of loving. Harper and Brothers, New York 1956.
—: The sane society. Routledge and Kegan Paul, London 1956.
—: The heart of man. Harper and Row, New York=Evanston=London 1964.
Fromm=Reichmann, Frieda: Principles of intensive psychotherapy. The University of Chicago Press, Chicago 1950.
Fuchs=Kamp, Adelheid: Jugendliche Fortläufer und Diebe. Praxis Kin=derpsychol. 1: 109, 133, 177 (1952).

Gebsattel, V. von: Die anankastische Fehlhaltung. In: Handbuch der Neurosenlehre und Psychotherapie, Bd. 2. Urban und Schwarzenberg, München=Berlin 1959.
Gehlen, A.: Der Mensch. Athenäum=Verlag, Bonn 1955.
Gerson, W.: Zur Frage der Unerziehbarkeit. Die Sammlung (März 1954).
—: Probleme der Jugendkriminalität und Jugendgerichtsbarkeit. In: Hand=buch der Erziehungsberatung, Ernst=Reinhardt=Verlag, München=Basel 1964.
Glover, E.: The technique of psychoanalysis. Baillière, Tindall, and Cox, London 1955.
Görres, A.: Denkschrift zur Lage der ärztlichen Psychotherapie und der Psychosomatischen Medizin. Franz Steiner Verlag, Wiesbaden 1964.
Grinberg, L., Langer, M. und Rodrigue, E.: Psychoanalytische Gruppentherapie. Ernst=Klett=Verlag, Stuttgart 1960.
Grotjahn, M.: Diskussion zu Kubie, S. L.: Some theoretical concepts underlying the relationship between individual and group psychothera=pies. Int. J. Gr. Psychother. 8: 25–30 (1958).
—: Psychoanalysis and the family neurosis. Norton and Company, New York 1960.

Hadden, S. B.: Gruppenpsychotherapie mit Homosexuellen. In: Analy=tische Gruppenpsychotherapie, hrsg. von H. Preuss. Urban u. Schwar=zenberg, München=Berlin=Wien 1966.
Hagspihl, K.: Das Besitzproblem im auslösenden Konflikt bei Magen=Darmerkrankungen. Z. psychosomat. Med. 1: 21–28 (1954).
Hartmann, H.: Ich=Psychologie und Anpassungsproblem. Ernst=Klett=Verlag, Stuttgart 1960.
Hau, T.: Stationäre Psychotherapie: Ihre Indikationen und ihre Anfor=derungen an die psychoanalytische Technik. Z. Psychosomat. Med. 14: 116–120 (1968).
Havighurst, R. J.: Older people. Longmans, Green and Co., New York 1953.
Heigl, F.: Vergleichende Betrachtung der prognostischen Faktoren bei Schultz=Hencke und Alexander. Z. psychosomat. Med. 4: 108–114 (1958).

—: Über Bedeutung und Handhabung der Gegenübertragung. Z. psychosomat. Med. 6: 110–123 (1960).
—: Ein prognostisch entscheidender Charakterzug bei verwahrlosten Jugendlichen. Praxis Kinderpsychol. 11: 197–201 (1962).
—: Die analytische Psychotherapie im Heim. Jubiläumsschrift des Niedersächsischen Landesjugendheimes, pp. 39–52 (Göttingen 1962).
—: Die analytische Gruppenpsychotherapie im Heim. Praxis Kinderpsychol. 12: 115–122 (1963).
—: Über eine spezielle Gegenübertragungsreaktion in der psychoanalytischen Behandlung. Z. psychosomat. Med. 8: 41–50 (1963).
—: Gemeinsamkeiten der Neurosenlehren von E. Fromm, K. Horney und H. Schultz-Hencke, verglichen mit der Psychoanalyse S. Freuds. In: Fortschritte der Psychoanalyse, Bd. 1. Verlag f. Psychologie Dr. Hogrefe, Göttingen 1964.
—: Persönlichkeitsstruktur und Prognose. Z. psychosomat. Med. 10: 102–114 (1964).
—: Die analytische Gruppenpsychotherapie im Heim. Indikation und Prognose I–III. Praxis Kinderpsychol. 12: 115–122 (1963) und 13: 113–116 (1964) und 14: 46–51 (1964).
—: Zur Toleranzgrenze. Z. psychosomat. Med. 11: 64–66 (1965).
—: Zur Handhabung der Gegenübertragung. In: Fortschritte der Psychoanalyse, Bd. 2: 124–140. Verlag f. Psychologie Dr. Hogrefe, Göttingen 1966.
—: Was ist wirksam in der psychoanalytischen Therapie. Z. psychosomat. Med. 12: 282–292 (1966).
—: Zum strukturellen Denken in der Psychoanalyse. In: Aspekte der Psychoanalyse, hrsg. von A. Schelkopf und S. Elhardt. Verlag f. medizin. Psychologie, Göttingen 1969.
—: Zur Psychodynamik der Lernstörungen. Z. psychosomat. Med. 15: 239–252 (1969).
—: Einige Gedanken zur Gruppendynamik. Z. psychosomat. Med 16: 80–98 (1970).

Heigl-Evers, Annelise: Die Gruppe unter soziodynamischem und antriebspsychologischem Aspekt. In: Analytische Gruppenpsychotherapie, hrsg. von H. Preuss. Urban und Schwarzenberg. Berlin-Wien 1966.
—: Einige psychogenetische und psychodynamische Zusammenhänge beim Krankheitsbild des endogenen Ekzems. Z. psychosomat. Med. 12: 163–178 (1966).
—: Gruppendynamik und die Position des Therapeuten. In: Klinische Praxis, hrsg. von K. Höck. VEB Gustav Fischer Verlag, Jena 1967.
—: Zur Frage der hysterischen Abwehrmechanismen, dargestellt an kasuistischem Material. Z. psychosomat. Med. 13: 116–130 (1967).
—: Zur Behandlungstechnik in der analytischen Gruppenpsychotherapie. Z. psychosomat. Med. 13: 266–276 (1967).
—: Rache als Gekränktheitsaggression. In: Fortschritte der Psychoanalyse, Bd. 3. Verlag f. Psychologie Dr. Hogrefe, Göttingen 1968.

—: Einige technische Prinzipien der analytischen Gruppenpsychotherapie. Z. psychosomat. Med. u. Psychoanal. 14: 282–291 (1968).

—: Zum sozialen Effekt klinischer analytischer Gruppenpsychotherapie. Psychother. Psychosom. 17: 50–62 (1969).

Heigl=Evers, Annelise und Heigl, F.: Zum Problem der Einsamkeit in der Ehe und bei Unverheirateten. In: Einsamkeit in medizinisch=psychologischer, theologischer und soziologischer Sicht, hrsg. von W. Bitter. Ernst=Klett=Verlag, Stuttgart 1968.

—: Analytische Einzel= und Gruppenpsychotherapie: Differentia specifica. In: Gruppenpsychotherapie und Gruppendynamik, Bd. 2, hrsg. von R. Battegay, H. Enke, A. Heigl=Evers, R. Schindler, H. Strotzka, A. Uchtenhagen. Verlag f. Medizinische Psychologie, Göttingen 1968.

—: Gesichtspunkte zur Indikationsstellung für die analytische Gruppen=psychotherapie. Gruppenpsychotherapie und Gruppendynamik 3: 179–198 (1970).

—: Gesichtspunkte zur Indikationsstellung für die kombinierte Einzel= und Gruppenpsychotherapie. Gruppenpsychotherapie und Gruppendynamik 4: 82–99 (1970).

Heimann, Paula: On countertransference. Int. J. Psa. 31: 81 (1950).

Hoch, P.: Short=term versus long=term therapy. In: Short=term psycho=therapy, hrsg. von L. R. Wolberg. Grune and Stratton, New York 1965.

Hofstätter, P. R.: Gruppendynamik. 6. Aufl. Rowohlt, Hamburg 1964.

Hollingshead, A. B. and Redlich, F. C.: Social class and mental illness: A community study. John Wiley and Sons, New York 1958.

Homans, G. C.: Theorie der sozialen Gruppe. Westdeutscher Verlag, Köln und Opladen 1960.

Hopmann, W.: Zur Aetiologie, Vorbeugung und Behandlung der Ju=gendverwahrlosung. Praxis Kinderpsychol. 5: 87 u. 119 (1956).

Jaffe, J. and Crowley. R. M.: Implicit sociological criteria in the selection of psychoanalytic patients. From the Research Division, Low Cost Clinical Services of the William Alanson White Institute of Psychiatry, Psychoanalysis and Psychology. New York 1959.

Jones, E.: Rationalization in everyday life. Papers on Psychoanalysis. Wood and Co., New York 1913.

Jones, M.: The therapeutic community. Basic Books, New York 1953.

—: Beyond the therapeutic Community. Yale University Press, 1968.

Kadis, A. L., Krasner, J. D., Winnick, Ch., and Foulkes. S. H.: A practicum of group psychotherapy. Harper and Row, New York 1963.

Kahn, R. L., Pollack, M. and Fink, M.: Sociopsychologic aspects of psychiatric treatment in a Voluntary Mental Hospital. A.M.A. Arch. gen. Psychiat. 1: 565–574 (1959).

Kelman, H. C.: The role of the group in the induction of therapeutic change. Int. J. Gr. Psychother. 13: 399–451 (1963).

Kemper, W.: Die Gegenübertragung. Psyche 7: 593–626 (1953/54.)
—: Grundregeln für die psychotherapeutische Praxis. In: Handbuch der Neurosenlehre und Psychotherapie. Urban und Schwarzenberg, München-Berlin 1959.
—: Das Problem der Gleichzeitigkeit von Individual- und Gruppenanalyse, Psyche 18: 314–320 (1964/65).
Kilian, H.: Der LSD-Rausch als Hilfsmittel psychosomatischer Forschung. In: Praxis der klinischen Psychotherapie. Urban und Schwarzenberg, München-Berlin 1965.
Klapman, J. W.: An observation on the interrelationship of group and individual psychotherapy. J. Nerv. Mend. Dis. 101: 242–246 (1945).
Klein, Melanie: Psychoanalyse des Kindes. Internationaler psychoanalytischer Verlag, Wien 1932.
Klüwer, K.: Stationäre Psychotherapie bei jugendlichen Dissozialen. Z. f. Psychother. u. med. Psychol. 18: 3 (1968).
Knobloch, F.: Das System einer gruppenzentrierten Psychotherapie der Neurosen. In: Gruppenpsychotherapie in Klinik und Praxis, hrsg. v. K. Höck. VEB Gustav Fischer-Verlag, Jena 1967.
Köhler, A.: „Statistische" Untersuchung einiger prognostischer Merkmale. Z. psychosomat. Med. 11: 137–146 (1965).
Kohut, H.: Die psychoanalytische Behandlung narcistischer Persönlichkeitsstörungen. Psyche 23: 321–348 (1969).
Kühnel, G.: Die Indikation zur klinischen Psychotherapie bei psychosomatischen Erkrankungen. In: Analytische Psychotherapie und Erziehungshilfe, Kongreßbericht. Elwert und Meurer, Berlin 1952.
Künzel, E.: Kombinierte Einzel- und Gruppentherapie bei konfliktgestörten Jugendlichen. In: Gruppenpsychotherapie und Gruppendynamik, Bd. 2, hrsg. von R. Battegay, H. Enke, A. Heigl-Evers, R. Schindler, H. Strotzka, A. Uchtenhagen. Verlag f. Medizinische Psychologie, Göttingen 1968.
—: Jugendkriminalität und Verwahrlosung. Verlag f. Medizinische Psychologie, Göttingen 1968.

Lagache, D. Some aspecst of transference. Int. J. Psychoanal. 34: 1–10 (1953).
Langen, D.: Indikation und Prognose in der klinischen Psychotherapie. Z. psychosomat. Med. 12: 128–131 (1966).
Lersch, P.: Der Aufbau der Person. Johann Ambrosius Barth, München 1964.
Leuner, H. und Holfeld, H.: Ergebnisse und Probleme der Psychotherapie mit Hilfe von LSD-25 und verwandten Substanzen. Psychiatr. Neurol. 143: 379–391 (1962).
Lewin, K.: Frontiers in group dynamics: Concept, method, and reality in social science: Social equilibria and social change. Human Relations I, pp 5–41 (1947).
—: Feldtherorie in den Sozialwissenschaften (field theory in social science, 1951). Verlag Hans Huber, Bern-Stuttgart 1963.

Locke, N.: Group psychoanalysis: therory and technique. International University Press, New York 1961.

Lorand, S. and Console. W.: Therapeutic results in psychoanalytic treatment without fee. Int. J. Psychoanal. 39: 59–65 (1958).

Lorenz, K.: Darwin hat recht gesehen. Opuscula 20. Verlag Günther Neske, 1965.

Lowinger, P. L. and Dobie, Shirley: Attitudes and emotions of the psychiatrist in the initial interview. Amer. J. Psychother. 20: 17–34 (1966).

MacLennan, Beryce W.: Co=therapy. Int. J. Gr. Psychother. 15: 154–166 (1965).

Malan, D. H.: Psychoanalytische Kurztherapie. Huber und Klett=Verlag, Bern=Stuttgart 1965.

Meurs, J. H. van: De samenwerking tussen de sociaalpsychiaters en de gevestigde zenuvarts en buisarts. Voordrachtenveeks Ned. Ver. v. Psychiaters in dienstverband Nr. 1 (1962).

Meyer, A.=E.: Probleme der Es=Ich=Überich=Gliederung. Psyche 23: 561–591 (1969).

Mitscherlich: A.: Zur psychoanalytischen Auffassung psychosomatischer Krankheitsentstehung. Psyche 7: 561–578 (1953/54).

–: Auf dem Weg zur vaterlosen Gesellschaft. Piper und Co., München 1963.

Mittelmann, B.: The concurrent analysis of married couples. Psychoanal. Quart. 17: 182–197 (1948).

Moser, T.: Jugendkriminalität und Gesellschaftsstruktur. Suhrkamp Verlag, Frankfurt 1970.

Nacht, S.: Variations in technique. Int. J. Psychoanal. 39: 235 (1958).

Nunberg, H.: Allgemeine Neurosenlehre. Verlag Hans Huber, Bern=Stuttgart 1959.

–: Practice and theory of psychoanalysis. Coolidge Foundation, New York 1948.

Oppermann, Ingeborg: Versuch einer Klärung des Begriffes „Ich=Stärke" unter besonderer Berücksichtigung der Interpretationen Freuds, Federns und Hartmanns. Im Manuskript (1964).

Patzig, G.: Über die Begründbarkeit moralischer Forderungen. In: Festschrift für Joseph Klein zum 70. Geburtstag. Vandenhoeck & Ruprecht, Göttingen 1967.

Piecha, W.: Die Lebensbewährung der als „unerziehbar" entlassenen Fürsorgezöglinge. Göttinger Rechtswissenschaftliche Studien, Bd. 27. Verlag Otto Schwartz und Co., Göttingen 1959.

Powdermaker, Florence B. and Frank, J. D.: Group psychotherapy. Harvard University Press, Cambridge 1953.

Powers, W. T., Clark, R. K., MacFarland, R. J.: A general feed=back theory of human behavior. Perceptual and motor skills 11: 71–88 (1960).

Quint, H.: Deutung und Interpretation in der psychoanalytischen Thera=pie. Z. psychosomat. Med. 7: 119–129 (1961).

Racker, H.: The meanings and uses of countertransference. Psychoanal. Quart. 26: 303–257 (1957).

Rado, S.: Psychoanalysis of behavior. Grune and Stratton, New York=London 1956.

–: Relationship of short=term psychotherapy to developmental stages of maturation and stages of treatment behavior. In: Short=term psycho=therapie, hrsg. von L. W. Wolberg. Grune and Stratton, New York 1965.

Rapaport, D.: Die Struktur der psychoanalytischen Theorie. Ernst=Klett=Verlag, Stuttgart 1959.

Richter, H.=E.: Eltern, Kind und Neurose. Ernst=Klett=Verlag, Stuttgart 1963.

–: Patient Familie. Rowohlt, Hamburg 1970.

Rickman, J.: The factor of number in individual and group dynamics (1950). In: Selected contributions to psychoanalysis. Basic Books, New York 1957.

Riemann, F.: Die Struktur des Therapeuten und ihre Auswirkung in der Praxis. Psyche, Heidelberg 13: 150–159 (1959).

–: Erwartungen des frei praktizierenden Psychotherapeuten an eine Kli=nik. In: Praxis der klinischen Psychotherapie. Urban und Schwarzen=berg, München=Berlin 1965.

Sager, C. J.: Insight and interaction in combined therapy. Int. J. Gr. Psychother. 14: 403–412 (Diskussionen von T. Bieber, D. Cappon und Helen Durkin, 1964).

–: Transference in conjoint treatment of married couples. Arch. Gen. Psychiat. 16: 185–193 (1967).

Salzman, L.: Developments in psychoanalysis. Grune and Stratton, New York=London 1962.

Sbandi, P.: „Feedback" im Sensitivity Training. In: Gruppenpsycho=therapie und Gruppendynamik 4: 17–32 (1970).

Scheunert, G.: Zum Problem der Gegenübertragung. Psyche, Heidel=berg 13: 574–593 (1959/60).

Schindler, R.: Grundprinzipien der Ppychodynamik in der Gruppe. Psyche, Heidelberg 11: 308–314 (1957/58).

–: Der soziodynamische Aspekt in der „bifokalen" Gruppentherapie. Acta Psychother., Basel, 7: 207–219 (1959).

—: Über den wechselseitigen Einfluß von Gesprächsinhalt, Gruppenposition und Ichgestalt in der analytischen Gruppenpsychotherapie. Psyche, Heidelberg 14: 382–392 (1960/61).

—: Der Gruppentherapeut und seine Position in der Gruppe. Praxis Psychother. 6: 1–8 (1961).

—: Personalisation in der Gruppe. In: Personalisation, hrsg. von Edelweiss, Tanco Duque und S. Schindler. Herder Verlag, Wien-Freiburg-Basel 1964.

Schindler, W.: Fraktionierte Selbsterfahrungsgruppen. Ernst-Klett-Verlag, Stuttgart 1969.

Schneider, K.: Die psychopathischen Persönlichkeiten. Verlag Franz Deuticke, Wien 1943.

—: Psychopathie und Neurose. Paracelsus-Beiheft vom 13. Ärztetreffen in Kärnten, Mai 1961.

Schultz, I. H.: Die seelische Krankenbehandlung. Gustav-Fischer-Verlag, Stuttgart 1958.

Schultz-Hencke, H.: Schicksal und Neurose. Gustav-Fischer-Verlag, Jena 1931.

—: Lehrbuch der Traumanalyse. Georg Thieme Verlag, Stuttgart 1949.

—: Lehrbuch der analytischen Psychotherapie. Georg Thieme Verlag, Stuttgart 1951.

Schutz, W. C.: What makes groups productive. In: Human relations 8: 429–466 (1955).

Schwidder, W.: Zur sogenannten positiven und negativen Übertragung in der analytischen Psychotherapie. Acta psychother. Basel 5: 54–62 (1957).

—: Diagnose, Prognose und differentielle Indikation in der klinischen Psychotherapie. In: Aktuelle Psychotherapie. J. F. Lehmann Verlag, München 1958.

—: Grundsätzliches zur Entstehung psychosomatischer Krankheitssymptome. Z. psychosomat. Med. 5: 238–245 (1959).

—: Neopsychoanalyse (Harald Schultz-Hencke). In: Handbuch der Neurosenlehre und Psychotherapie. Urban und Schwarzenberg, München und Berlin 1959.

—: Einleitung der psychoanalytischen Behandlung. Z. psychosomat. Med. 6: 201–210 (1960).

—: Alles über Dein Kind. Hrsg. von W. Hofmeier, W. Schwidder, F. Müller. Verlag Ernst und Werner Gieseking, Bielefeld 1961.

—: Erfahrungen mit klinischer Psychotherapie. Vortrag gehalten auf der 4. Ärztlichen Fortbildungstagung des Landschaftsverbandes Rheinland (1962).

—: Zur Bedeutung des Vaters bei der Entstehung und Behandlung von Neurosen. Praxis Kinderpsychol. 16: 193–202 (1967).

Slavson, S. R.: Some problems in group psychotherapy as seen by private practitioners. Int. J. Gr. Psychother. 2: 54–66 (1952).

—: A contribution to a systematic theory of group psychotherapy. Int. J. Gr. Psychother. 6: 3–29 (1954).

Sperling, E.: Funktion und Struktur eines studentischen Gesundheitsdienstes. In: Confin. psychiat. 11: 43–50 (1968).

Stein, A.: The nature of transference in combined therapy. Int. J. Gr. Psychother. 14: 413–424 (Diskussionen von T. Bieber und Helen Durkin, 1964).

Stock Whitaker, Dorothy and Lieberman, M. A.: Psychotherapie through the group process. Tavistock Publications, London 1965.

Stone, L.: The widening scope of indications for psychoanalysis. J. Amer. Psa. Assoc. 2: 567–594 (1954).

Sullivan, H. St.: The interpersonal theory of psychiatry. Tavistock Publications, London 1955.

Thomae, H.: Anorexia nervosa. Huber und Klett-Verlag, Bern-Stuttgart 1961.

Vaessen, M. L. J.: Kriterien für die Indikation zur Psychotherapie. Z. psychsomat. Med. 10: 198–209 (1964).

Waldhorn, H.: Assessment of analyzability. Psychoanal. Quart. 29: 478–506 (1960).

Waelder, R.: Die Grundlagen der Psychoanalyse. Huber und Klett-Verlag, Bern-Stuttgart 1963.

Wiegmann, H.: Besondere Umstände analytischer Therapie bei stationärer Neurosenbehandlung. In: Analytische Psychotherapie und Erziehungshilfe, Kongreßbericht. Elwert und Meurer, Berlin 1952.

—: Grundlagen korrekter Neurosenbeurteilung. Z. psychosomat. Med. 1: 206–210 und 294–307 (1954/55).

—: Der Neurotiker in der Klinik. Verlag für Medizinische Psychologie, Göttingen 1968.

Wittich, G. H. und Klug, K.: Die Bedeutung homogener Gruppen für das Verständnis und die Behandlung der Colitis ulcerosa. In: Gruppenpsychotherapie und Gruppendynamik, Bd. 2, hrsg. v. Battegay et al., Verlag für Medizinische Psychologie, Göttingen 1968.

Wolberg, L. R.: Short-term psychotherapy. Grune and Stratton, New York 1965.

Wolf, A. und Schwartz, E. K.: Psychoanalysis in groups. Grune and Stratton, New York-London 1962.

Zauner, J.: Berufliche Wiedereingliederung durch klinische Psychotherapie. Psychother. Psychosom. 17: 63–72 (1969).

Zuithoff, D.: Bevolkingsgroep en geestestoornissen. Voordrachtenreeks Ned. Ver. v. Psychiaters in dienstverband Nr. 1 (1959).

Zulliger, H.: Bausteine zur Kinderpsychotherapie. Verlag Hans Huber, Bern-Stuttgart 1957.

Namenregister

Sachregister